亚洲研究

Asian Studies, Vol.1

（第一辑）

主　编　张倩红
执行主编　于向东

中国社会科学出版社

图书在版编目（CIP）数据

亚洲研究. 第一辑/张倩红主编. —北京：中国社会科学出版社，2023.10
ISBN 978-7-5227-2670-0

Ⅰ.①亚⋯ Ⅱ.①张⋯ Ⅲ.①亚洲—研究—文集 Ⅳ.①D73-53

中国国家版本馆 CIP 数据核字（2023）第 200503 号

出 版 人	赵剑英
选题策划	宋燕鹏
责任编辑	金　燕
责任校对	李　硕
责任印制	李寡寡

出　　版	中国社会科学出版社
社　　址	北京鼓楼西大街甲 158 号
邮　　编	100720
网　　址	http://www.csspw.cn
发 行 部	010-84083685
门 市 部	010-84029450
经　　销	新华书店及其他书店
印　　刷	北京明恒达印务有限公司
装　　订	廊坊市广阳区广增装订厂
版　　次	2023 年 10 月第 1 版
印　　次	2023 年 10 月第 1 次印刷
开　　本	710×1000　1/16
印　　张	17.5
字　　数	241 千字
定　　价	98.00 元

凡购买中国社会科学出版社图书，如有质量问题请与本社营销中心联系调换
电话：010-84083683
版权所有　侵权必究

主　管　郑州大学

主　办　郑州大学历史学院　亚洲研究院

出　版　中国社会科学出版社
　　　　《亚洲研究》集刊编辑部

学术顾问（以姓氏拼音排序）

哈全安　韩东育　李国强　王　勇
魏楚雄　于　沛　赵文洪　庄国土

主　编　张倩红

本期执行主编　于向东

编　委（以姓氏拼音排序）

陈国保　陈天社　戴超武　丁　俊　高艳杰
葛继勇　郭长刚　韩志斌　何志龙　冀开运
罗　林　马燕冰　孙德刚　孙宏年　王　琛
王林聪　吴小安　于向东

编　辑

庞卫东　谢志恒　邱普艳　侯　波

目 录

发刊词 ………………………………………… 张倩红 1

特 稿

18世纪湄公河下游地区的经济作物生产与华人
………[澳]李塔娜著，汤逸辉、成思佳译，于向东审校 7

硝石贸易与近世亚洲战争（1390—1850年）
……………………[美]孙来臣著，庞卫东、代劲松译 33

东南亚研究

从主动争取到被动反应：战后马来西亚华人政治发展
…………………………………………[马来西亚]廖文辉 91

美国智库的越南研究：议题、观点与影响力
………………………………………… 庞卫东 张志宽 116

新冠疫情下越南旅游业重启与振兴研究
………………………………………………… 谢 昂 136

华侨华人研究

国外关于移民迁移驱动力的多维探讨：述评与展望
.... 李 丽 李 涛 153

中东研究

以色列固体废弃物处理的举措及其启示
.... 孔 妍 张济海 191

学界名家

怀念恩师著名越南史专家戴可来先生
.... 于向东 215

学术信息

第23届国际历史科学大会在波兰波兹南举行
.... 闫 涛 231

研究综述与书评

以色列的亚洲研究
.... 段 际 242

犹太文明的驱动力与创造力
——读《文明兴衰与犹太民族：文明互鉴的视角》
.... 刘 遵 257

征稿启事 268

发刊词

张倩红

《亚洲研究》(*Asian Studies*)是郑州大学历史学院、亚洲研究院共同主办的学术集刊,以展示亚洲研究成果、培养学术人才、增进学术交流为宗旨。在创刊之际,我想就亚洲研究应该关注的重要议题谈几点粗浅认识。

第一,探索亚洲历史的兴衰浮沉。根据联合国《世界人口展望2022》的数据截至2022年,亚洲人口达到47亿,占世界总人口的比例超过59.2%,是世界上人口最多、密度最大的洲。早在远古时期,亚洲大陆独特的地缘环境就孕育了特色鲜明的人种族群,成为多民族的共有家园。上古、中古时代,亚洲大陆形成了强大的帝国传统与具有东方特色的政治秩序,在东西方之间既有战乱与破坏,也不乏经济和文化的交流。19世纪以后,亚洲大部分区域相继沦为殖民地或半殖民地,自然资源被严重掠夺,传统社会秩序土崩瓦解,直到第二次世界大战结束,殖民主义退出历史舞台,亚洲人民的命运才得以改变。由此可见,自古以来,亚洲就是人类历史的大舞台、晴雨表,亚洲不仅是亚洲人的亚洲,更是世界之亚洲、人类之亚洲,只有了解亚洲历史的交替流变、亚洲社会的多元特征与亚洲文明交流互鉴的历史景观,才有可能理解世界的变化与地球人类的前世今生。

第二,呈现亚洲文明的特色与贡献。亚洲大陆是世界文明的重要发源地,东亚、南亚和西亚构成相对独立而又相互依存的三大原生文明板块。亚洲长时间作为世界文明的核心区域，诞生于东方的宗教文明、农业文明、科技文明都深刻地影响了西方世界。工业文明在欧洲兴起以后，亚洲文明由于资本主义、殖民主义的全面入侵而陷入低潮。20世纪借助民族复兴之势，亚洲文明如凤凰涅槃，厚积薄发，出现了多元齐放的文明新形态，再度成为世界文明史上的璀璨明珠，也成为全球化时代文明交流互鉴的重要舞台。因此，总结亚洲文明的特色，呈现其对人类社会的贡献，当代中国学人责无旁贷。

第三，追踪亚洲区域国别发展的最新动向。面对西方殖民主义的高压政策，20世纪初期出现了"亚洲的觉醒"，辽阔的亚洲大地上掀起民族民主运动的高潮。与此同时，来自西方的现代化浪潮也深刻地改变着亚洲人的思维模式与东方社会传统的经济结构和阶层关系。两次世界大战对全球战略格局的改变，也为亚洲民族国家建构提供了历史机遇。20世纪下半叶以来，亚洲国家纷纷独立，并以实现现代化为目标，苦苦探寻自身的发展道路，时至今日，许多亚洲国家仍然处在现代化的征程中。因此，从区域国别学的视域下强化亚洲研究，总结现代化道路的"亚洲模式"，研究亚洲国家在政治、经济、文化等方面的发展趋向，反思其存在的现实问题，不仅具有学理价值，也不乏现实意义。

第四，重视亚洲在世界格局中的角色与定位。20世纪70年代以后，亚洲走上了独特的复兴之路，许多亚洲国家的硬实力迅速提升，日本、"四小龙""四小虎"相继崛起，中国和印度的大国实力不断彰显，无论是增长速度、经济总量、外汇储备，还是国家影响力都大幅度增长，以至于有人把21世纪称作"亚洲的世纪"。但是，亚洲的问题也同样不可忽视，地区冲突、边界摩擦、人口压力、贫富差距、教育鸿沟等，无不影响着亚洲的未来。因此，亚洲研究一方面需要客观呈现亚洲在世界舞台上的影响力，另一方面也要正视亚洲面临的挑战与压力，高度关注百年未有之大变局下亚洲因素的消长、亚洲在世界格局中的角色与定位，以及"亚洲精神"的形成与弘扬。

第五,关切"亚洲之中国""中国之亚洲"。亚洲不仅囊括中国的邻邦与大周边,也是中国实现国际战略的前哨,是中国走向世界的门户。中华文明是亚洲文明的重要组成部分,中国在亚洲地缘政治中占有特殊的地位,中国因素是亚洲发展中的重大变量,中国与亚洲的关系也在很大程度上塑造着亚洲的未来。正如习近平主席2019年5月在亚洲文明对话大会开幕式上所讲:"今日之中国,不仅是中国之中国,而且是亚洲之中国、世界之中国。未来之中国,必将以更加开放的姿态拥抱世界、以更有活力的文明成就贡献世界。"因此,"亚洲之中国""中国之亚洲"是我们观察亚洲、研究亚洲必须树立的理念,也是无法回避的焦点与难点。

不可否认,21世纪以来,中国的亚洲研究在树立本土意识、拓展学术视野、细化研究领域、强化学科融合、丰富知识生产等方面都取得了可圈可点的成绩,但依然有很大的空间需要学人去精耕细作。郑州大学亚洲研究的奠基人为我国著名的越南问题专家戴可来先生,先生自20世纪50年代末就长期致力越南历史、中越关系史和亚洲民族志的探索,苦心耕耘,惠泽后人。许永璋教授、于兆兴教授也为学术传承与发展做出了各自的贡献。目前郑州大学的亚洲研究形成了几方面的学术力量,如于向东、庞卫东教授领衔的越南—东南亚研究;王琛、吴宏阳教授带头的南亚研究;张倩红、陈天社教授主导的犹太—以色列及西亚研究;葛继勇教授带领的东亚研究等。我们恳切希望通过创办《亚洲研究》集刊,对内进一步凝聚力量,提升特色品牌;对外增强交流、广结学缘,获得多方面的支持与滋养,从而为深化中国的亚洲研究、呈现"亚洲价值"与"东方智慧"贡献绵薄之力。

特　稿

18世纪湄公河下游地区的
经济作物生产与华人*

[澳] 李塔娜著，汤逸辉、成思佳译，于向东审校**

> 这些群体或者说殖民地劳动力的到来，标志着东南亚和中国移民史进入了一个新阶段。这些移民奠定了该地区19世纪经济增长的基础。
>
> ——卡尔·特罗基（Carl Trocki）③

一 引 言

我们对18世纪大陆东南亚地区经济作物生产的认识是不足的。17世纪中叶，会安和阿瑜陀耶各有三四千华人，糖和胡椒的产量在交趾支那和暹罗均极为有限。然而到19世纪初，糖已成为暹罗的第二大出口商品和交趾支那主要的出口商品。最根本的变化发生在18

---

* 本文宣读于李塔娜组织的第二次"东南亚的水疆国际研讨会"，（泰国普吉，2004年）。感谢郑州大学越南研究所将这篇文章译成中文。作者借此机会对原文做了修订。

** 本文作者李塔娜系澳大利亚国立大学亚太研究院荣誉高级研究员，译者汤逸辉系郑州大学历史学院2022级世界史专业（越南史方向）硕士研究生，成思佳系郑州大学马克思主义学院、越南研究所副教授，审校者于向东系郑州大学马克思主义学院、历史学院教授、越南研究所所长。另外，此文在翻译过程中亦得到郑州大学邱普艳副教授、华侨大学刘俊涛教授和中山大学谢信业博士的帮助，在此一并谨致谢忱。

③ Carl Trocki, *Chinese Maritime Expansion*, Paper for Workshop "Southeast Asia: The Sea as Center", Held by the Center for Southeast Asian Studies at the University of California, Irvine, February 2004, pp. 28 – 29.

世纪，然而我们并不清楚这一变化是如何以及在哪里发生的。依据 18 世纪广州与东南亚贸易的数据，本文尝试探索这一时期越南南部沿海地区和暹罗东南部的华人经济作物生产的历史及其与广州的联系。在笔者看来这里似乎存在着一条从湄公河三角洲的巴萨河（今后江）* 到暹罗尖竹汶的经济作物生产带。这一区域既是 18 世纪广州商船的主要目的地，亦是 18 世纪大陆东南亚地区最具活力的经济增长地区。正是在这片有利可图的土地上，暹罗、交趾支那和河仙在 18 世纪下半叶到 19 世纪初发生了激烈的政治冲突，这也引发了当地商业精英和华人人口构成的变化。

二 "闭门"的会安

为什么这种变化会发生在这一边缘地区而不是其他地方呢？为了回答这个问题，首先让我们把视角转移到位于今天越南中部的会安，这个 17—18 世纪亚洲最繁荣的中转贸易港口之一。在会安最繁忙的街道上，坐落着一座古庙，是由当地华人社区——明香社（字面意义是为明朝保留香火）所建造的。一份关于东南亚华人历史的十分有趣且独特的文献，保存在这座名为洋商会馆庙宇的墙壁上。这是一条由当地明香社领袖和部分华商船长于 1741 年共同制定的规章。通过阅读这一文献可知，尽管会馆的作用是维护前来会安的华商的社会福利，其同等重要的责任是要将不受欢迎的中国人士拒之会安门外。例如，对于那些因船只失事而滞留在会安的中国人，规章是这样表述的：

---

* 译者注：巴萨在本文英文原文中有时作 Bassac，有时作 Passack，此两种说法均指一地，且作者英文原文中对应有中文"巴萨"标注，故译者在中文译文中统一作"巴萨"。越南汉喃文献中则多写作"巴忒"，亦作"波忒"，至明命十六年（1835 年）"改真腊巴忒府为巴川府"，当时张明讲等曾奏言"巴忒虽是藩地，而实界在安河两省之间，其地肥饶，鱼盐粟米之利甚溥，清人居聚以数千计，汉民杂处亦多，又有沱水两通海汛"。参见[越] 阮朝国史馆编《大南实录正编第二纪》卷 156，载《大南实录》十，（东京）庆应义塾大学言语文化研究所 1975 年版，第 3697 页。

失水落难客住会馆厝，每月每人给伙食钱三百，至三个月为期，如收风尚有货船，果无亲戚可依者，暂许安歇，不给伙食钱，俱限唐船起身止，不得久住。

那些想留在当地的中国人以前有多种方法。例如，与当地明香社妇女结婚并入赘。但是，1741 年的规章几乎杜绝了这种可能，其中明确规定，不得通同赘入明香社，且特别禁止明香社成员帮助这些人入赘。在该文献的末尾还警告这些成员"切勿荒废前人创建之基业"。

这一相对严苛的，或多或少可称之为"闭门政策"的规章，并非出自阮主政权之手，而是由 18 世纪会安的华人社区设计的。这些社区主要是闽南人。① 1750 年，在该社区登记的 119 位未婚男子中有 100 人来自厦门。② 1744 年纳税人登记簿印证了 1741 年规章的成功实施。这一年有 44 个外来者加入明香社，他们均是来自闽南的商人，且没有一个人得到当地成员的介绍入社。③

显然，并非所有中国人都受到 18 世纪会安华人社区的欢迎。值得注意的是，这一规章制定于 1741 年，正值中国向东南亚移民的高潮。1740 年巴达维亚红溪惨案可能使会安的华商担心中国移民会将当地作为替代选项，从而大量移民会安。这些富有且长期定居会安的华商也可能担心大量新的中国移民涌入这个小而繁荣的港口后会打破他们过去 150 年来所享受的舒适平衡。会安是一个商业城镇和贸易中转地，绝大多数当地华人主要从事商业活动，有少数华人工

---

① 一位日本学者在 20 世纪 40 年代曾指出，闽南人的组织极为封闭，他们不仅排斥广东和潮州人，也排斥那些来自非闽南地区的福建本省人。参见 [日] 今堀诚二《马来亚华侨社会》，刘果因译，槟城嘉应会馆 1972 年版，转引自 [新] 麦留芳《方言群认同》，(台北)"中央"研究院民族学研究所 1985 年版，第 122 页。新加坡华人学者如陈育崧和麦留芳均基本同意这一观点。

② 1744 年和 1750 年的"明香登记簿"，手稿保存在越南会安文物管理局。这里有 6 人来自广州，4 人来自苏州，1 人来自江西，8 人来自潮州。

③ 会安的潮州庙宇最迟于 1845 年兴建，参见 Chen Chingho, *Historical Notes on Hoi An*, Appendix 13, 第 145—146 页；海南会馆建于 19 世纪 70 年代，参见 Chen Chingho, *Historical Notes on Hoi An*, Appendix 13, 第 148—149 页。

匠填补了商业城镇的其他角色。越南会安港没有足够的贸易、工作以及土地来容纳更多的中国移民。

三 18世纪华人经济作物产能的真正变化

华人在交趾支那*生产活动的真正变化发生在远离传统华人商业中心的其他地方，这种现象绝非巧合。18世纪下半叶由华人创建的传统商业中心均走向衰落，例如会安（Li，1998年）、巴达维亚（Blussé，1986年）、马六甲（Mak，1985年）和马尼拉（Edgar Wickberg，1998年）。① 与此同时，东南亚沿海地区的离岸生产则呈扩张趋势。在最有活力的生产地区附近，亦发展出新的贸易中心，例如边和（中国史料称为农耐）、湄公河三角洲的美荻以及巴萨河口（后江）的巴萨，它们几乎都是18世纪的产物。

古老的会安和边和、巴萨之类的新港口的区别就在于他们与商品产地的联系。会安商人的声誉主要建立在来自山海的奢侈品上，与他们打交道的主要是高地和越族的商人。边和、巴萨、尖竹汶和其他新华人产区的关系主要集中于经济作物、大米和更多华人移民。② 这意

---

* 译者注：在不同历史时期，交趾支那有不同的政治含义和地理范围，本文所谓的交趾支那应指西方文献和语境中的交趾支那王国，相当于当时阮主政权的直接统治区，因此河仙和巴萨不属当时交趾支那的范畴。

① Li Tana, *Nguyen Cochinchina: Southern Vietnam in the Seventeenth and Eighteenth Centuries*, Ithaca: Southeast Asian Program, Cornell University, 1998; Leonard Blussé, *Strange Company: Chinese Settlers, Mestizo Women, and the Dutch in VOC Batavia*, Dordrecht – Holland, Riverton – U.S.A: Foris Publications, 1986; Edgar Wickberg, "The Philippines", in *The Encyclopedia of the Chinese Overseas*, ed. Lynn Pan, Singapore: Editions Didier Millet, 1998, p.188；[新加坡]麦留芳：《方言群认同》，"中研院"民族学研究所1974年版，第44页；Li Tana, "'Cang hai sang tian（沧海桑田）': Chinese Communities. in the Eighteenth Century Mekong Delta", in Geoff Wade and James K. Chin ed. *China and Southeast Asia: Historical Interactions*, Routledge, 2019, pp.264–278.

② Carl Trocki, "Chinese Pioneering the Eighteenth – Century Southeast Asia", in Anthony Reid ed. *The Last Stand of Asian Autonomies*, London and New York: McMillan Press, 1997, pp.83–102.

味着华商与华人劳动力产生了更为紧密的联系。在这些新兴商业中心，商人向华人种植园者提供食物和生活用品，再将种植园的产品贩运至中国。18世纪60年代广州十三行的商船曾频繁造访这些港口就是证据。①

那么是谁将华人移民带到这些产地？像会安这样的旧的贸易中心与新经济作物产区之间的关系如何？后者是在前者基础上的延伸还是本质上的全新发展？为了回答这些问题，让我们来考察18世纪下半叶东南亚对广州的出口产品。

四 18世纪60年代：湄公河下游三角洲的黄金时代

湄公河下游三角洲（交趾支那诸港，河仙和巴萨）对广州的贸易出口量相当可观，见表1。对比1750—1759年巴达维亚对厦门和广州的出口可知，仅1767年湄公河下游三角洲一年的出口量就达到了该地十年出口总额的45%。② 将18世纪湄公河下游三角洲的出口量与19世纪40年代当地对新加坡的出口相比，结果也十分显著，如1767年，交趾支那三港*的货物总额为380769两白银（528845西班牙元），③ 超过了暹罗和交趾支那在19世纪40年代向新加坡的年均贸易总额。④ 由此看来，不论是横向与巴达维亚相比，还是纵向与19

---

① Li Tana and Paul van Dyke, "Canton, Cancao, and Cochinchina: New Data and New Light on Eighteenth‑Century Canton and the Nanyang", *Chinese Southern Diaspora Studies*, Vol. 1, Februayr 2007, pp. 10 – 29.

② L. Blusse', "The Umbilical Cord with the Nanyang: Chinese Shipping to Java in the Second Half of the Eighteenth Century", to an International Workshop "Ethnic Chinese Merchants and Chinese Capitalism in Southeast Asia: A History through Commodities", Cornell University and Academic Sinica, Taipei, December 19 – 20, 2005, pp. 25 – 26.

* 译者注：此处交趾支那三港，应指上表中交趾支那、河仙和巴萨三处地方的诸港口。

③ 1767年白银与西班牙元的兑换比率，参见[美]马士《东印度公司对华贸易编年史，1635—1834年》第4—5卷，区宗华译，中山大学出版社1991年版，第542页。

④ Wong Lin Ken, "The Trade of Singapore, 1819 – 69", *Journal of the Malayan Branch Royal Asiatic Society*, Vol. XXXIII: December 4, 1960, pp. 240 – 242.

世纪的自身相比,18 世纪湄公河下游三角洲的贸易量都是显著的。

表1　　　　　　　1767 年广州海外进口产品数量①

商品名称	进口产品出口港						
	巴萨	交趾支那	河仙	柬埔寨	上述四地合计	巴达维亚	巨港
沉香木(担)	45	18	4	—		3.4	—
烧酒(担)	—	—	—	—		3550	—
槟榔(瓶)	15946	9708	1546	844	28044	1569	1788
海参(担)	374	210	451	292	1327	1367	
安息香(担)	—	—	3	—	3	4	5
乌木(担)	1398	1854	1888	940	6080	—	—
靛青(担)	—	24	199	—	223	—	—
牛骨(担)	—	502	—	—	502	—	—
豆蔻(担)	246	316	—	9	571	—	—
丁香(担)	4	—	—	—	4	—	—
肉豆蔻(担)	37	7	5	6	55	—	—
棉花(担)	282	498	163	59	1002	—	259
鹿筋(担)	—	15	46	—	61	—	5
鹿肉干(担)	—	—	412	—	412	—	—
牛肉干(担)	7	—	281	—	288	—	—
海螺肉干(担)	463	147	—	55	665	—	—
虾干(担)	48	—	360	—	408	—	—

① Alexander Dalrymple, *Oriental Repertory*, London: East India Company, Vol. 1, 1808, pp. 281 – 283.

续表

商品名称	进口产品出口港					巴达维亚	巨港
	巴萨	交趾支那	河仙	柬埔寨	上述四地合计		
鱼干(担)	1240	835	13	216	2304	—	—
药材(担)	854	318	4	186	1362	—	—
象牙(担)	4	33	—	11	48	—	14
象骨(担)	—	11	—	—	11	—	—
鱼胶(担)	8	30	9	—	47	—	—
藤黄(担)	29	22	2	6	59	—	—
胡椒(担)	372	2777	148	51	3348	—	21
藤条(担)	173	219	413	—	805	563	334
红木(担)	276	—	—	—	276	—	—
杂货(担)	—	—	1784	1887	3671	—	1888
檀香木(担)	—	—	—	—	—	204	—
苏木(担)	1875	482	2385	2323	7065	65	—
鹿皮(担)	27	110	98	7.8	242.8	—	14
牛皮(担)	—	—	125	—	125	37	—
象皮(担)	8	25		—	33	—	—
鱼皮(担)	12	—	—	—	12	—	10
蛇皮(担)	87	—	—	—	87	—	—
紫胶(担)	—	10	—	—	10	—	—
白糖(担)	41	1447	—	—	1488	—	—

续表

商品名称	进口产品出口港						
	巴萨	交趾支那	河仙	柬埔寨	上述四地合计	巴达维亚	巨港
冰糖（担）	—	10792	—	—	10792	334	—
锡（担）	3163	24	1984	19	5190	—	7468
蜡（担）	12.42	18.4	52	36.39	119.4	8	—
总计（担）	27031.42	30452.4	12375	5061.19	74853.2	4154.4	11806

在我们讨论主题之前，以下几点亦值得注意。

第一，这三个港口出口了大量长期被认为是暹罗传统产品的货物，如鹿皮、紫胶和苏木。这里列出的豆蔻贸易量也值得注意。1846 年以前，暹罗曾牢牢控制柬埔寨的马德望省和菩萨省，这二省是最重要的豆蔻出口区，但也仅生产了 636 担豆蔻。[①] 但在 1767 年，仅巴萨和交趾支那就出口了大约 562 担。此外，这里还出口大量苏木和红木，都是暹罗的传统产品。

第二，巴萨、交趾支那和河仙三港出口的锡都来自马来半岛。1767 年，此三大港口出口了大量的锡，尽管它们并非其产地。这一数量几乎是巨港锡出口贸易量的三分之二，该地是当时东南亚锡的生产中心。另外，值得注意的是，1767 年三港锡的出口数量又大致相当于 1775 年东印度公司带来锡的总量。[②]

第三，此三港也出口大量柬埔寨的典型产品，如虾干、鱼干、肉干和蜂蜡，甚至比柬埔寨自己的港口出口的还要多。例如 1767 年

[①] Puangthong Rungswasdisab, "Siam and the Contest for Control of the Trans‐Mekong Trading Networks from the Late Eighteenth to the Mid‐Nineteenth Centuries", in Cooke and Li, *The Water Frontier: Commerce of the Chinese in the Lower Mekong Delta, 1750–1880*, New York: Rowman and Littlefield, 2004, p. 113.

[②] 参见 [美] 马士《东印度公司对华贸易编年史，1635—1834 年》第 1—2 卷，第 328 页。

柬埔寨出口了216担鱼干,但仅巴萨一地就出口了鱼干1240担,交趾支那则又提供了另外835担。此三港还出口丁香和肉豆蔻,这些都并非当地土产。

从上表来看,毫无疑问,除了本地生产的槟榔、胡椒和糖之外,此三处港口的货物几乎都来自暹罗、柬埔寨和马来半岛。18世纪60年代可谓是湄公河下游地区贸易的黄金时代。形成这一黄金时代的主要原因之一就是阿瑜陀耶的陷落。显然,三处港口填补了当时阿瑜陀耶与中国海外贸易的商业空白,并因此繁荣起来。[①] 湄公河下游三角洲地区遂成为18世纪60年代后期东南亚最重要的商业中心之一。[②]

表格中巴达维亚的出口量也值得关注。它的贸易量是六个港口中最少的,主要的货物是海参。[③] 将此数据与巴达维亚对中国的总体出口额(1750—1759年)进行比较很有意思。[④] 正如我们所见,海参是巴达维亚与厦门、广州之间最主要的贸易货物。巴达维亚的数据为绘制18世纪60年代三个港口的图景提供了重要的线索。巴达维亚的出口由华人主导的主要是海参(28%)、琼脂(21%)和油

[①] 交趾支那与广州的贸易填补了这一空,到1772年,广州著名的西方商人聚集地——暹罗塔被更名为交趾支那塔。

[②] 在马来诸港中,丁加奴对交趾支那特别重要,它是18世纪中期印度洋和中国海之间最繁忙的港口之一,主要缘于其与英国的贸易。莱特船长在1789年曾指出:"丁加奴是一个马来港口,主要与中国贸易,生产胡椒、黄金和一些锡。它每年的出口额为3万西班牙元。"东印度公司的约瑟夫·杰克逊船长在1764年说:"在我看来,贸易为丁加奴带来的巨大优势似乎与科罗曼德尔海岸或马拉巴尔海岸相当甚至更为优越。"转引自 Koo Kay Kim, *Malay Society*, Pelanduk Paperbacks, 1991, pp. 88–89, p. 93。关于丁加奴与交趾支那的联系参见 Li Tana, "'Cang hai sang tian(沧海桑田)': Chinese Communities. in the Eighteenth Century Mekong Delta", in Geoff Wade and James K. Chin ed. *China and Southeast Asia: Historical Interactions*, Routledge, 2019, pp. 272–273。

[③] 此为意料中的事,因为广州仅占巴达维亚贸易的一小部分,福建船长的主要贸易港一直都是厦门,而非广州。

[④] L. Blusse', "The Umbilical Cord with the Nanyang", p. 25.

（11%）（不同于荷兰东印度公司出口的糖、胡椒和锡）；① 湄公河下游三角洲则侧重于经济作物的生产（槟榔37.4%、糖19%和胡椒4.4%）。因此，1767年数据的真正的价值在于其揭示了当时"水疆"* 中心地区经济作物的生产范围，以及华人是如何获取或控制这些产品的。虽然肯定有成千上万的商人活跃于湄公河下游三角洲、柬埔寨、暹罗东南部和南部以及马来半岛之间，但值得注意的是，在诸港口之间的大片土地上，必然存在着相当数量的来自中国的劳动力，他们主要从事经济作物的生产，种植中国市场所需的各类大宗商品，比如胡椒、槟榔和糖。② 这一图景支持了安东尼·瑞德（Anthony Reid）关于现代东南亚的经济增长周期开始于18世纪中期的假说。③ 下文我们将试图重绘18世纪中期湄公河下游三角洲经济作物生产的场景。

五　槟榔生产

19世纪20年代，中国的槟榔年消耗量为3万—4万担，④ 或许比本文所关注的18世纪晚期要多些。由前文中表1可知，巴萨、交趾支那和河仙三处港口在1767年就出口了27200担槟榔。由此

---

① David Bulbeck, Anthony Reid, Tan Lay Cheng, Wu Yiq, *Southeast Asian Exports since the 14th Century: Cloves, Pepper, Coffee, and Sugar*, Singapore: KITLV Press and ISEAS, 1998. The VOC reserved 海参 trepangs, 燕窝 edible birds' nests, 琼脂 Agar Agar, and 藤 rattan for China trade.

* 译者注："水疆"（Water Frontier）理论最早由李塔娜提出，该理论尝试以中国南海海域为纽带，期望超越传统民族国家的范畴和限制，将18—19世纪中期越南南方的湄公河三角洲地区同泰国南部（包括今马来半岛地区）、柬埔寨和中国华南地区作为一个商业贸易整体来审视和研究。

② Carl Trocki, *Chinese Maritime Expansion*, paper for workshop "Southeast Asia: The Sea as Center", Held by the Center for Southeast Asian Studies at the University of California, Irvine, February 2004, pp. 28 - 29.

③ Anthony Reid, "A New Phase of Commercial expansion", in Anthony Reid ed. *The Last Stand of Asian Autonomies*, p. 72.

④ "Penang Register", 14th May 1828, quoted in *Canton Register*, Vol. 1, No. 25, June 1828.

看来，18世纪后期，中国消耗的槟榔中有三分之二是由交趾支那供应的。①

18世纪40—60年代，交趾支那的槟榔生产有了显著增长，这点在广州被再次印证。以下为荷兰东印度公司在广州的报告。

> 1748年9月6日，广州的荷兰大班试图把槟榔以3两每担的价格卖给十三行商谢文官。谢文官说他的出价不会超过2.7两每担，因为中国商船和澳门船只从交趾支那和暹罗运来了1.8—1.9万担的槟榔，此外还有一艘马拉巴海岸的船只也运来槟榔。
>
> 1756年9月7日，谢文官购买的干槟榔为2.2两每担，熏槟榔为1.7两每担，每担为122.5磅。中国商船从暹罗和交趾支那运来了大量槟榔使得其价格日益下跌。

1756年，1758—1759年，广州的荷兰人在给董事们的报告中一再指出"数量惊人"的槟榔被从交趾支那运送到这里。②

槟榔和米是18世纪湄公河三角洲最为重要的出口产品。"粟一椰二"，是18世纪的历史学家黎贵惇所引用的当地俗语。③ 如上所述，早在18世纪40年代，当地就有大量槟榔就被运至广州。

到18世纪，湄公河三角洲已有可观的土地被用于经济作物的生产，1836年的土地登记数据印证了这点。两大因素影响了19世纪30年代的槟榔生产。第一，明命帝镇压了1834—1835年的黎文㑥起义，导致当地劳动力大量外流；第二，从19世纪20年代开始，广

---

① 克劳福德在19世纪20年代指出，槟榔产量最多的是苏门答腊，但其产品似乎更多地被运到印度而非中国。John Crawfurd, *A Descriptive Dictionary of the Indian Island and Adjacent Countries*, Reprint Oxford University Press, 1971, p. 20.
② Paul Van Dyke, "Cochin China, Siam, Passack, Cankouw", pp. 2–3.
③ ［越］黎贵惇：《抚边杂录》卷6，（西贡）越南国务院特责文化处1973年版，第244a页。

州槟榔的价格只有18世纪的六分之一。① 即便如此，1836年在南圻*六省用于经济作物生产的注册土地（这里的 đất "土"并非生产稻米的"田" ruộng）当中，仍有56%的土地被用于种植槟榔。② 美荻和永隆是槟榔种植特别集中的两省，其中美荻槟榔种植占76%，有23837亩；永隆达到100%，有30541亩。③

槟榔种植需要大量劳动力，并且需要优质的土壤和炎热的气候。槟榔在出口前需要加工，每公斤干槟榔需要350—500块鲜槟榔。④ 巴萨和交趾支那每年出口到中国的干槟榔数量为8千—9千担，这意味着当地有大量土地和劳动力被用于槟榔种植。

越南人无疑参与了这一生产。18世纪晚期的《抚边杂录》清楚地表明，槟榔生产是越南"南进"运动的重要组成部分。据《抚边杂录》所述，阮主们曾向湄公河三角洲地区移民。⑤

> 招募广南、莫盘、广义、归仁诸民有物力者从居于此，伐剪开辟，尽为平坦，水土肥沃，任民自占，植榔园、结屋舍，

---

① J. B. Chaigneau, "Le commerce en Cochinchine vers 1820, d'apres J. B. Chaigneau", in G. Taboulet, *La Geste Francaise en Indochine*: *Histoire par les textes de la France en Indochine des origines à 19*, JEAN MAISONNEUVE Edition 1955, Vol. 1, p. 297.

* 译者注：本文英文原文作 "Cochinchina"，但这里的"Cochinchina"应指当时阮朝的南圻六省之地，与文中之前所述"Cochinchina"在地理范围上存在差异，已包含了之前所述"Cochinchina"之外的河仙和巴萨两地，为便于读者理解和区分，故在此译作"南圻"，尽管这个词是19世纪才出现的。

② Nguyen Dinh Dau, ed., *Nam Ky Luc Tinh*: *Nghien Cuu Dia Ba Trieu Nguyen* [Cadastral Studies of Nguyen Dynasty: the Six Provinces of the South], Hochiminh City: Ho Chi Minh City Press, 1994, p. 145.

③ Nguyen Dinh Dau, *Nam Ky Luc Tinh*, p. 195 for Dinh Tuong and, p. 199 for Vinh Long.

④ 槟榔树平均需要七年才能结果，每棵树每年只结四簇果实，产出600—800颗槟榔。Truong Ngoc Tuong, "Nghe Lam Cau Kho va Trau Rang Truyen Thong o My Tho" [The Traditional Techniques of Betel Nuts Processing in My Tho], *in Xom Nghe va Nghe Thu Cong Truyen Thong Nam Bo* [Traditional Village Handcrafts in Southern Vietnam], Hochinminh City: Nha xuat ban Tre, 2002, p. 12.

⑤ Li Tana and Anthony Reid, ed., *Southern Vietnam under the Nguyen*, Singapore: Institute of Southeast Asian Studies, Singapore, 1993, p. 126.

又收源头诸蛮人男女卖之,使为奴婢,自相配匹,产育成人,力田作业,以是致粟甚多。①

以上论述表明了湄公河三角洲劳动力招募和生产组织的一些主要方式。在更北面的潘郎地区,受到越南官员监督的占人统治者所控制的占人和高原人地区也生产槟榔,其产品数量亦相当可观。占人的皇家档案*中保存了少量相关文件,包含潘郎地区1780年8月和9月(此两月为槟榔收获月份)槟榔贸易的征税方式,见表2。

表2　　　　　　　　1780年潘郎地区槟榔的税收

日期	价格(现金) 市场A	价格(现金) 市场B	日期	价格(现金) 市场A	价格(现金) 市场B
8月1日	180	588	8月17日	1029	206
8月2日	320	984	8月18日	816	103
8月3日	330	1800	8月19日	290	17
8月4日	180	950	8月20日	480	54
8月5日	300	1068	8月21日	280	208
8月6日	300	750	8月22日	416	50
8月7日	108	216	8月23日	—	102
8月8日	740	421	8月24日	748	210
8月9日	740	279	8月25日	637	95
8月10日	730	135	8月26日	486	15

---

① [越]黎贵惇:《抚边杂录》卷6,(西贡)越南国务院特责文化处1973年版,第243a页。

* 译者注:即潘陀浪王宫档案。关于该档案的情况介绍和研究可参见牛军凯《潘陀浪王宫档案与晚期占婆史研究——占婆王府档案再讨论与补编》,《东南亚南亚研究》2012年第1期。

续表

日期	价格(现金) 市场 A	价格(现金) 市场 B	日期	价格(现金) 市场 A	价格(现金) 市场 B
8月11日	317	42	8月27日	348	76
8月12日	442	40	8月28日	348	90
8月13日	690	25	8月29日	588	90
8月14日	802	225	8月30日	348	—
8月15日	201	350	总计	13356	9542
8月16日	162	353			

尽管上述贸易数据包含了本地消费，但其贸易的可观性和持续性都表明其中相当数量应是为了满足外地需求。西山起义的著名领袖阮岳便是一个槟榔商人和归仁港附近的税吏。①

鉴于阮主政权极度缺乏劳动力，他们在17世纪末至18世纪初曾积极鼓励中国人移民这一区域。在这一大背景下，特别值得注意的是，17世纪80年代中国的陈上川将军定居边和。他招募商人来此，使得边和成为一个繁荣的城镇。② 17世纪晚期，湄公河三角洲以闽南人为主体的商业网络亦欢迎广东人和潮州人。③

虽然尚不清楚华人在多大程度上主导了18世纪（湄公河三角洲）的槟榔生产，但华人确实与一些著名的槟榔种植园（芙园）存

---

① [越]阮朝国史馆编：《大南实录前编》卷11，载《大南实录》一，（东京）庆应义塾大学言语文化研究所1961年版，第159页。

② [越]郑怀德：《嘉定城通志》卷6，载戴可来、杨保筠点校《岭南摭怪等史料三种》，中州古籍出版社1991年版，第219页。

③ *The Junk Trade from Southeast Asia*: *Translations from the Tosen Fusetsu-gaki*, *1674 - 1723*, ed. Yoneo Ishii Singapore: Institute of Southeast Asian Studies, 1998, pp. 153 - 193. 据这一日本史料记载，大部分前往柬埔寨贸易的商人都来自闽南和宁波。

在联系。① 在边和附近的一个地名中，也可以找到潮汕人群体从事槟榔生产的痕迹。该地名被记录于19世纪早期的《嘉定城通志》中。这个小岛被叫作新潮州，据《嘉定城通志》记载"人事丘园，惟载芙蓉，叶繁茂，味香美，故独擅新潮芙蓉之嘉名云"②。

安东尼·瑞德称18世纪为华人之世纪。③ 18世纪中期对华人在湄公河三角洲的贸易和移民都至关重要。据范岱克的研究可知，18世纪60年代，有37艘广州十三行的商船常年往来于广州与东南亚之间，其中85%的贸易都在此区域。④ 18世纪60年代边和绵延五里，而19世纪20年代的西贡仅绵延三里。⑤ 换句话说，18世纪的边和要比19世纪初的西贡大得多，这是一个以潮州人、广东人和闽南人为主的聚居区。⑥

六 胡椒生产之谜

17世纪，胡椒的生产主要集中于交趾支那的顺化地区，但产量

---

① 陈践诚是19世纪后期顺化宫廷的重臣，其家族的一个分支就在18世纪定居芙园（Vuon Trau）。参见陈荆和撰《承天明香社陈氏正谱》，香港中文大学新亚研究所1964年版，第67页；1731年，由陈上川的儿子陈大定所率领的一支华人武装在芙园击败了一支老挝叛军，参见[越]郑怀德《嘉定城通志》卷6，载戴可来、杨保筠点校《岭南摭怪等史料三种》，中州古籍出版社1991年版，第209页；参见陈荆和《清初郑成功残部之移居南圻》下，《新亚学报》1968年第2期。半个世纪以后，华人组成的和义军亦在芙园附近袭击了西山军队，并杀死了一位西山将军。

② [越]郑怀德：《嘉定城通志》卷2，载戴可来、杨保筠点校《岭南摭怪等史料三种》，中州古籍出版社1991年版，第66页。

③ Anthony Reid, "Introduction", in Anthony Reid ed. *The Last Stand of Asian Autonomies*, pp. 11–14.

④ Paul Van Dyke, *The Canton - Vietnam Junk Trade in the 1760s and 1770s: Some Preliminary Observations from the Dutch, Danish, and Swedish Records*, Paper for the International Workshop "Commercial Vietnam: Trade and the Chinese in the nineteenth Century South", December 1999, Chart 5.

⑤ 陈荆和：《清初郑成功残部之移居南圻》，第17页。

⑥ 18世纪边和的中国会馆有潮州、广东和福州三种，没有闽南人的会馆，参见[越]郑怀德《嘉定城通志·边和》。

有限，好的年景约 100 担。① 到 18 世纪，河仙地区的胡椒产量开始超过顺化，即便是在郑阮内战刚结束的 18 世纪初，河仙的年产量也有 833 担。② 然而，上述产量也不能解释 1767 年三处港口出口的 3297 担胡椒，这一数量占当时东南亚对中国出口胡椒总量的 17%。③ 这些胡椒，有 84% 来自交趾支那，但 18 世纪交趾支那的胡椒年产量却从未超过 1000 担。④

广州 1777 年的贸易记录进一步表明，来自交趾支那的胡椒可能不全是其本土生产的。当年八月的一份报告记录，一艘澳门船只曾从交趾支那带来了大量的胡椒。⑤ 当时的河仙和顺化都处于激烈的内战中，上述两地均没有能力生产任何用于出口的胡椒。到 1786 年，广州贸易纪录中再次出现"来自河仙的两艘中国商船带来了一批胡椒和锡，接下来还有其他六批"⑥。

因此，我们必须进一步寻找此三处港口出口胡椒的原产地。河仙的部分胡椒可能来自如丁加奴等的马来诸港。⑦ 但我想通过探讨巴萨、河仙、贡布和尖竹汶之间的胡椒联系来进一步推进我的理论。

---

① "A Japanese Resident's Account, 1642", tran. Ruurdje Laarhoven, in Li and Reid, ed. *Southern Vietnam under the Nguyen*, p. 28.

② [越] 郑怀德：《嘉定城通志》卷 5，载戴可来、杨保筠点校《岭南摭怪等史料三种》，第 190 页；Nguyen Dinh Dau, *Cadastral Studies of Nguyen Dynasty, Nam Ky Luc Tinh*, p. 204. 除河仙外，其他省份的土地均未种植胡椒。1836 年，河仙用于经济作物种植的土地占比达 66%。

③ Bulbeck, Reid, Tan and Wu, *Southeast Asian Exports Since the 14th Century: Cloves, Pepper, Coffee, and Sugar*, p. 86.

④ [越] 黎贵惇：《抚边杂录》卷 6，（西贡）越南国务院特责文化处 1973 年版，第 201b—211a 页。克劳福德指出"产于交趾支那中部某些地区的黑胡椒质量好，但产量较少，既不便宜亦没有足够的数量支持出口"。参见 John Crawfurd, *Journal of an Embassy from the Governor-General of India to the Courts of Siam and Cochin China*, Reprint Kuala Lumpur: Oxford University Press, 1967, p. 474。

⑤ Paul Van Dyke, "Cochin China", p. 11.

⑥ Ibid., p. 12.

⑦ 见上引莱特船长在 1789 年 6 月的报告。

尖竹汶在 19 世纪早期以暹罗的主要胡椒产区而闻名，①但其生产则始于 18 世纪。据吴汉泉的研究可知，18 世纪 60 年代，尖竹汶的华人家族经营着三十多艘船，这些船将胡椒运送至阿瑜陀耶，再由阿瑜陀耶的皇家大船运输至中国进行贸易。②施坚雅（Skinner）进一步指出，当时潮州人可能就已在暹罗东南部定居了，③虽然 18 世纪的暹罗流行讲闽南语。④最后，陈荆和指出，（当时）许多潮汕人已在暹罗东南沿海定居，由此形成了尖竹汶和达叻两个贸易中心，他们也从事走私和海盗活动。⑤

值得注意的是，尖竹汶（越南语作"真奔"）⑥和仝吝*在这一时期频繁地出现在越南文献上。⑦尤其是 1810 年的《暹罗国路程集录》，⑧可以帮助我们确定湄公河三角洲和暹罗东南部存在的重要联系。这本越南文献中提到了 6 条路线，其中 3 条均提及尖竹汶，而"陆行下路"**可谓是胡椒之路。湄公河三角洲的商人首先从海路抵达仝吝，然后再前往胡椒的产区——尖竹汶和春武里。⑨值得注意的是，

---

① 尖竹汶胡椒占暹罗全国总产量的 90%，参见 Viraphol Sarasin, *Tribute and Profit: Sino-Siamese Trade 1652–1853*, East Asian Studies, Harvard University, 1977, p. 178。

② Viraphol Sarasin, *Tribute and Profit*, p. 164.

③ G. William Skinner, *Chinese Society in Thailand: An Analytical History*, Ithaca: Cornell University Press, 1957, p. 15.

④ Ibid., p. 40.

⑤ 陈荆和：《鄚天赐》，第 1551—1552 页。

⑥ [越] 阮朝国史馆编：《大南实录前编》卷 11，载《大南实录》一，（东京）庆应义塾大学言语文化研究所 1961 年版，第 153 页。

* 译者注：此处英文原文作"Thungyai"，译者据《暹罗国路程集录》中文原文译作"仝吝"。参见 [越] 宋福玩、杨文珠辑《暹罗国路程集录》，陈荆和校，香港中文大学新亚书院研究所 1966 年版，第 71 页。

⑦ 参见 [越] 阮朝国史馆编《大南实录正编第一纪》卷 2，载《大南实录》二，（东京）庆应义塾大学言语文化研究所 1963 年版，第 329 页；参见 [越] 宋福玩、杨文珠辑《暹罗国路程集录》，陈荆和校，第 71 页。

⑧ 这本书在 1810 年被提交给嘉隆，其内容包含整个 18 世纪或更早的情况。

** 译者注：此处英文原文据中文原文意译得出，今据《暹罗国路程集录》中文原文，在中文译文中还原为"陆行下路"，见第 33 页。

⑨ [越] 宋福玩、杨文珠辑《暹罗国路程集录》，陈荆和校，香港中文大学新亚书院研究所 1966 年版，第 33 页。

克劳福德（Crawfurd）曾在19世纪20年代初特别指出："在本季度内，真奔和仝查是当地主要的商业港口，两地是胡椒、豆蔻和藤黄的主要产地。真奔又是其中最重要的，当地有大量从事胡椒种植业的华人。"① 他还证实，在真奔、仝查及其两地之间，有大量从事胡椒种植的中国移民。② 上引的《暹罗国路程集录》中也指出，上述地区人口密集，胡椒和槟榔均在当地种植。③

这一地区的大量华人人口可能反映了18世纪末的现实情形。了解当地华人人口的一项重要指标是各地征收的酒税和赌税。1809—1810年，尖竹汶的酒税和赌税在暹罗东南部地区所占比例最高。④ 因此，18世纪晚期，尖竹汶和仝查很可能与贡布、河仙、巴萨和交趾支那处于同一贸易区，⑤ 这就意味着整个沿海地带可以被视为18世纪大陆东南亚的经济作物生产带。

七　为何华人的经济作物生产会出现在这一区域

如前所述，18世纪60年代的巴萨河地区是广州十三行商船最受欢迎的目的地。其中最重要的原因在于巴萨是一个自由的港口。在整个18世纪，越南人的控制都尚未延伸至该地。虽然据越南编年史记载，阮主的统治早在1757年便越过了巴萨河，但实际上仅控制了

---

① *The Crawfurd Papers*: *A Collection of the Official Records Relating to the Mission of Dr. John Crawfurd Sent to Siam by the Government of India in the Year* 1821, Bangkok: Printed by order of the Vajiranana National Library, 1913; Reprinted Westmead: Gregg International, 1971, p. 105.

② John Crawfurd, *Journal of an Embassy from the Governor - General of India to the Courts of Siam and Cochin - China*, *Exhibiting a View of the Actual State of those Kingdoms*, First published 1828, Reprint Kuala Lumpur: Oxford University Press, 1967, p. 440.

③ [越] 宋福玩、杨文珠辑《暹罗国路程集录》，陈荆和校，香港中文大学新亚书院研究所1966年版，第71页。

④ B. J. Terwiel, *Through Travellers' Eyes*: *An Approach to Early Nineteenth - century Thai History*, Bangkok: Editions Duang Kamol, 1989, p. 190.

⑤ 由表1可知，巴萨、交趾支那和河仙出口的产品都可以在尖竹汶地区找到。据巴斯·特维尔（Baas Terwiel）所述，尖竹汶主要的出口产品有胡椒、小豆蔻、藤豆蔻、鹰木、动物皮、象牙、糖、烟草和咸鱼，参见B. J. Terwiel, *Through Traveller's Eyes*, p. 187.

巴萨河上游的龙川和沙沥,而巴萨仍由一个高棉领主统治。郑怀德很清楚地说明了这一点,即该地"间有波忒府,原是高蛮民居,外除归高蛮属地"①。

1774年阮主政权的税收信息进一步证实,阮主的统治仅延伸至今天胡志明市一带。除了象征性的米税外,关卡税和市场税在巴萨地区并未征收。表3是18世纪60年代交趾支那对渡口和市场的征税清单。②

表3　　　　18世纪60年代交趾支那的渡口和市场税

地区	税款(贯)	百分比(%)
广平至顺化	2686	20.47
广南	3954	30.13
广义	711	5.42
归仁	1514	11.5
富安	833	6.34
平康	1081	8.24
延庆	460	3.5
平顺	12	0.09
嘉定(湄公河三角洲)	1868	14.23
总计	13119	100

可以这样说,在"水疆"这一经济作物生产带上,哪条线路没有税卡,哪里就能繁荣起来。正如卡尔·特罗基所说,这是一个新

---

① [越]郑怀德:《嘉定城通志》卷3,载戴可来、杨保筠点校《岭南摭怪等史料三种》,第146页;Yumio Sakurai, "Eighteenth-century Chinese Pioneers", in *Water Frontier: Commerce and the Chinese in the Lower Mekong Region, 1750–1880*, ed. Nola Cooke and Li Tana, New York and Singapore: Rowman and Littlefield/ Singapore University Press, 2004, p.42。

② [越]黎贵惇:《抚边杂录》卷4,第17a—20b页。

的移民群体可以抵达并定居的时代，中央几乎没有任何干扰。此外，基于此原因，该地的商业因素被自然而然地纳入政治经济中来。①更确切地说，这些移民定居点是由商业主导，并围绕其进行组织。因此，在这个多族聚居区内经济作物的生产一开始就融入了海外市场。

在此背景下我们能够更好地理解这条来自广州的记录，即"巴萨位于交趾支那和暹罗之间"②。河仙繁荣的海外贸易很可能刺激了其东部和西部经济作物的生产，其西部的贡布、尖竹汶和东部的巴萨均发展起来。来自广州的中国商船首先抵达巴萨（其港口在摆草（Bai Xau））进行贸易，然后沿翁督（Ong Doc）和磉蚝（Ganh Hao）河进入暹罗湾，从而避开哥毛*角附近的危险弯路。来自暹罗湾的商船和小船亦沿相同的路线进入南海。③ 从这个角度来看，巴萨繁荣的贸易是由往来于交趾支那、河仙、贡布④与泰国东南部的尖竹汶、仝沓等地之间的华商促成的。⑤

---

① Victor Lieberman, "Mainland – Archipelagic Parallels and Contrasts", in Reid ed. *The Last Stand*, p. 35.

② "Canton Records", August 14, 1766.

* 译者注：此地今越南文作 Ca Mau，通常译为金瓯角。

③ 这条路线上的每一站都清晰地记录在越南文献《暹罗国路程集录》中，见第35—36页。

④ John Thomson, *The Straits of Malacca, Indo-China, and China*, New York: Harper & Brothers, 1875, pp. 159 – 160: "位于金边与贡布之间的地区很可能是当时柬埔寨王国最具生产力的区域。当地盛产大米，可以进行大宗出口贸易。棕榈糖则是本季增加的另一项重要商品。丝绸也被生产和制造成丰富的样式。……贡布位于暹罗湾南端附近的海岸上，靠近一条不易通航的浅浅小河，河口处有一带沙洲，迫使到港贸易的船只能在外面的航道上抛锚。贡布主要的商人无疑是华人。另外，华人亦生产大米、糖和胡椒，这些是当地出口贸易的主要产品。"

⑤ 据阿蒂颂（Adisorn）所述："在阿瑜陀耶陷落之前，春蓬（Champon）、猜亚（Chaiya）、洛坤（Ligor）、宋卡（Sungora）和春武里（Banpasoi）、罗勇（Rayong）、尖竹汶（Chantaburi）、仝沓（Tungyai）和古公（Kokong）之间的沿海网络是华商一手发展起来的。他们的主要任务是将内陆的产品通过阿瑜陀耶或尖竹汶的皇家贸易运至中国。"参见Adisorn Muakpimai, *Chantaburi: A Gatedoor of the Coastal Trade of Ayudhya in Eighteenth Century*, International Workshop, "Core University Program", Kyōto University and Thammasat Uniersity, Ayudhya, December, 18 – 20, 1995, p. 8。

在这些产区之间，必然存在着大量往来的大小商船。1786年，一位法国传教士记录了18世纪60年代巴萨贸易的繁荣情形："（当地）绝大多数的中国人都是商人或水手……停泊了大量的中国商船……现在数量太多……我数不过来，其数量比50要多，接近100艘。"① 1987年暹罗湾的水下考古发现进一步证明了这点。在尖竹汶附近发现了很多沉船，由于承载了大量货物，这些船犹如一个个漂浮的商店。②

八 经济作物生产带的政治争斗

正如我们在广州贸易记录中看到的那样，该区域密集的经济作物生产吸引了更多的贸易，而贸易反过来又刺激了更多的生产。这一地带是18世纪大陆东南亚地区最为重要的种植中心之一。这一认识为理解当地18世纪60年代到19世纪20年代初所发生的激烈政治斗争提供了不同的视角。

首先是1767年以前河仙与尖竹汶的关系。18世纪60年代，河仙国王郑天赐与尖竹汶的统治者显然保持着友好关系。③ 到1767年，当郑昭攻占尖竹汶以后，河仙与广州的贸易随即受到影响。据1769年荷兰的报告，由于河仙局势动荡，4艘广州商船不得不折返或转向交趾支那贸易。④ 此前，河仙和尖竹汶一直保持着频繁的联系和贸易，共享繁荣。当一个来自北方的外人郑昭攻占尖竹汶以后，郑天

---

① "Journal de M. Levavasseur", 22 Avril 1768, quoted from Nola Cooke, "Water World", in Cooke and Li, ed., *Water Frontier*, p. 153.

② Borankhadee Srikhram [Underwater Archaeology in Thailand], Bangkok: Department of Fine Art, 1987, pp. 105 – 111, Quoted from Adisorn, p. 14.

③ Chen Chingho, "Mac Thien Tu and Phrayataksin: A Survey on Their Political Stand, Conflicts and Background", *Seventh IACA Conference Proceedings*, Bangkok, Vol. 2, 1977, pp. 1544 – 1545.

④ "来自河仙的'Wansay'商船于3日抵达，并最终带其全部货物原路返回。由于当地存在很多问题，这些货物不能卸货或出售。他发现有必要原路返回。……当地还有3～4艘舢板原本打算去河仙，有的已打算掉头返回，有的则转往交趾支那。"参见 Paul Van Dyke, "Cochin China", p. 9.

赐自然将他视作本地区政治经济平衡与秩序的破坏者。① 1769年郑天赐派陈大力领兵5万攻打尖竹汶。

越南国王嘉隆对该地区的执着亦可在此背景下来理解。他曾说："朱笃、河仙疆界不下北城。"② 但对今天的我们而言，偏居越南西南一隅的朱笃和河仙无疑不能与越南北方相比。但对阮映这样一个曾驰骋于巴萨和曼谷之间并崛起于这片土地之上的人来说，这里并非一隅之地而是竞逐的中心。在这里他获得了丰富的产品和劳动力。在嘉隆说出此话后不久，他开始重新疏浚永济河，③ 以确保其能进入这一竞逐中心。正如他对参与此次工程的越南和高棉人发布的诏谕中所说的那样："此河开凿工役至艰，国计边筹所关，不细尔等虽有今日之劳，而实有万世之利，其各胥相告，毋惮劳焉。"④

九 商业精英的变化与华人人口的构成

在18世纪晚期大陆东南亚的"水疆"地区，经济作物产量的增长对华人社区内的权力平衡产生了重大影响。在18世纪中叶以前，

---

① 1767年5月，郑昭抵达罗勇后，便遣使者携带其亲笔信前往河仙，寻求合作与帮助，使者抵达后受到热情款待；1767年6月，郑昭占领尖竹汶，当地统治者（Phraya Chantaburi）和其家族逃亡河仙，寻求天赐的保护；1767年11月，两位暹罗王子亦前往河仙避难。

② [越]阮朝国史馆编：《大南实录正编第一纪》卷55，载《大南实录》三，（东京）庆应义塾大学言语文化研究所1968年版，第962页。

③ 据米勒雷（Malleret）所述，19世纪初，越南人并没有挖掘新的运河，只是清理和挖深了湄公河三角洲的四条已有运河。转引自Nola Cooke, "Water World: Chinese and Vietnamese on the Riverine Water Frontier, from Ca Mau to Tonle Sap (c. 1850—1884)", in Cooke and Li, ed. *Water Frontier*, p. 143。

④ [越]阮朝国史馆编：《大南实录正编第一纪》卷60，载《大南实录》三，（东京）庆应义塾大学言语文化研究所1968年版，第1006页。19世纪贡布地区产出的胡椒通过永济河运到港口，之后再运至西贡。参见Kitagawa Takako（北川香子）, "Kampot of the Belle Epoque: From the Outlet of Cambodia to a Colonial Resort", *Journal of Southeast Asian Studies* (Kyōto), Vol. 42, No. 4, March 2005, p. 400。

闽南华人群体在交趾支那、柬埔寨和暹罗的贸易中占据主导地位。但随着东南亚贸易开始由奢侈品、香料等商品转向大宗和经济作物商品，为潮州人与闽南人竞争提供了更好的优势。他们在经济作物生产上的优势加强了生产和贸易之间的联系。很可能是基于此种原因，潮州人开始在海外贸易中占据上风。这反过来又进一步刺激了中国潮州作为主要港口的崛起。与之相印证，潮州最重要的樟林港就是在19世纪初崛起的。①

缅甸的入侵使得暹罗的闽南商业精英日益边缘化，他们曾在阿瑜陀耶宫廷担任要职。清朝从1781年郑昭访华就注意到了暹罗商业精英的这种变化。无论是朝贡形式还是给清廷附信中的用语都被认为如此不恰当，以至于皇帝批评这些使节"不懂礼仪和规则"。②巴达维亚的荷兰人甚至更早就注意到了这种变化。1778年2月，巴达维亚收到一封署名暹罗国王大祭司的来信。在荷兰人眼中，这封信"既没有使用暹罗的宫廷语言，也没有使用乡村语言，而使用的是曼谷或海滩的俚语，这是所有语言中最低级的"。在巴达维亚看来，这种形式的通信是对其政府的一种蔑视。③除了上述内容外，本次前往中国的暹罗使团还提出请求，即向广州商人求助寻找船长，使暹罗能够与日本开展贸易。正如中国台湾的学者所述，所有因素都表明，那些曾经控制海外贸易的闽南华商已离开暹罗王庭。④

---

① 陈春声：《樟林港史补证三则》，载《潮学研究》第二辑，汕头大学出版社1994年版，第57页。

② （清）庆桂、董诰、德英：《清高宗实录》卷1137，第1781页。

③ L. Blusse', "Siamese - Dutch Relations and the Chinese Go - Between", Paper to IAHA, Taipei, December 2004.

④ 吴云龙：《14—19世纪暹罗华人的经贸发展研究》，台湾成功大学，硕士学位论文，2002年，第39页；据Dhiravat na Pombejra的研究，泰沙王（1709—1733年）统治时的财政大臣是一位与厦门有联系的华人。参见Dhiravat na Pomberjra, "Port, Palace, and Profit: An Overview of Siamese Crown Trade and the European Presence in Siam in the Seventeenth Century", in Port Cities and Trade in Western Southeast Asia, Bangkok: Institute of Asian Studies, Chulalongkorn University, 1998, p. 77。

大约 10 年后，由西山（起义）所引发的内战，使得交趾支那和河仙亦发生了类似的变化。华人（其中多数为闽南人）离开交趾支那和河仙而前往南方。例如，18 世纪晚期，顺化华人商业区的人口急剧下降。1789 年，当地登记有 792 位纳税人，6 年之后仅剩 60 人。① 据我们所知，丁加奴至少有两位华人领袖的家族是 18 世纪 70 年代从交趾支那和河仙迁来的。丁加奴华人甲必丹高玉成的家谱这样描述。②

这一家族来自福建省漳州市南靖县威利村（音译）。高玉成的祖父移民至安南的河仙。1771 年，他们听说暹罗人正在攻打河仙，其祖父及其家族遂迁往丁加奴并最终于当地定居。

林氏家族也有类似的故事，其祖先曾在丁加奴州的华人社区担任"老爹"。

他们的祖先曾在安南生活，但在 1773 年安南发生动乱后逃离了当地。他们乘坐舢板逃离，最终抵达丁加奴。其团队庞大，只有三位女性，其他全是男人。他们随身携带了食物和贵重物品，其中两名妇女还用破旧的棉布将金叶绑在小腿上，就像瘸了腿一样。这样做是为了防止在海上遇到强盗。③

华人于 18 世纪晚期的向外迁移或许改变了交趾支那经济作物的生产结构。1767 年，交趾支那诸港出口 10792 担冰糖

---

① 陈荆和：《承天明乡社与清河庸》，《新亚学报》1960 年第 1 期。
② 高氏家谱由黄裕端整理，感谢黄裕端分享这一文献。
③ 黄尧：《星马华人志》，（香港）明鉴出版社 1967 年版，第 12 页；参见 Alcoh Wong Yahow, "Catatan Mengenal Terenggnua Dalam Sejarah Negara Cina Dan Penempatan Swal Komuniti Cina Di Terengganu", *Seminar Darul Iman 2001*, 13 – 14 October 2001, p. 47。

和 1488 担白糖，其质量也是全世界最好的。①要想生产如此之多的高质量产品，就需要相当数量的土地②、牲畜③和资本④。到 19 世纪 20 年代，上述图景已发生了很大的变化。克劳福德在其日志中曾提到："交趾支那人既是种植者，又是加工者。与其邻国不同，由于他们没有华人的帮助，劣质的交趾支那糖排在暹罗、菲律宾和爪哇糖之后，不仅颜色深且颗粒粗糙。"⑤

据克劳福德所述，暹罗生产的糖是"印度最白和最好的，有超过 60000 担的糖被出口到中国、印度西部、波斯、阿拉伯和欧

---

① 1750 时 Poivre 对交趾支那出产的糖评价恰成对照："糖是目前最赚钱的大宗。当地出产的白糖质量良好。冰糖颗粒细腻、透明且质量上乘。中国人购买了大量的糖，并将之在国内分销，赚取 30—40% 的利润"，见 Li and Reid，p. 93；与其同时期的 Kirsop 亦证实了这点，他说"这个国家生产的最好的商品就是糖"，参见 Robert Kirsop, "Some Account of Cochin China", in Dalrymple, Alexander（1737—1808）, *Oriental Repertory*, London：Printed by G. Biggs, Vol. 1793, pp. 246 – 247。

② 在 18 世纪要生产如此质量和数量的糖与冰糖，必须要有相当密集的技术创新、资本投资以及中国的熟练工人。虽然我们并不清楚 18 世纪交趾支那蔗糖加工的细节，但同时期中国台湾的蔗糖加工可作为一个有用参照。根据这些记录，白糖和冰糖的加工与黑糖大不相同。后者的工序较为简单，只需少量空间和资金，可以由个体家庭在农村进行。与之相比，白糖和冰糖的生产则需要工场来提炼。这些工场通常比黑糖的生产场所要大得多，位于城镇中，通常由土豪和富商拥有与管理。参见杨彦祺《台湾百年糖纪》，台北：果实出版社 2001 年版，第 21 页。

③ 加工两公顷的甘蔗需要 17 头牛。

④ 比如甘蔗的采购与运输，压榨机及其维护以及（糖）的生产时间。整个结晶的过程需要 30—40 天。参见 Sucheta Mazumdar, *Sugar and Society in China：Peasants, Technology, and the World Market*, Cambridge, Mass & London：Harvard University Asia Center, 1998, p. 165。在 18 世纪的台湾，这些大型企业通常有一个主要的投资者（即头家）或一个主要投资群体（即头家部）。另一种台湾和广东的资本聚集形式在交趾支那可能存在的更为广泛，即工人靠工作获得股份。参见 Mazumdar, Sugar, p. 326。在 18 世纪的交趾支那，可能还存在另一种协会。这种协会以股份为基础，可包括不种植甘蔗的成员。该组织通常由 2—5 名成员组成，从多达 50—100 名种植者那里接收甘蔗。这些种植者"委托"他们加工甘蔗，并从中获得 40%—50% 的糖，而协会获得 50%—60%。台湾的这种协会至少可以追溯到 18 世纪初，在股东之间起草正式合同。这里还有更小的农民合作组织，由 15—40 名农民组成。在榨糖季开始时，出资人的代理人在蔗田附近设置压榨和加工设备。种植者被收取甘蔗糖量的 7% 来作为加工成本，如果他们不能提供两头牛来操作，其费用会更高些。这些不同的组织共存于台湾中南部的甘蔗种植区。见同上；参见 Carl Trocki, "The Chinese Maritime Expansion"。

⑤ Crawfurd, *Journal*, p. 474.

洲……甘蔗种植人多为暹罗人，但制糖者始终是华人"①。

　　综上所述，到18世纪末，水疆的华人人口构成似乎已发生了相当大的变化。18世纪末、19世纪初大量闽南华人开始离开越南，移居马来半岛或暹罗或柬埔寨。而由于集合了经济作物生产和贸易网络方面的优势，潮州人逐渐边缘化了闽南人，导致华人方言群体分布重塑。这种模式的形成始于18世纪晚期。

---

① Crawfurd, *Journal*, pp. 422 – 423.

硝石贸易与近世亚洲战争
（1390—1850 年）*

[美] 孙来臣著，庞卫东、代劲松译**

（日本）硝，土产所无。近则窃市于中国，远则兴贩于暹罗。

——郑舜功，1555—1557 年于日本①

贵国盐硝胜绝……特予大望之铁炮盐硝……即来岁之船，可被投惠趣……欣悦不浅，弥如全诺所希也。

——德川家康，1608 年和 1610 年写给暹罗王的信②

正如杰弗里·帕克的著名论断所言：火药技术不仅改变了战争

---

* 本文原载 [日] 藤田加代子、桃木至朗、[澳] 安东尼·瑞德编《离岸亚洲：汽船到来之前的东亚海上互动》，新加坡国立大学出版社 2013 年版，第 130—184 页。

** 作者孙来臣系美国加州州立大学富勒敦分校历史学教授，译者庞卫东系郑州大学历史学院教授，代劲松系郑州大学历史学院 2022 级硕士研究生。感谢郑州大学成思佳老师、郑辟楚老师在越南语、日语和法语翻译方面提供的帮助。

① 郑舜功:《穷河话海》，载《日本一鉴》，上海，1939 年影印本，第 15 页。

② [日] 郡司喜一（Gunji Kiichi）:《德川时代的日暹邦交》（*Tokugawa Jidai no Nissen kokkō*），（东京）东亚经济调查局（Tokyo: Tōa Keizai Chōsakyoku）1938 年版，第 84、86 页；E. M. Satow, "Notes on the Intercourse between Japan and Siam in the 17th Century", *Transactions of the Asiatic Society of Japan*, Vol. 13, 1885, p. 145. 我稍微修改了 Satow 的翻译，将"[gun] powder"改为"saltpetre"，这样对"盐硝 enshō"一词的翻译更加准确。

的本质，同样也改变了近世世界的发展轨迹。① 另一个方面，火药技术的出现也改变了进行战争所需原料的获取方式。由于硝石和硫黄，这两种用来制造火药的主要材料，大多数分布在不同的地域，并且没有任何一个近世国家或地区占有足够数量的硝石和硫黄以满足发动战争所需要的火药（黑火药），这样至少两者之一需要通过贸易获取。至于第三种原料木炭，则是随处可得。

相较而言，硝石在火药配方中比硫黄和木炭更重要。② 然而，现有关于硝石贸易的研究，特别是关于印度以东的亚洲地区，到目前为止仍有许多地方需要深入探讨。对近世时期（1390—1850年）的硝石生产与贸易，学术界的关注点多在欧洲、奥斯曼土耳其和印度（尤其是印度—欧洲之间的贸易）。关于印度火药，布伦达·布坎南（Brenda Buchanan）认为，获取印度火药导致了大英火药帝国的建立，而詹姆斯·弗雷（James Frey）从全球史角度对其进行了细致的研究，并指出正是印度硝石才让18世纪的欧洲"军事革命"成为可能。③ 这些著作确实很有价值，也富有启发意义，但它们多受制于印度中心论。在印度以东的亚洲地区，日本和朝鲜的硝石精炼，以及中国、朝鲜、日本、暹罗、菲律宾之间的硝石贸易问题已在某种程度上被探讨过，但这些主要局限于日韩学术界，而且大体上只采用

---

① Geoffrey Parker, *The Military Revolution: Military Innovation and the Rise of the West 1500–1800*, Cambridge: Cambridge University Press, 1996.

② 这种配方的主要组成部分是硝石。有关详情，请看我即将单独出版的《硝石：来源、生产、传播及在近世亚洲的火药配方中的作用》。

③ K. N. Chaudhuri, *The Trading World of Asia and the East India Company, 1660–1760*, Cambridge: Cambridge University Press, 1978, pp. 336–341; Ronald D. Crozier, *Guns, Gunpowder and Saltpetre: A Short History*, Kent: Faversham Society, 1998; Gábor Ágoston, *Guns for the Sultan: Military Power and the Weapons Industry in the Ottoman Empire*, Cambridge: Cambridge University Press, 2005, chap. 4; Brenda J. Buchanan, "Saltpetre: A Commodity of Empire", in Brenda J. Buchanan, ed., *Gunpowder, Explosives and the State: A Technological History* Hants, UK: Ashgate, 2006, pp. 67–90, 特别是近期的 James W. Frey, "The Indian Saltpetre Trade, the Military Revolution, and the Rise of Britain as a Global Superpower", *Historian*, Vol. 71, No. 3, 2009, pp. 507–509, 弗雷引用了大量关于印度硝石的著作。

了中国、朝鲜和日本的资料。① 在东南亚学术界，针对硝石贸易的研究还很薄弱，几乎所有著作对硝石贸易都是一带而过。更为重要的是，到目前为止，还没有从区域、全球、非印度中心主义角度对亚洲硝石贸易的综合性研究。因此，在近世亚洲历史上，一些关于硝石贸易的错误观点的出现也就不足为奇了。

  本章将努力解决这些问题。它旨在表明，在印度的硝石贸易或欧洲人到来之前，以中国为中心的硝石贸易已经在亚洲的贸易和战争中发挥了重要作用。因此，本研究首先讨论欧风东渐之前（1390—1515 年）这一时期，接着再进一步考察欧洲火药技术的发展导致对亚洲硝石需求激增的时期（1515—1850 年）。本人认为，正是亚洲地区活跃的硝石贸易才让火药战争成为可能，从而在不同

---

① 例如，[日] 冈田章雄（Okada Akio）：《日欧交涉之南蛮贸易》（*Nichi - Ō kōshō to Nanban bōeki*），（京都）思文阁出版社（Kyōto：Shibunkaku Shuppan）1983 年版，第 18—19 页；[日] 所庄吉（Tokoro Sōkichi）：《我国（日本）硝石的价格》（*Waga kuni ni okeru shōseki no kakaku*），《铳砲史研究》（*Jūhōshi kenkyū*）第 31 卷，1971 年，第 15—21 页；[日] 太田弘毅（Ōta Kōki）：《倭寇：商业・军事史研究》（*WakōShōgyō*, *gunjishiteki kenkyū*），（横滨）春风社（Yokohama：Shunpūsha），2002 年，第 4 章；[日] 洞富雄（Hora Tomio）：《铁炮：传入与影响》（*Teppō*：*Denrai to Sono Eikyō*），（京都）思文阁出版（Kyōto：Shibunkaku Shuppan）1991 年版，第 135—140 页；Nakajima Gakusho, "The Invasion of Korea and Trade with Luzon：Katō Kiyomasa's Scheme of Luzon Trade in the Late Sixteenth Century", in Angela Schottenhammer, eds. *The East Asian Mediterranean*：*Maritime Crossroads of Culture*, *Commerce*, *and Human Migration*, Wiesbaden：Harrassowitz, 2008, pp. 152 - 155；[日] 中岛乐章：《16 世纪末（日本）九州与东南亚的贸易——以加藤清正的吕宋贸易为中心》（*Jūroku seiki matsu no Kyūshū - Tōnan Ajia bōeki*：*Katō Kiyomasa no Luzon bōeki o megutte*），《史学杂志》（*Shigaku zasshi*），卷 118，2009 年第 8 期，第 1433—1438 页；[韩] 柳承宙（Yu Sŭngju）：《17 世纪的走私贸易研究：韩、清、日之间的焰硝硫磺贸易》（*Sipch'ilsegisamuyŏk e kwanhan ilkoch'al*：Cho, Chŏng, il kan ŭi yŏmcho, yuhwang mŭyok ŭl chungsim ŭro），《弘大论丛》（*Hongdae nonchong*）第 10 卷，1978 年，第 111—132 页；[韩] 许泰九（Hue Tae Koo）：《朝鲜的火药贸易与生产技术》（*Sipchilseki chosuneui miemchomuyeokkwa hwayakjejobeob baldal*），首尔国立大学，硕士学位论文，2002 年。本人将会专门研究近世中国硝石的开采和国内采购，有关中国历史上硝石的鉴定和精炼过程的详细考证，参见 Joseph Needham, "Chemistry and Chemical Technology", *Science and Civilisation in China*, Vol. 5；pt. 4, "Spagyrical Discovery and Invention：Apparatus and Theory", Cambridge：Cambridge University Press, 1980, pp. 179 - 194 以及 pt. 7, "The Gunpowder Epic", Cambridge：Cambridge University Press, 1986, pp. 94 - 108。

程度上改变亚洲各区域的历史。尽管在数量上不占优势,硝石这种特殊的商品仍发挥了无可替代的独特作用。此外,对用于火药战争的硝石和硫黄①(以及制造火枪和火炮的金属等商品)的需求刺激了它们跨越陆地和海洋,以前所未有的崭新方式将近世亚洲的不同地区连接起来。

一 硝石贸易(1390—1515年)

(一)中国硝石和朝鲜

有关朝鲜使用硝石的史料较为完备,我们不妨就此展开讨论。从1104年到14世纪70年代,两个半世纪以来,朝鲜人一直在使用一些原始的火器(从14世纪50年代开始使用真正的火器)并燃放烟花。然而,他们依赖中国的技术(也应该有许多中国匠人),因为他们没有掌握制作火药和火器的诀窍。自1350年开始,随着日本海盗活动在朝鲜和中国沿岸的猖獗,中朝就面临着共同的敌人。为了对抗愈演愈烈的日本海盗,1373年和1374年朝鲜高丽王庭两次派遣使者前往明朝以获取用于战船上的武器、火药、硫黄和硝石。明朝谕令朝鲜可从中国获得50万斤②硝石和10万斤硫黄以制作火药供其自用。正是在这一时期,朝鲜人从中国硝石匠人处习得制硝之法,开启了朝鲜的火药制造。③ 在此之前,朝鲜只能通过贸易从中国获得硫黄、硝石、火药和火枪,但具体交易数量却付之阙如。从公元14世纪70年代到1592年壬辰战争爆发,朝鲜人一直在尝试开采硝石矿,同时从日本进口硫黄。但是由于

---

① 有关详细信息参见本书中山内晋次(Yamauchi Shinji)的《9至14世纪的日本群岛和海上亚洲》对早期亚洲的硫黄贸易的讨论,以及孙来臣即将出版的《近世亚洲的硫黄贸易和战争》。

② 1斤=10两=1.3磅。

③ [韩]许善道(Hǒ Sǒndo):《朝鲜时代火药兵器史研究》(*Chosǒn sidae hwayak pyǒnggisa yǒn'gu*),(首尔)一潮阁出版社1994年版,第5—16页。

他们制造硝石的技术低劣,以及担心日本人可能会知晓(为此他们关闭了靠近日本的一些冶炼点),硝石的产量经常不足。火药的产量迅速从 1392 年的 6 斤 4 两增加到 1417 年的 6980 斤。当朝鲜王朝世宗(1419—1450 年)即位时,兵仗局已有 3316 斤硝石,但年消耗量却高达 8000 斤左右。因此,各道都有配额,禁止私人使用硝石,而烟花的使用也受到限制。1433 年,朝鲜用于火器的硝石消耗殆尽,因此在第二年遣使前往明朝请求准许从中国购买硝石。不清楚这是否被批准,但是朝鲜官员却讨论了在中国进行非法硝石贸易的可能性,不是在严禁非法购买的北京,而是在通州(通县)以东。1477 年,朝鲜弹药库储存了 4 万斤硝石(和超过 23.7 万斤的硫黄),这表明朝鲜对硝石的需求急剧增加,因此硝石的产量(或许还有贸易)也随之增加。①

相较于 1417 年(仅 6980 斤)的硝石储量,1477 年几乎增加了六倍之多。人们可以从中推断出,朝鲜每年对硝石的官方需求不会停留在 8000 斤的水准;相反,它应该已经增加了几倍。16 世纪 90 年代(明朝朝廷再次允许朝鲜向中国购买硝石以对抗丰臣秀吉入侵的军队)之前,没有任何资料清楚地表明朝鲜从中国进口硝石,但这种可能性却是存在的。

(二)中国硝石与东南亚

有关中国和东南亚之间硝石贸易的证据可以追溯到 13 世纪晚期。当 1296 年周达观到访柬埔寨时,从中国进口的货物包括硫黄和硝石。这些被用于烟花和鞭炮而不是火器。② 有人猜想,当地的木炭被用于制作烟花,但是工匠或许是柬埔寨的华人,因为在周达观来

---

① [韩]许善道(Hǒ Sǒndo):《朝鲜时代火药兵器史研究》(*Chosŏn sidae hwayak pyŏnggisa yŏn'gu*),(首尔)一潮阁出版社 1994 年版,第 30—41、71—73、133 页。
② 周达观:《真腊风土记校注》,夏鼐校,中华书局 1981 年标点本,第 121 页、148 页。

访时已经有许多中国人定居于此。① 根据《安南志略》的记载，至迟14世纪30年代越南人也开始使用爆竹。② 这两份资料表明到14世纪，烟花和鞭炮已经被传播到东南亚的一些国家，为此，所需的原料特别是硝石，都是从中国进口的。

令人疑惑的是，从汪大渊时代（14世纪30年代）到郑和时代（15世纪初期），完全没有关于亚洲硝石贸易的资料记载。③ 这部分是因为此时对硝石的需求没有像后一个世纪那样旺盛，以致贸易量不大且不太明显。在郑和时代的东南亚，战争中还没有广泛使用火器。然而，自周达观时期起，就应该有硝石源源不断从中国出口到东南亚。

火器在战争中的使用是硝石需求的一个更重要的推动力。从14世纪90年代明代中国的火药技术开始传播到东南亚，到欧洲人来到东南亚海域的前夕（1509年），火器越来越多地应用于东南亚战争中。在东南亚大陆地区，得益于丰富的资料，我们可以肯定地说火器在明朝与东南亚（例如，泰人/掸人和越南人）以及东南亚国家之间（阿瑜陀耶和清迈、阿瓦和勃固、越南人和占城）的战争中发挥了重大作用。④ 对硝石（和硫黄）的需求无疑在上升。在东南亚海岛地区，16世纪早期的葡萄牙资料指出爪哇人和苏门答腊人早在欧

---

① 周达观：《真腊风土记校注》，夏鼐校，中华书局1981年标点本，第180页。
② 黎崱：《安南志略》，中华书局1995年版，第41页。
③ 汪大渊：《岛夷志略校释》，苏继廎校，中华书局1981年标点本；郑鹤声、郑一钧：《郑和下西洋资料汇编》，海洋出版社2005年版，第406—449、989—1001页。
④ Sun Laichen, "Chinese Gunpowder Technology and Ðai Việt: c. 1390 - 1497", in Nhung Tuyet Tran and Anthony Reid, eds. *Viet Nam: Borderless Histories*, Madison: University of Wisconsin Press, 2006, pp. 72 - 120; Sun Laichen, "Chinese Military Technology Transfers and the Emergence of Northern Mainland Southeast Asia, c. 1390 - 1527", *Journal of Southeast Asian Studies*, Vol. 34, No. 3, 2003, pp. 495 - 517; Sun Laichen, "Chinese - style Firearms in Ðai Việt (Vietnam): The Archaeological Evidence", *Review of Culture* (Macao), Vol. 27, 2008, pp. 42 - 59; Sun Laichen, "Chinese - style Firearms in Southeast Asia: Focusing on Archaeological Evidence", in Michael Arthur Aung - Thwin and Kenneth R. Hall, eds. *New Perspectives on the History and Historiography of Southeast Asia: Continuing Explorations*, London: Routledge, 2011, pp. 75 - 111.

洲人到来之前就已经制作和使用大量的火器（和爆竹），当然我们还不清楚这些火器在战争中起了多大作用。① 另外，在郑和时代，爪哇人就已经在婚礼上使用火枪了。②

在明代中国和东南亚模糊的陆地边界之间，火器和其他物资的交易正在增加。根据明朝兵部尚书王骥于1444年的报告，中国南部的一些逐利者和缅甸（阿瓦）、清迈（兰纳）等国进行非法的武器和其他货物的贸易，这意味着制作火药的原料被用于交易，但仍缺乏详细的资料。③ 几乎半个世纪以后，明朝皇帝在1491年的一项谕令中特别提到滇缅边界上的腾冲人同"蛮夷"（掸人和缅人）进行武器和火药交易，必须予以制止。④ 1500年（弘治年间）编纂的《问刑条例》规定，"凡川广云贵陕西等处。但有汉人交结夷人、互相买卖借贷诓骗。引惹边衅。及潜住苗寨、教诱为乱、贻害地方者。俱问发边卫、永远充军"⑤，人们因而对此并不感到惊奇。这表明，就像在海上边境地区（见下文）一样，在明代中国的陆地边境地区也存在着许多火药材料（包括硝石）的非法贸易。这种陆上贸易一直持续到后来的几个世纪。例如，封土（Phong Tho）地区（位于今越南西北地区，距老街有5—6天的路

---

① Duarte Barbosa, *A Description of the Coasts of East Africa and Malabar in the Beginning of the 16th Century*, London: The Hakluyt Society, 1866, p. 198; Ludovico di Varthema, *The Travels of Ludovico di Varthema in Egypt, Syria, Arabia Deserta and Arabia Felix, in Persia, India, and Ethiopia, A. D. 1503 to 1508*, London: Printed for the Hakluyt Society, 1863, p. 239.; Sudjoko, *Ancient Indonesian Technology: Shipbuilding and Firearms Production around the 16th Century*, Jakarta: Proyek Penelitian Purbakala, 1981, pp. 12, 30 – 31.

② 《瀛涯胜览》, trans. J. V. G. Mills, *The Overall Survey of the Ocean' Shores* [1433], Cambridge, UK: The Hakluyt Society, 1970, p. 95。

③ 孙来臣：《中国的军事技术》, 第501页。

④ 《明实录》卷51《孝宗实录》, "中央"研究院历史语言研究所1966年标点本, 册53, 第3页（现代页码第1014页）。

⑤ 《问刑条例》（弘治十三年）转引自刘海年、杨一帆主编《中国珍惜法律典籍集成》乙编, 第2册《明代条例》, 科学出版社1994年版, 第244页；李东阳等《大明会典正德本》卷132, 载《镇戍七》, http://www.guoxue123.com/shibu/0401/01dmhd/index.htm。

程）的人们从中国获取硝石（硫黄来自附近的莱州，木炭取自当地）以制作火药。①

在中国东南沿海地区，这种趋势更加明显。中国的资料显示，从 15 世纪晚期开始，非法的硝石贸易愈演愈烈。1488 年，广东报告了一件涉及硝石贸易的案件，兵部尚书余子俊令南京刑部着手调查并进行适度处罚。② 在 1480 年和另一个年份（不详）河南报告了两起相似的案件，案件所涉的硝石都被查抄。但是这还不足以结案，于是工部被要求查清硝石是否为违禁之物，并且是否应被查抄。工部于是着手调查并在 1485 年的报告称中，广积仓（广积库）急需硝石。因此，工部下令浙江、福建、江西和广东等地将硝石运往广积仓；京师和边防的军队都需要从广积仓获取硝石以制作武器。根据洪武年间（1368—1390 年）编纂的《大明律》，平民非法藏有或制作火器和大炮等违禁武器，会被处以杖刑和流刑并查抄赃物。由于硝石被用来制作火药，而且广积仓全权负责，京城内外的其他商铺都不能经营。因此，硝石被列为违禁之物且应予没收。于是，工部请求南京刑部查抄陈志和其他人犯所贩硝石，而且其他有关司法部门均应按此例处理相似案件。大明皇帝同意了这种裁定。③

此案过去 12 年后的 1500 年，一项关于海上非法硝石、硫黄贸易的规定作为大明法典的补充被最终确立："私自贩卖硫黄五十斤、焰硝一百斤以上者、问罪、硝黄入官。卖与外夷及边海贼寇者，不拘多寡，比照私将军器出境，因而走泄事情律，为首者处斩。为从者，俱发边卫充军。若合成火药，卖与盐徒者，亦问发边卫充

---

① Otto Ehrenfried Ehlers, *On Horseback Through Indochina: Burma, North Thailand, the Shan States, and Yunnan*, Bangkok: White Lotus, Vol. 3, 2002, p. 48.
② 何士晋：《工部厂库须知》卷 8，载《续修四库全书》，上海古籍出版社 2002 年影印本，"史部"，第 878 册，第 4—5 页（现代页码为第 607—608 页）。
③ 《皇明条法类纂》，载刘海年、杨一帆主编《中国珍稀法律典籍集成》乙编，第 6 册，科学出版社 1994 年版，第 25—26 页。

军。两邻知而不举，各治以罪。"① 50年后的1550年，《问刑条例》作了修改，但这一条款仍保留下来。② 这表明15世纪晚期兴起的非法硝石贸易迫使明代中国修改其法典以应对日益变化的情况。这些非法的中国硝石的出口目的地肯定包括东南亚，尤其是越南和马六甲。

大越（Đai Viêt，今越南北部）是中国硝石的主要进口方之一。从1509年大越自琉球进口的硫黄数目可以看出其对硝石需求巨大。这一年，琉球王国向大越运送了10000斤硫黄（同时还有其他货物，尤其是武器和制作武器的材料，如1套铁甲、10柄剑、2根矛、120支箭和2000斤生铁）。③因此，根据标准的火药配方（75%的硝石配上10%的硫黄），所需硝石的数量应达到75000斤。

关于这条信息，我们可以做出三点观察。首先，这是仅存的有关琉球和越南关系的资料，但是一定还有更多资料遗失了。可以想象，15—16世纪初期，大越和其他国家（诸如中国、占城、南掌、清迈）之间频繁爆发的战争一定程度上催生了对硫黄和硝石的大量需求。从1419—1469年（或许直到1564年，见下文）暹罗定期从琉球进口硫黄这一史实中可以推断出，越南也在15世纪和16世纪初期定期进口琉球的硫黄（和中国的硝石）。其次，琉球的硫黄和许多武器被运送到大越这一事实，清晰地表明大越的军队需要进口这些特殊的货物。最后，除了琉球，大越还从小巽他群岛和中国进口硫黄。托梅·皮列士曾言：

---

① 《问刑条例》（弘治十三年），第244页、246页；《弘治问刑条例》《兵律》《关津》《私出外境及违禁下海》，转引自中岛乐章《16世纪末（日本）九州与东南亚的贸易——以加藤清正的吕宋贸易为中心》，第1433、1453—1461页。

② 《重修问刑条例》（嘉靖二十九年），载《中国珍惜法律典籍集成》乙编，第2册，科学出版社1994年版，第481—482页（现代页码为第435—507页）。

③ 徐玉虎：《明代琉球王国对外关系之研究》，台湾学生书局1982版，第208—209页。jin斤的原作的汉字在文中是hu斛，但是徐玉虎（第120页）坚持认为一定是jin筋的误用，因此是jin斤。

在交趾支那最受欢迎的商品是硫磺,而且如果他们(中国人)能运来20船的话,他们(越南人)可以买下这么多的货;这些来自中国的硫磺都有极高的价值。大量的硫磺从爪哇岛外的索洛岛运到马六甲……并且从这里再运往交趾支那。①

如果我们认可皮列士有关大越需要20船之多的硫黄的记载,并且基于中国帆船最小吨位100吨(最大可达300吨),②24艘船的载重量则达2400吨。因此,在大越使用这么多硫黄所需的硝石将达18000吨。即使我们无从得知大越进口硝石的确切数量,它仍有力地证实了大越消耗了大量的硝石,并且支持大越作为一个真正的"火药帝国"的假设。③

越南的资料为这一推论提供了支持。1428年在击退明朝军队后,大越开始通过税收加强对硝石(中文为硝)的管理。④越南15世纪晚期的记录告诉我们,大越工部有制硝匠人(硝作匠),负责制作军用和民用硝石。⑤除了国内的来源,大越也从中国进口硝石。托梅·皮列士所述再一次成为我们最好的资料来源,约1515年关于大越的记录:"大量的硝石也很有价值,而且大量从中国运到这里销售。"⑥

大越的火药被用来进行战争和庆典活动。硝石在军事上使用增加的一个指标是,越南军队使用火器的比例很大,估计约98800

---

① Pires, p. 115.
② 根据一份法国资料,暹罗前往中国的船只吨位在1000—1500吨,而前往东京的船只在200—300吨。参见 Michael Smithies, ed., *The Chevalier De Chaumont & the Abbe De Choisy: Aspects of the Embassy to Siam* 1685, Chiang Mai: Silkworm Books, 1997, pp. 94 – 95。
③ Sun, "Chinese Gunpowder Technology and Đại Việt", pp. 72 – 120; Sun, "Chinese – style Firearms in Đại Việt", pp. 56, 58n. 6; Sun, "Chinese – style Firearms in Southeast Asia", pp. 90, 105.
④ 《大越史记全书》卷2,(东京)东京大学东洋文化研究所1986年版,第555页。
⑤ 《天南余暇集》手抄本,第86—87页。"êu 銷"应该是"硝",意为"硝石"。
⑥ Pires, p. 115.

人（占估计总数 260000 人的 38%）。① 在大越，"制硝工艺"（中文为焰硝艺）是指精炼硝石以制作火药的技艺。② 皮列士的记录对此有详细论述："在他（越南国王）的国家，无论是战争还是昼夜的宴会和娱乐活动，都使用了大量的火药。越南的达官贵人都是这样使用。焰火和其他的娱乐活动每天都要消耗火药。"③ 这表明大量的硝石被用于制作烟花。这造成了军事硝石的短缺，越南户部尚书陈冯于 1467 年上书黎圣宗请求在全国范围禁止将硝石用于制作烟花（中文为烟火之戏），得到批准。④ 在越南和其他地方，娱乐的需求必须让步于战争需要。

中国的硝石也出口到东南亚其他地区。葡萄牙旅行家杜阿尔特·巴博萨（Duarte Barbosa）根据其 1500—1517 年在亚洲的亲身经历，观察到中国的商人"也带着大量生铁、硝石和其他东西"⑤。托梅·皮列士指出这些从中国到马六甲的货物包括丝绸、麝香、铅（Abarute）、明矾、硝石、硫黄、铜、铁和大黄，"然而所有这些都价值低廉"⑥，即非常便宜。一封 1536 年从广州寄出的葡萄牙信件证实了巴博萨和皮列士的说法，信中说那些铜、硝石、铅、明矾、麻絮、绳子、铁、钉子和焦油的"数量大得惊人"，可以从

---

① Sun, "Chinese‐style Firearms in Đai Viêt", pp. 56, 58n6; Sun, "Chinese‐style Firearms in Southeast Asia", pp. 90, 105n9.

② 《天南余暇集》，第 89 页。

③ Pires, p. 115.

④ 《大越史记全书》第 2 册，第 658 页。xian 硝（也见本书第 3 册，第 1151 页、1180 页）字也被借用到日语。该字源于中文但在近代以前中国却很少使用，现在已不再使用。参见《康熙字典》，汉语大词典出版社 2003 年影印本，第 791 页；[日] 吉川国男（Yoshikawa Kunio）编《龙势的系谱和起源：世界的竹制火箭》（*Ryūsei no keifu to kigen: Sekai no banbū roketto*, Yoshida‐machi），（埼玉）吉田町教育委员会 2005 年版，第 56 页。

⑤ Duarte Barbosa, *A Description of the Coasts of East Africa and Malabar in the Beginning of the 16th Century*, London: The Hakluyt Society, 1866, pp. 191, 206.

⑥ Pires, p. 125；金国平：《西方澳门史料选粹（15—16 世纪）》，广东人民出版社 2005 年版，第 25 页。

广州运来。① 从这里可以运往其他缺少硝石的地区，诸如苏门答腊、爪哇，甚至更远的东方，但有关这方面的直接证据不足。中国硝石运往马六甲的贸易模式，在18世纪晚期英国和葡萄牙商人将硝石从中国运到马六甲时得以延续或重现。1780年，一艘英国船运载3000担（一担等于133磅）硝石，一艘葡萄牙船运载1000担。②

如下文所言，从16世纪开始暹罗成为东南亚地区主要的硝石出口国，这种出口大概可以追溯到15世纪中叶。1448年，原产于东南亚的硝石通过足利时期的日本被出口到朝鲜。尽管记录不详，这些硝石很可能也来自暹罗（同一艘船上其他的东南亚货物像苏木和胡椒可能也是产自暹罗）。③ 令人遗憾的是，虽然这条信息令人浮想联翩，但除此之外，我们所知无几。这些可能产自暹罗的硝石表明了火药技术的活力以及可能与之相关的贸易。尽管没有使用暹罗硝石的直接资料，但是我们可从其他资料中做出推断。清迈和阿瑜陀耶使用火器作战，战争长达一个世纪（15世纪初到16世纪初）。根据双方的史料记载在15世纪40—70年代双方战斗激烈，④ 均需要大量的硫黄和硝石。虽然泰国资料完全没有相关记载，琉球资料却提供了珍贵的线索。根据琉球的记录，至少在1419—1469年（或许更靠后），阿瑜陀耶王庭每年从琉球进口2500—3000斤的硫黄。⑤ 如果我们根据标准的火药配方，如此多数量的硫黄将需要18750—22500斤硝石。但这远远还不是总量，根据推测，阿瑜陀耶（可能）以较低的价格从周边的岛屿

---

① 金国平：《西方澳门史料选粹（15—16世纪）》，广东人民出版社2005年版，第117页。
② Nordin Hussin, *Trade and Society in the Straits of Melaka: Dutch Melaka and English Penang, 1780–1830*, Honolulu: University of Hawai'i Press, 2007, pp. 39, 41, 55, 65n.
③ [日] 田村洋幸（Tamura Hiroyuki）：《中世日朝贸易研究》（*Chūsei Nicchō bōeki no kenkyū*），（东京）三和书房1967年版，第423页。
④ Sun, "Chinese Military Technology", pp. 507–508.
⑤ Sun, "Sulphur Trade".

诸如苏门答腊、爪哇和索洛岛等地进口硫黄是合乎逻辑的。①

总而言之，直到 1515 年以前，中国式火药技术（包括烟花）推动了中国、朝鲜和东南亚的硝石贸易。换言之，其间的驱动力来自亚洲而非欧洲。由于资料的数量和种类有限，以上描绘的景象仍不完整，但很明显的是，活跃在东北亚和东南亚的硝石贸易，其背后的驱动力是中国式的火药技术。

二 硝石贸易（1515—1850 年）

本部分将探讨欧洲技术来到亚洲对硝石贸易的影响。同时，我们也需要记住一点，中国火药技术和中国式火药技术仍充满活力，实际上仍是硝石需求背后的一股重要驱动力。对火器来说是如此，对鞭炮和烟花来说更是如此，因为总的来说这些都是中国技术的影响。

（一）欧洲人东来及其对硝石贸易的最初影响

从 16 世纪初期到 17 世纪初期，欧洲人的到来（首先是葡萄牙人，随后是西班牙人、荷兰人和英国人）促使硝石贸易达到更高的水平。火药技术比之前更加广泛地传播开来。这种扩散包括了以前并未使用过（或者很少使用）现在却开始使用火器的地区/国家（尤其是澳门、日本和菲律宾，以及一些海上的"海盗王国"），1542—1543 年葡萄牙/欧洲火器传播到日本种子岛是最出名的例子，这种扩散还包括那些之前采用中国火药技术的国家（亚洲其他国家，包括中国、朝鲜、东南亚大陆地区、印度、印度尼西亚），如今都采用欧洲火药技术（但没有完全放弃中国技术）。总而言之，火药技术

---

① Kennon Breazeale, "Thai Maritime Trade and the Ministry Responsible", in Kennon Breazeale, eds. *From Japan to Arabia*: *Ayutthaya's Maritime Relations with Asia*, Bangkok: Toyota Thailand Foundation, 1999, pp. 36 – 38, 强调关于暹罗群岛或东南亚海洋国家关系的资料非常稀少。

的运用得到极大加强,尤其是在我称之为亚洲的"战争世纪"(1550—1683年)的这一时期。①

欧洲人来到亚洲海域给亚洲的海上贸易带来了全新的东西——暴力。军事和贸易携手共进。为了生存并尽可能多地控制亚洲贸易网络,欧洲人不得不维持他们的军事实力,特别是火药供应。对葡萄牙人来说,武器和火药最初都是来自里斯本的枪械铸造厂和火药工厂。然而,当葡萄牙人的海上事业不断扩张时,由于受到西葡两国之间复杂的政治和长途运输费用的影响,国内生产效率低下、产量不足。于是,葡萄牙人把他们的部分武器生产转移到海外。由于几个世纪以来欧洲列强在亚洲几乎连续不断的冲突,"火器和火药必须随时供应,为此必须在该区域内生产制造"②。

看起来,欧洲人的供应在很大程度上依赖亚洲的资源。葡萄牙人抵达印度后不久,开始获取印度硝石,因为从欧洲运往亚洲的火药数量很少。③ 例如,葡萄牙人在1510年征服了果阿并在当地建了一个火药工坊;16世纪20年代,一个葡萄牙代理商购买硝石;1547年,葡萄牙与维贾亚纳加尔王国缔结商业条约,约定由后者向果阿出口硝石。④ 对其他所有欧洲人来说,获得军事供应也是头等大事,

---

① [美] 孙来臣:《东亚的火药时代(1390—1683)》(*Tōbu Ajia ni okeru kaki no jidai*: 1390 - 1683),[日] 中岛乐章译,载《九州大学东洋史论集》(*Kyūshū Daigaku Tōyōshi - Ronshu*) 第34卷,2006年,第3—4页。

② José Manuel de Mascarenhas, "Portuguese Overseas Gunpowder Factories, in Particular Those of Goa (India) and Rio de Janeiro (Brazil)", in Brenda Buchanan, eds. *Gunpowder*, p. 184;黄洁娴:《明末葡国铸炮业在澳门与中西关系》,澳门大学,硕士学位论文,1998年,第7—8页。

③ 当然,来自欧洲的一些货运仍在继续。1668—1682年,葡萄牙向亚洲运送了武器和火药制作原料(包括184公担硫磺,大约10吨)。参见 Glenn J. Ames, "Spices and Sulphur: Some New Evidence on the Quest for Economic Stabilization in Portuguese Monsoon Asia, 1668 - 1682", *The Journal of European Economic History*, Vol. 24, No. 3, 1995, pp. 473 - 475。

④ Sanjay Subrahmanyam, *The Political Economy of Commerce: Southern India*, 1500 - 1650, Cambridge: Cambridge University Press, 2002, p. 128; James W. Frey, "The Indian Saltpetre Trade, the Military Revolution, and the Rise of Britain as a Global Superpower", *Historian*, Vol. 71, No. 3, 2009, pp. 513 - 514。

西班牙在菲律宾的殖民点就是一个很好的例子（见下文）。

葡萄牙人于 16 世纪初出现在中国沿海，并于 1556 年占据澳门。他们给中国人留下了负面的印象。一份 1634 年的中国资料记录道："所到之处，硝黄刀铁，子女玉帛，违禁之物，公然船载。沿海乡村被其掳夺杀掠者，莫敢谁何。"① 17 世纪初期荷兰人出现在中国海域时，对军事供应的需求肯定增加了。如下文所述，明朝福建镇守太监高寀不久就与荷兰人（红毛夷）联系，可能与他们进行了走私贸易。② 荷兰人无疑为军事供应贸易提供了又一动力。一份中国的资料记载中国人售货给荷兰人："渔船小艇，亡命之徒，刀铁硝黄，违禁之物，何所不售。"③

明朝政府加强海上贸易禁令，沿海商人沦为"海盗"。在关键的嘉靖年间（1522—1566），非法贸易最为活跃，而官府的反应也最激烈。关于这一时期的研究非常丰富，尤其是中日学界，我仅仅关注硝石贸易。

16 世纪 40 年代，汪直在中国、东南亚（特别是暹罗）和日本之间的军需贸易（尤其是硝石和硫黄）通常被视作这种贸易的开端（见下文）。事实上，汪直的高调可能只是让一项本已存在的贸易变得更加出名。早在 16 世纪 20 年代，在汪直之前已有人从事该项业务。这与葡萄牙人来到亚洲以及明代中国的海上贸易政策有很大关系。如果说印度的硝石满足了葡萄牙人在印度的需求，葡萄牙人于 1511 年接管和占据马六甲以及他们在东亚海域的军事行动则一定增加了对硝石的需求（硫黄容易从苏门答腊、爪哇和小巽他群岛的火山地区获得）。

在葡萄牙人到达东亚海域同时，中国海商也开始军事化，并且两者之间不无关系。在正德年间（1506—1521），明朝放松了自郑和

---

① 《中国明朝档案总汇》第 16 册，广西师范大学出版社 2001 年版。
② 张燮：《东西洋考》，中华书局 1981 年影印本，第 127—129、155—157 页。
③ 徐学聚：《初报红毛番疏》，载《皇明经世文编》卷 433。

下西洋就开始的海禁。1514 年，一份广东上报给正德皇帝的官方报告中说："近许官府抽分公为贸易，遂使奸民数千驾造巨舶，私置兵器，纵横海上，勾结诸夷，为地方害，宜亟杜绝。"这表明放松海禁促进了中国私人海上贸易。"数千"海商的规模是前所未有的，因为正德以前，几十个海商就算是人数众多了。①

嘉靖皇帝加强了海禁并且又增设几条规定。例如，在 1524 年，刑部通过了这样一条规定：凡代表洋夷购买违禁之物的应处以重刑；凡建造不合规制的船只并售于洋夷的，和那些非法贩售应革军器（Banned Weapons）于海外的应予绞死。② 这些"应革军器"包括了火药原料。1525 年另一条针对浙江、福建沿岸的布告包括了这条法令：任何涉及交易超过 50 斤硫黄的人，不论主犯、从犯、中人抑或那些储藏硫黄的人者将判处流放边疆，并且那些交易的硫黄会被查抄。③ 硝石大概也会被包括在此项禁令之中。

当福建海商邓獠被控在浙江沿海的双屿岛"诱引番夷，私通罔利"，并且从 1526 年开始涉及贺州（广东？）和澳门的商人时，这一定涉及包括硝石在内的军事违禁品。1540 年左右，许栋（汪直的上司）及其兄弟也与葡萄牙人在双屿岛贸易，大概也包括硝石。④ 1533 年一份来自兵部的报告控诉称，"先年漳民私造双桅大船，擅用军器火药，违禁商贩，因而寇劫"⑤。非法硝石贸易大概也是其中的一部分。

（二）中、暹硝石与日本战争

正是著名的徽商汪直，让硝石贸易在中国文献中占据突出地位。

---

① 晁中辰：《明代海禁与海外贸易》，人民出版社 2005 年版，第 152—159 页，转引自《明武宗实录》卷 113。
② 《明世宗实录》卷 38，转引自晁中辰，第 167—168 页。
③ 李东阳等：《大明会典》卷 132《镇戍七》。
④ 郑舜功：《日本一鉴》；Murai Shōsuke, "A Reconsideration of the Introduction of Firearms to Japan", *The Memoirs of the Toyo Bunko*, Vol. 60, 2002, pp. 23 – 24, 27.
⑤ 薛国中、韦洪：《明实录类纂：福建台湾卷》，武汉大学出版社 1993 年版，第 514 页。

汪直是那个时代的产物。1547—1549 年，嘉靖海上禁令的收紧和针对商人的军事行动，尤其是在鹰派官员朱纨（浙江巡抚兼提督浙江、福建军务）的领导下，激起了强烈的反应。商人公开以武力对抗官军。明朝的官军部分是从远至广西西部的地方召集的，与这些由武装商人转变而来的"海盗"作战，其中以汪直最为出名。[①] 这场战争不仅影响了中国而且波及东北亚甚至可能影响到东南亚。明朝政府对这场冲突的反应包括派遣密探前往日本，从而提供了有关硝石和硫黄贸易的一些细节，否则这些细节将被忽略。

这份被广泛引用的资料——《筹海图编》谈及了汪直。

> 嘉靖十九年时（公元 1540 年），海禁尚弛，直与叶宗满等之广东造巨舰，将带硝黄丝绵等违禁物抵日本、暹罗、西洋等国，往来互市者五六年。致富不赀，夷人大信服之。

这份资料还详述了其所乘船只的巨大尺寸。[②] 关于汪直在 1540 年到 1544/1545 年间的贸易活动，太田弘毅（Ōta Kōki）已做过深入研究，我们只需总结一下：这包括将中国的硝石、铁和丝绸运往日本，暹罗的铁和硝石运往日本，日本的硫黄运往暹罗和印度，大概还有印度的棉花运往日本等大规模贸易。[③] 需要补充的是，大田忽略了郑舜功在《日本一鉴》一书中提到的重要信息（见本文开头引文）：日本缺乏硝石，并且通过与中国和暹罗的贸易而获取硝石。这份 1565 年的记录是关于暹罗硝石出口的最早的具体证据。

16 世纪 40 年代末，朱纨的亲身经历为当时的亚洲海上贸易提供了宝贵的资料：中国商人引诱日本群岛、马六甲（佛郎机）、彭亨和

[①] 晁中辰:《明代海禁与海外贸易》，第 169—182 页。

[②] 郑若曾著，李致忠校:《筹海图编》卷 9，中华书局 2007 年标点本，《擒获汪直》，第 619—620 页。参见 Murai, "A Reconsideration", pp. 24–25.

[③] [日] 太田弘毅（Ōta Kōki）:《倭寇：商业·军事史研究》（*WakōShōgyō, gunjishiteki kenkyū*），（横滨）春风社 2002 年版，第 4 章。

暹罗等地的"外夷"前往浙江宁波（葡萄牙记录中的 Liampo）附近的双屿岛；内陆的中国人与这些商人交往并给他们提供补给。有一天，有人目睹超过1290艘商船在海上航行。① 16 世纪40 年代，大批福建商人前往日本贸易。有些船只在朝鲜沿岸遇险，一些人被朝鲜送回中国。根据朝鲜国王1544 年和1547 年的报告，以李王乞为首的第一批商人有30 人，第二批有341 人，第三批则超过了1000 人。

> 以上皆夹带军器货物。前此，倭奴未有火炮，今颇有之，盖此辈阑出之故。闻诏："顷年沿海奸民犯禁，福建尤甚。"令巡按御史参查奏处。②

第二份报告似乎表明李王乞等人是第一个前往日本贸易的商团。如果确实如此，那么时机很关键：他们前往日本很可能是回应日本对硝石的需求。这些贸易团队的规模庞大，表明他们所运送的货物数量非常惊人。既然"以上皆夹带军器货物"，如果其中不包括硝石，人们反而会感到惊讶。

16 世纪50 年代，人们对硝石以及其他货物贸易进行了更多的观察。这份资料关注内陆本地的中国人帮忙向这些商人或"海盗"提供淡水的方式。曾于16 世纪30 年代在苏州地区参与抗击"海盗"的万表指出，杭州当地人使用大船运送"铜钱用以铸铳，铅以为弹，硝以为火药，铁以制刀枪，皮以制甲，及布帛、丝绵、油麻等物"。其结果是，苏州府的属县收紧了对军事物品的控制，包括铅、铁、硝石和硫黄。③ 16 世纪50—70 年代抗倭的兵部尚书谭纶写到，浙江商人带着诸如丝绸、水银、铜、药品、火药之类的物品前往广东交

---

① 朱纨：《海洋贼船出没事》《双屿填港工完事》，载《皇明经世文编》卷205。
② 《明实录·嘉靖实录》卷321，第2 页；王其榘：《明实录·邻国朝鲜篇资料》，中国社会科学院中国边疆史地研究中心1983 年版，第273 页；薛国中、韦洪：《明实录类纂》，第515 页。
③ 万表：《海寇议》，载《金声玉振集》；郑若增：《筹海图编》卷12 上，第812 页。

易；这被称为"走广"（前往广州），但实际上这些人是在和外国人交易。① 大概同一时间，朱纨的继任者王忬（提督浙江、福建军务）观察到，漳、泉两地的人"奈何滨海顽民图贼厚利，从而贩取柴米酒肉以馈之，打造枪刀铅铳以助之，收买违禁货物以资之，饰送娼优戏子以悦之"②。在广州，外国船只满载着"磁器、丝绸、私钱、火药等违禁物"③。硝石或许就在其中。

明朝官方尤其着力阻止日本从中国获得硝石。1551年，一位福建官员建议撤销海禁、自由贸易，但另一位福建官员冯璋却强烈反对。他指出，外国最初（特别是日本）没有硝石、火药、火器或者火炮，但之后从中国人那里学到了这些东西。没有自由贸易，那些外国人就不能自由地获取这些东西；一旦允许自由贸易，他们就会得到火器和火药。"是持其柄而授之兵也。"④

福建闽县知县仇俊卿也持相似的观点。

> 火器所及能加于数百步之外。今海寇所恃全在火器。绿硫黄出于琉球，诸夷制造又多巧思。惟硝中原所产，严其禁约，不许人下海，潜通以资其用，则彼失所恃，擒之亦易矣。⑤

郑若增在他的《筹海图编》（编纂于1562年）中回应了仇俊卿的观点。

> 硫黄出产在彼，何禁之有？所当禁者焰硝耳。此吾中国之物，若官司设法，不容入畨，则倭奴之火器为无用。而我以火

---

① 郑若增：《筹海图编》卷12下，第831—832页。
② 王忬：《条处海防事宜仰祈速赐施行疏》《王司马奏议》，载《皇明经世文编》卷283。
③ 《霍与瑕上潘大巡广州事宜》，载《皇明经世文编》卷368。
④ 《冯养虚集》，载《皇明经世文编》卷280。
⑤ 郑若增：《筹海图编》卷13下，载《火器总论》，第927页。

器攻之，彼之短兵岂能加于我哉？①

这些关于禁止硝石出口到日本的建议确实是关键所在。如果有可能实施这项禁令，将会对日本产生巨大的影响。日本是最初不产硝石的亚洲国家之一，正如中岛乐章所推测的，这或许是中国火药技术在16世纪以前基本上未能传入日本的原因。② 因此，当欧洲火器在1542—1543年最终传到种子岛并且迅速传播到日本其他地方，日本对硝石的迫切需求怎么强调都不过分。中国的硝石无疑是主要来源，当然暹罗的供应也很重要，正如本文开头引用的郑舜功于1555—1557年的观察所示。1542年后，三艘从种子岛前赴中国的大型"贡船"可能与获取中国硝石有关。③ 如上所述，在16世纪40—70年代，汪直以及其他的贸易网络毫无疑问从中国和暹罗向日本运送了大量硝石，维持了日本新兴的火药技术。根据1547年日本武士的第一手报告，葡萄牙资料也证实了硝石在早期确由中国运往日本。④

这一时期，除了浙江沿海外，福建、广东沿岸，特别是闽粤边界附近的南澳岛，也有许多活跃的贸易场所。在福建漳州和广东潮州，人们在自家房子里囤积货物，并把这些货物卖给日本商人以换取白银（和来自西洋的欧洲商人以物易物不同）。在南澳岛，日本船只于四月底到达，不管货物是否卖完，都会在五月底离开，他们搭

---

① 郑若曾：《筹海图编》卷13下，载《火器总论》，第928页。
② [日]中岛乐章（Nakajima Gakushō）：《从筒铳到佛郎机铳：14—16世纪的东亚海域及其火器》（*Jūtō kara furanki - jū e：Jūshi - jūroku seiki no Higashi Ajia kaiiki to kaki*），载《史渊》（*Shien*）卷148，2011年，第1—37页。Bert S. Hall, *Weapons and Warfare in Renaissance Europe*, Baltimore：John Hopkins University Press, 1997, p.43 也指出，14世纪末以前欧洲硝石的缺乏阻碍了该地区火器的采用。
③ Murai, "Reconsideration", pp. 27 - 31. Murai 确实提出了派向中国的船只与火器的引用是否有关联的问题。
④ [日]岸野久（Kishino Hisashi）：《西欧人的日本发现：沙勿略来日前的日本情报研究》（*Seiōjin no Nihon hakken：Zabieru rainichizen Nihon jōhō no kenkyū*），（东京）吉川弘文馆1989年版，第122页。

起棚屋，在木板做的摊位上展示合法的货物，而刀剑等违禁品则藏在船上。① 另外，葡萄牙人也到南澳岛（在葡文资料中为 Lamao 或 Lamau）进行交易。②

嘉靖海禁最终于 1567 年被解除。中国的船只仅被允许在东洋和西洋（东南亚）贸易，但不包括日本。另外，诸如硝石、硫黄、铜和铁等违禁货物不准贩运海外。惩罚也较以前更为严厉。例如，1569 年的一份法令规定："近海地方，凡有寇贼处所、私将硝黄、与贼交易者，正犯凌迟，全家处死。两邻知而不举、发遣充军。告首得实从厚赏赉。若系官司收买，亦照明开数目，赴抚按衙门挂号。但有多带，一体治罪。"第二年（1570 年），另一份针对平民和军方的法令规定："及将军器火药酒米下海、通贼接济者。俱照律例、从重问拟。中间有赃迹显著、及积年通贼者，仍照近例，凌迟枭示、籍没家财、以充军饷。"③所有这些都表明，同日本的军用物资贸易特别是硝石，是中国朝廷所关注的头等大事。

福建巡抚许孚远在 1593 年报告说，近三十年来有关海上贸易诸事平顺，④ 表明这些年来非法贸易销声匿迹。实际上，1567—1593 年，相较于 16 世纪 40—50 年代大量的报告，我们几乎没有听到任何关于硝石等走私品贸易的消息。然而，这并不能解读为中国停止了同日本和其他国家的这类贸易。大量硝石（和许多其他货物）似乎被非法地从中国运往日本和东南亚，特别是菲律宾（从 1571 年开始）。当中国政府停止关注这种贸易时，它们自然也不会被中国的资

---

① 郑若增：《筹海图编》卷 3，载《广东事宜》，第 244—247 页；卷 4，载《福建事宜》，第 275—283 页，尤其是第 247、278 页；［日］太田弘毅（Ōta Kōki）：《倭寇：商业·军事史研究》（*Wakō Shōgyō, gunjishiteki kenkyū*），（横滨）春风社 2002 年版，第 399—417 页。关于提及的地理位置，参见谭其骧《中国历史地图集》第 7 卷，中国地图出版社 1996 年版，地图 70—71 和地图 72—73。

② 金国平：《西方澳门史料选粹（15—16 世纪）》，第 45—48 页。

③ 许孚远：《疏通海禁疏》，载《皇明经世文编》卷 400；李东阳等：《大明会典》卷 132，载《镇戍七》。

④ 许孚远：《疏通海禁疏》，载《皇明经世文编》卷 400。

料所记录，但是日本和西班牙的资料却有相关记载。

尽管日本于1557—1570年尝试开发本国的硝石资源，① 然而日本国内小规模生产并不能满足其迅速增长的火药消费需求。日本的战争依然需要依靠海外的硝石。例如，丰后藩的大友宗麟（Otomo Sorin）和肥前藩的有马晴信（Arima Harunobu）等日本九州的大名为了战争而竞相获取硝石。1567年，前者每年从澳门获得十担硝石，后者也在1580年从澳门获得铅和硝石。②

自丰臣秀吉重新统一日本后，其野心是征服整个亚洲。他首先于1592年侵入朝鲜。在许多其他军需物资中，日军需要硝石来制造火药，而国内生产远远不足。壬辰战争爆发的消息震惊了明朝，明朝迅速于1593年禁止了全国所有的海上贸易，其唯一目的在于阻止日本从中国获取硝石。③ 这种担忧并非没有道理。

根据许孚远的调查，（福建）同安、海澄、龙溪、漳浦、诏安和其他地方的民众每年四五月获得贸易许可，声称前往阜宁运货，或到北港打鱼，或到台湾基隆、淡水贸易。他们经常非法携带铅和硝石，偷偷驶往日本。他们会在秋冬或第二年春天返回。其他人假装前往广东的潮州、惠州、广州和高州购买粮食，实则渡海前去日本。日本的铅和硝石来自不同的源头。大多数是葡萄牙人（佛郎机）从香山澳（澳门）运来的。也有一些北直隶（河北）商人从长芦和辛

---

① ［日］冈田章雄（Okada Akio）：《日欧交涉与南蛮贸易》（*Nichi-Ō Kōshō to Nanban Bōeki*），（京都）思文阁出版社1983年版，第18—19页；［日］洞富雄（Hora Tomio）：《铁炮：传入与影响》（*Teppō: Denrai to Sono Eikyō*），（京都）思文阁出版社1991年版，第135—140页；［日］宇田川武久（Udagawa Takehisa）：《战国时期的铁炮和战争》（*Teppō to Sengoku Kassen*），（东京）吉川弘文馆2002年版，第84—85页。冈田还指出，硝石的稀缺使日本人无法展示更多的烟花。

② ［日］洞富雄（Hora Tomio）：《铁炮：传入与影响》（*Teppō: Denrai to Sono Eikyō*），（京都）思文阁出版社1991年版，第136—138页；［日］宇田川武久（Udagawa Takehisa）：《铁炮：传入与影响》（*Teppō: Denrai to sono eikyō*），（京都）思文阁出版社1991年版，第85—88、169页；［日］中岛乐章（Nakajima Gakushō），"The Invasion of Korea", pp. 153–154。

③ 薛国中、韦洪：《明实录类纂》，第517页。

集偷偷前往日本进行贸易。柬埔寨等国盛产铅和硝石（未经其他资料证实），暹罗也有。每年日本人派出船只前往交趾（大越）和吕宋购买铅和硝石。① 徐光启关于日本人可以通过菲律宾获得中国商品的评论②支持许孚远的观点，即日本人去吕宋购买铅和硝石。葡萄牙资料也记载，16世纪80—90年代暹罗的铅和硝石销往了日本和菲律宾。③

中国的密探被派遣至日本侦查，他们提供了这份有趣的报告。

> 器械不过黄硝乌铅为害、硫黄系日本产出，焰硝随处恶土煎炼亦多。④ 惟乌铅乃大明所出，有广东香山澳发船往彼贩卖。炼成铅弹，各州俱盛。⑤

这表明日本人通过各种渠道和路线从贸易中获取硝石和铅等战争物资。或是福建、澳门商人把这些物资运到日本，或是日本人前往东南亚（菲律宾、暹罗、柬埔寨和越南）采购。中国硝石从北直隶（河北）走私到日本也就不足为奇了。首先，北直隶在地理上毗邻日本。负责抗击日本侵朝战争的明军指挥官宋应昌指出，在1592年战争爆发后，许多河北沿海地区的口岸都可轻易地与日本联系，

---

① 许孚远：《疏通海禁疏》，载《皇明经世文编》卷400。
② 徐光名：《海防舆说》，载《皇明经世文编》卷491。
③ 丽塔·贝纳德斯·德·卡瓦略（Rita Bernardes de Cavalho）：《16—17世纪大城（暹罗）的葡萄牙人》（*La présence portugaise à Ayutthaya（Siam）auxXVIe et XVIIe si cles*），MA. D, Ecole Pratique des Hautes Etudes, Paris, 2006, http：//rbcarvalho.com.sapo.pt/PresencaPortuguesesThai.pdf, p. 57 and note 185。
④ 1593—1595年日本的中国密探获得的这一信息表明，朝鲜的战争刺激了日本大量制造硝石，而不是日本停止从海外进口这种原料。可能是在1593—1595年，日本人从中国俘虏那里学会了制作硝石的技术（吉川国男编：《龙势的系谱和起源：世界的竹制火箭》，第105页），但另一种观点认为，它是随着1542—1543年欧洲火器而传播到日本的，参见盐硝之道研究会编（Enshō no michi kenkyūkai）《盐硝之道》（*Enshō no michi*），第58页。
⑤ 许孚远：《请计处倭酋疏》，载《皇明经世文编》卷400。一篇删节记述参见张燮《东西洋考》，第229—230页。

所以必须严格巡查。① 其次，北直隶是中国最重要的硝石产区之一，13 世纪的马可·波罗曾目睹长芦制盐的过程。② 北直隶的硝石产区可能就是长芦、辛集和沧州等地的盐产区，因为宋应星曾指出"硝质与盐同母"③。1488 年，明朝一份关于该地区走私盐的报告可能有助于弥补一百多年后硝石走私细节的不足。在天津以南 300 多里（1 里 = 0.5 千米）的辛集和沧州特别是长芦地区，走私盐作为一本万利的生意十分猖獗，涉及官员、军人、平民和盗匪。许多船只盗运了大量私盐。④

另一份写于 1612 年的报告对阻止走私的困难提供了深刻的见解。日本人向一艘福船支付 1000 两白银，向一艘吴船支付 100 两白银，购买硝石、铁和黄金的价格是正常价格的 20 倍，但购买丝绸和瓷器的价格仅为正常价格的几倍。根据这份报告，他们的目的在于"诱我邪民，购我利器，习我舟楫，侦我虚实"⑤。无论中外商人，皆受利润所驱。同年，另一位福建官员也表达了同样的观点，闽浙人被高额利润所吸引，往返贸易，为日本人服务。⑥ 这就是为什么福建巡抚金学曾在 1609 年指出，"硝黄、铅、铁，犯禁货番，严诛犹不能止"⑦。

日本人为战争物资支付如此高昂的价格表明，他们在朝鲜战争中急需这些物质。中国是最重要的来源，而且有记录表明铅和硝石是从北直隶、福建和澳门走私来的。一定还有其他的省份（或许是

---

① 宋应昌：《经略复国要编》卷 1，（台北）华文书局 1969 年版，第 6—7 页。

② Marco Polo, *Book of Ser Marco Polo, the Venetian*: *Concerning the Kingdoms and Marvels of the East*, trans. Henry Yule, New York: Scribner, Vol. 2, 1903, p. 133.

③ 宋应星：《十七世纪的中国科技：天工开物》，第 269 页。

④ 《皇明条法事类纂》，第 83—88 页。有关上述提及的地理位置，参见谭其骧《中国历史地图集》，中国地图出版社 1996 年版，第 44—45。宋应昌：《经略复国要编·华夷沿海图序》，第 4 页，强调长芦乃渤海湾要地。

⑤ 薛国中、韦洪：《明实录类纂》，第 546 页。根据写于 1505 年的第一手日本资料，朝贡使团在与中国的贸易中获利可至 20 倍。参见郑樑生《宁波事件（1523）始末》，《淡江史学》第 13 期，2002 年。

⑥ 薛国中、韦洪：《明实录类纂》，第 518 页。

⑦ 薛国中、韦洪：《明实录类纂》，第 314 页。

浙江和广东?)参与到这场走私中。17世纪,澳门作为一个商贸中心与广东有紧密的商业联系,并且不止一份中国资料重点讨论澳门的葡萄牙人从中国内陆特别是广东和福建,获取硝石、硫黄、枪弹和其他商品。①

1598年壬辰战争结束后,日本的战争浪潮平息,开始向朝鲜和菲律宾出口战争物资(见下文)。然而,大阪之战(1614—1615年)开启了另一轮(现代之前的最后一场战争)从海外进口军事物资的行动。早在1606年,德川家康就向暹罗国王求取质量最好的火绳枪,并且在1608年和1610年再次求取硝石和火绳枪。关于暹罗硝石,1608年家康在信中继续写道:"尽管它不被允许运出国,但如果它可以运出国,一定要给我们运来一整船货物。我自信可以得到一个完整且圆满的答复。"② 另外,在1613—1615年,为了准备大阪之战,家康也从荷兰和英国东印度公司购买了大量的武器,包括火炮、火绳枪、子弹、铅、锡和火药。③ 根据其他荷兰资料显示,17世纪20年代硝石仍在向日本出口,但在1633—1694年荷兰东印度公司从暹罗向日本出口的货物中却不包含硝石。④ 有趣的是,迟至

---

① 汤开建、委黎多:《报效始末疏笺正》,广东人民出版社2004年版,第28、66—85、106页;Pires, pp. 119-121。

② [日]郡司喜一(Gunji Kiichi):《德川时代的日暹邦交》(*Tokugawa jidai no Nissen kokkō*),第78—79、84—88页;E. M. Satow, "Notes on the Intercourse between Japan and Siam in the 17th Century", *Transactions of the Asiatic Society of Japan*, Vol. 13, 1885, pp. 144-146, 由Satow 翻译(第145页)。

③ [日]梶辉行(Kaji Teruyuki):《德川幕府与欧洲军事技术:以17世纪荷兰东印度公司在其中所发挥的作用为中心》(*Tokugawa bakuhansei kokka to Yōroppa gunji gijutsu: Jūnana seiki Oranda shōkan no gunjiteki yakuwari o chūshin ni*),参见箭内健次编《国际社会的形成与近世日本》(Yanai Kenji, eds., *Kokusai shakai no keisei to kinsei Nihon*),(东京)日本图书中心1998年版,第160—163页;[日]谷口真子(Taniguchi Shinko):《过渡时期的战争理论:大阪冬季战的全面考察》(*Ikōki sensōriron: Osaka fuyu no jin no sōgōteki kentō*),参见历史学研究会编《当代历史研究大系7:中近世史的战争与和平》(in Rekishigaku kenkyukai, eds. *Shirīzu Rekishigaku no genzai*, Vol. 7, *Sensō to heiwa no chūkinseishi: Rekishigaku no genzai* 7),(东京)青木书店2001年版,第182—185页。

④ George Vinal Smith, *The Dutch in 17th Century Thailand*, DeKalb, IL: Centre for Southeast Asian Studies, 1977, pp. 54, 80.

20世纪初,人们还试图在暹罗大规模生产硝石,以便出口到日本。①

在此背景下,我们就能更好地理解高寀的行为。1599年,太监高寀被派往福建掌管税收。② 1614年,他建造了两艘两桅大船,花费数万两白银购买丝绸、丝织品、福建铁、剑、硝石、铅、锡等走私货物销往日本,应该是卖给了德川家族。这样,一个贪婪的中国太监帮助德川家康赢得了对丰臣氏的战争。高寀在日本贸易上的投资获利其巨,但我们只能从海澄的海运税收中得知他"每岁得银三万",高寀在福建16年,获利"数十万"两白银。③ 为躲避明朝士兵的检查,高寀在其走私船上悬挂"闽广总督"的黄旗,于是无人敢盘查。④谈及1602年高寀的走私行为,一位明朝官员称"硝磺生铁军器船只,犯禁愈重,取利愈饶"⑤。

(三) 中、日硝石与朝鲜战争

在壬辰战争中,由于制硝工艺落后,朝鲜不得不依靠来自中国的供应(包括官方和私人)。尽管到目前为止的数据还不充分,但我们确实了解到,1592—1597年,明朝曾三度向朝鲜提供7000两白银供其购买硝石、硫黄和其他武器。⑥ 另外,战争对硝石的巨大需求也刺激了私人贸易和新技术。由于地理上靠近朝鲜,山东或许是供应

---

① A. Cecil Carter, ed., *The Kingdom of Siam*: *Ministry of Agriculture*, *Louisiana Purchase Exposition St. Louis*, *USA*, 1904, *Siamese Section*, New York: Putnam, 1904, p. 246.
② 薛国中、韦洪:《明实录类纂》,第518页。
③ 《明实录·神宗实录》卷374,第10页(现代分页第7037页);张燮:《东西洋考》,第163页。
④ 张燮:《东西洋考》,第158、163页。
⑤ 《明实录·神宗实录》卷374,第10页;《明实录》卷112,"中央"研究院1962年版,第7037页,trans. Geoff Wade, in *Southeast Asia in the Ming Shi-lu*: *An Open Access Resource*, Singapore: Asia Research Institute and the Singapore E-Press, National University of Singapore, http://epress.nus.edu.sg/msl/entry/3116, 2011.1.31。
⑥ 李贤淑:《十七世纪初叶的中韩贸易》,(台北)中国文化大学;王其榘:《明实录·邻国朝鲜篇资料》,中国社会科学院中国边疆史地研究中心1983年版,第492页;沈演:《止止斋集》,载黄一农《中国科技史发展之浅见》,http://www.cckf.org.tw/PrincetonWorkshop/黄一農.doc, note 31。

16世纪朝鲜战争物资的最重要基地,这为山东商人扩大业务提供了绝佳机会。明末万历年间(1573—1620年),山东(特别是登州,现在的蓬莱)和朝鲜之间的私人贸易非常活跃。中国货物包括丝绸、火药及粮食,被中国私商用以交易朝鲜的马匹、木材、人参和药材等。尽管硝石并未被提及,但它一定是一项重要商品。大规模的非法贸易曾令呼吁叫停这种贸易的山东官员大感震惊。① 大概因为壬辰战争的刺激,从海水中提硝的新技术在山东得到发展。1593年,朝鲜宣祖(1567—1608年)下令,任何能够学习和传授中国海水提硝法的人都将获得奖赏。两年后的1595年,一个名叫林孟的人(中国人?)向朝鲜人传授了这项技术。②

海水提硝不能尽如人意,因此它的价格依然很高。1603年,朝鲜所产硝石的价格为每斤五钱银子,十倍于辽阳(每斤五分银子),而在北京会同馆只需一分八厘,仅为朝鲜的1/28。天启年间(1621—1627),中国(大概是北京)硝石的价格约为一分六厘,可见北京的硝石价格相对稳定。朝鲜的硝石不仅价格高,而且产量低,每年不足1000斤。1601年,中国允许朝鲜购买2000斤,而在1605年明廷同意朝鲜每年购买3000斤;1609年,朝鲜再次请求购买,但是细节不详;1614年,朝鲜请求购买之数多于每年定额,遭到拒绝。1616—1619年,由于满族入侵的压力,朝鲜对硝石的需求猛增。朝鲜政府一方面请求中国给予更多的配额,另一方面遣使入华千方百计获取硝石,并且告诫他们:完成任务有奖,完不成任务则罚。这鼓励了朝鲜使者参与走私,在1617年秘密获得7400斤,但被中国发觉并查抄。然而可以推测:大量硝石就是通过这种方法从中国流入朝鲜。1619年和1626年,中国允许朝鲜使者获得超过3000斤定

---

① 朱亚非:《论明清时期山东半岛与朝鲜的交往》,《山东师范大学学报》2004年第5期。

② [韩]许善道:《朝鲜时代火药兵器史研究》(*Chosŏn Wangjo Sillok*),载(首尔)国史编纂委员会(Seoul: Kuksa Pyŏnchan Wiwŏnhoe),1955—1958年,《宣祖实录》(*Sonjo sillok*)卷42,第34页;卷43,第17页;卷47,第7页;卷64,第31页。

额的硝石（1619 年为 6000 斤）。1622 年，朝鲜国王上表明朝称，自壬辰战争结束以来，他已从中国得到 10000 斤硝石，从而帮助朝鲜保卫了国土。由于战争氛围的紧张，他请求更多硝石。大明皇帝令有关部门办理。1624 年，朝鲜备边司指出，"购硝石，便利莫若中国"。因此，它设计了一个几万斤的大规模采购计划。朝鲜国王批准了该计划，但不知道是否实现。另外，朝鲜还尝试从皮岛（韩国称椵岛 Kado，现由朝鲜管辖）获得硝石，并于 1624 年从该岛进口了 6000 斤硝石（和 400 斤硫黄）。

同时，朝鲜人继续改进煎煮制硝技术并奖励那些掌握该项技术的人。1632 年，中国甚至停止了年度配额，但此前一年，两个朝鲜人从中国获得了此项新技术，朝鲜政府于 1633 年下令在全国推广该技术；七个月后，制出了 1000 余斤。但是持续增长的需求仍无法得到满足，而朝鲜人再次转向皮岛和对马岛，也没有取得成功。因此，由于 1592—1636 年的战争需求，朝鲜积极从中国和其他地方寻求硝石。[①]柳承宙（Yu Sungju）认为，16 世纪末到 17 世纪初，朝鲜定期从中国进口 10000—20000 贯/斤硝石。[②]

日本的资料给我们提供了许多细节。1601—1640 年，朝鲜积极从对马岛寻求武器、子弹和火药制作材料，并在 1623 年得到 2000 斤硝石，1626 年得到 500 斤，1627 年得到 50 斤，1629 年得到 300 斤。[③] 作为一种战略资源，中国禁止向其他国家出口硝石。但是朝鲜是仅有的两个中国愿意出口硝石的国家之一（另一个是暹罗，见下

---

① 王其榘：《明实录·邻国朝鲜篇资料》，中国社会科学院中国边疆史地研究中心 1983 年版，第 493、503、514、526、532—533、536—537、554、569、574、575 页；李先书：《十七世纪初叶的中韩贸》，第 126—132 页；米谷均（Yonetani Hitoshi）：《17 世纪初日朝关系中的武器输出》（Jūnana seiki zenki Nitchō kankei ni okeru buki yushutsu），引自藤田觉编《17 世纪的日本与东亚》（in Fujita Satoru, eds. Jūnana seiki no Nihon to Higashi Ajia），（东京）山川出版社 2000 年版，第 49 页。（引用自韩国 sillok 大规模购买计划）；柳承宙：《17 世纪的走私贸易研究：韩、清、日之间的焰硝硫磺贸易》。

② 柳承宙：《17 世纪的走私贸易研究：韩、清、日之间的焰硝硫磺贸易》，第 131 页。

③ 米谷均：《17 世纪初日朝关系中的武器输出》，特别是第 46—49、51 页。

文）。1627 年，明熹宗的话清楚地表明了中国的态度："硝黄中国长技，祖制严禁不许阑出外夷。朕念朝鲜累世忠顺，且奴患方棘，准照尝收买。"①

有趣的是，中国硝石和其他东西，不是由明朝正式卖给朝鲜，就是由中国商人走私到日本，但都是为了同一场战争。日本、朝鲜和中国的军队大概不会意识到，他们用来杀死敌人的硝石大多数都"产自中国"。

（四）硝石贸易和西属菲律宾

明朝于 1567 年开放海禁之后，仍然持续的硝石贸易禁令从未有效执行。菲律宾方面的资料证实了这一点。1570—1571 年，西班牙刚刚占据菲律宾，他们需要为其新殖民地提供军事物资，包括火器和火炮、火药、硝石、硫黄、金属（铜、铅、铁）等。② 根据一份 17 世纪的西班牙资料，"火药的制作……是岛上最重要的需求之一"。虽然通过在棉兰老岛等岛屿上获得鸟粪在一定程度上弥补了硝石的缺乏，但这仍然不够。③ 西班牙人了解到"我们可以从中国购买到十分便宜的铜、硝石和子弹"④。另一本于 1585 年出版的西班牙著作也提到，中国有丰富的锡、铅、硝石和硫黄等。⑤

很快，每年有 12—15 艘船从中国大陆（广东和福建）来到马尼拉，给菲律宾带来了很多商品，包括军事物品，诸如铁、钢、锡、黄铜、铜、铅和其他金属、硝石等。结果，"大炮开始铸造，火药和

---

① 王其榘：《明实录·邻国朝鲜篇资料》，中国社会科学院中国边疆史地研究中心 1983 年版，第 575 页。

② E. H. Blair and J. A. Robertson, *The Philippine Islands*, Cleveland, OH: Clark, 1903, Vol. 3, 1569 – 1576, pp. 132 – 140.

③ Paul Kekai Manansala, "Quests Dragon and Bird Clan: How the Nusantao Maritime Trading Network Influenced the World", http://sambali.blogspot.com/2006_03_24_archive.html.

④ Blair and Robertson, *The Philippine Islands*, 1583 – 1588, Vol. 6, p. 202.

⑤ Juan González de Mendoza, *History of the Great and Mighty Kingdom of China and the Situation Thereof*, London: Printed for the Hakluyt Society, Vol. 2, 1854, p. 286.

军火也开始采购"①。一份 17 世纪 20 年代的中国报告也证实了这些西班牙的记录：从漳州、泉州启航的福建商人前往交趾、日本和吕宋贸易。这份资料强调了这样一个事实，他们不仅携带大米、粮食、酒水和食物，还携带大量硝石、硫黄和武器。②

西班牙人不只是等待中国人的军事补给，中国也不是硝石供应的唯一来源。他们还了解到，"在澳门（Macan）……还有暹罗城（Sian），有丰富的硝石"③。硝石（和锡）也来自马六甲。"除了在中国采购硝石外，船只也会派往马六甲运送急需的锡和硝石，还有火药。"④还有一次，有人建议西班牙应该前往万丹（Patan）和暹罗（Sian）采购硝石和铅，并且"常来人（Sangley，华人）天主教徒可以用自己的船只前往"⑤。1598—1599 年，菲律宾的西班牙总督弗朗西斯科·特鲁（Don Francisco Tello）派遣萨穆迪奥（Don Juan de Zamudio）带着一艘中等规模的海船前往广州促进贸易，"并获取马尼拉皇家弹药库所需的硝石和金属"。尽管嫉妒的葡萄牙人极力阻挠此次任务，萨穆迪奥这次旅行还是富有成效的，因为他"在那得到了中国人提供的一切必需品，而且价格适中"⑥。

1629 年，葡萄牙商人在印度科钦或果阿贩卖丁香和黄金，并且购买诸如硝石、火药、铁器、武器等战争物资，"高价"卖到马尼

---

① Blair and Robertson, *The Philippine Islands*, Vol. 3, p. 299. 另参见 Arthur Coke Burnell and P. A. Tiele, eds., *The Voyage of John Huyghen van Linschoten to the East Indies*, London: Hakluyt Society, 1885, p. 124. 以及 Antonio de Morga, *History of the Philippine Islands, fromTheir Discovery by Magellan in 1521 to the Beginning of the XVII Century: With Descriptions of Japan, China and Adjacent Countries*, London: Hakluyt Society, 1868, p. 19n3.; Blair and Robertson, *The Philippine Islands*, Vol. 6, 1583 – 1588, p. 202。

② 参见沈鈇《上南抚台暨巡海公祖请建澎湖城堡置将屯兵永为重镇书》，载《清一统志·台湾府》，http://www.guoxue123.cn/tw/02/068/004.htm。

③ Blair and Robertson, *The Philippine Islands*, Vol. 6, 1583 – 1588, p. 301.

④ Blair and Robertson, *The Philippine Islands*, Vol. 6, 1583 – 1588, p. 202.

⑤ Blair and Robertson, *The Philippine Islands*, Vol. 9, 1593 – 1597, p. 51.

⑥ Antonio de Morga, *History of the Philippine Islands, fromTheir Discovery by Magellan in 1521 to the Beginning of the XVII Century: With Descriptions of Japan, China and Adjacent Countries*, London: Hakluyt Society, 1868, p. 114.

拉。例如，由科钦号船长菲利普·马斯卡纳雷斯（Don Felipe Mascarenas）率领四艘小帆船（galliot，比大帆船 galleon 小）带着西班牙人"急需"的面粉和一些硝石从印度来到菲律宾。为降低成本，西班牙驻马尼拉的总督提议花费 35000 比索购买 50 巴哈尔（一巴哈尔=三担）丁香，并将收到的货款全部用于在科钦或果阿购买硝石，这些硝石在马尼拉的售价高达 95000 比索。①

日本重新统一之后，特别是德川幕府实行和平统治，对战争物资的需求减少了（但没有完全消失）。于是，日本的战争物资开始流向海外特别是东南亚地区。根据西班牙的记录，1591—1620 年，日本商人（只有一次是葡萄牙商人，见表1，1603，#9）从日本向菲律宾运送了大量的武器、硝石、硫黄和火药。表1仅列出了硝石和火药的详细数目。

表1　　　　　　　　从日本到马尼拉的硝石贸易

年份（年）	船只	商品	数量	单价/担（比索）	总价（比索/多币格拉诺）
1591	#1	火药	35 阿罗瓦 7 磅	20	—
1594	#1	硝石	7 担 7 磅	12	85 比索 2 多币
		火药	1 担 127 磅	25	49 比索 2 多币
1595	#1	火药	40 担 86 斤	15	633 比索 11 多币
	#2	硝石	29 担 80 斤	15	447 比索
	#3	火药	99 阿罗瓦 9 磅	21	399 比索
	#4	火药	22 担	21	—
	#5	硝石	22 阿罗瓦 18 磅	15	65 比索 2 多币
	#6	火药	16 阿罗瓦 2 磅	21	65 比索

---

① Blair and Robertson, *The Philippine Islands*, Vol. 23, 1629 - 1630, pp. 30 - 33, 52; George Bryan Souza, *The Survival of Empire: Portuguese Trade and Society in China and the South China Sea*, 1630 - 1754, Cambridge: Cambridge University Press, 2004, pp. 76 - 77.

续表

年份（年）	船只	商品	数量	单价/担（比索）	总价（比索多币格拉诺）
1596	#1	火药	7阿罗瓦3磅	18	51比索3多币9格拉诺
1600	#1	火药	15担	18	—
1601	#1	火药	19阿罗瓦14磅	20	75比索1多币10格拉诺
1602	#1	火药	92阿罗瓦1磅	—	—
		硝石	23阿罗瓦10磅	—	408比索
	#2	火药	20阿罗瓦19磅	—	—
	#3	火药	61阿罗瓦	20	273比索7克
1603	#1	火药	4担75磅	18	—
		硝石	127磅	12	504比索6多币
	#2	硝石	108磅	12	9比索6多币
		火药	5担	18	—
		硝石	100磅	12	405比索5多币
	#3	火药	1担45斤	18	—
	#4	火药	74阿罗瓦16磅	18	—
		硝石	4.5阿罗瓦	12	278比索4多币
	#5	火药	3 picos 5磅	18	—
	#6	火药	96阿罗瓦18磅	18	—
		硝石	13阿罗瓦2磅	12	61比索
	#7	火药	64阿罗瓦16磅	18	223比索6多币
	#8	火药	20担50磅	18	—
		硝石	3担110磅	12	—
	#9	火药（葡萄牙商人运送）	3担35磅	20	—

续表

年份（年）	船只	商品	数量	单价/担（比索）	总价（比索多币格拉诺）
1604	#1	火药	3 比索（担？）	20	—
		硝石	56 磅	—	802 比索 10 格拉诺
	#2	火药	2 担 20 磅	20	—
1605	#1	火药	5 担 406 斤	18	—
	#2	火药	22 担 8 斤	18	—
	#3	火药	6 担 51 斤	18	—
		硝石	4 担 80 斤	16	—
	#4	火药	31 阿罗瓦	18	—
	#5	火药	3 担 67 斤	18	74 比索
1606	#1	火药、硝石等	—	—	1059 比索 6 多币 6 格拉诺
	#2	硝石	4 担 30 磅	14	—
1610	#1	火药	78 磅	16	—
1614	#1	铁和硝石	—	—	1194 比索 2 多币 4 格拉诺
	#2	火药和硝石	517 担	22	—
1620	#1	硝石	70 担	25	—
1595	#2	硝石	208 阿罗瓦 10 磅	19	—

注释：1 阿罗瓦 = 25 磅；1 磅 = 大约 11.5 公斤。西班牙"多币"（tomin）和格拉诺（gulano）是用来表示贵金属的质量单位，前者等于八分之一比索，后者为十二分之一比索。

来源：胡安·吉尔（Juan Gil）：《骑士与武士：16·17 世纪的西班牙与日本》（Hidargo to samurai：16 - 17 seiki no España to Nihon），平山笃子译，（东京）法政大学出版局 2000 年版，第 16、42（and 524n. 77）、51、61—62、67—68、77—79、81—83、85—92、249、256—257、467、470、481、545 页。

直到 19 世纪初期，菲律宾才开始出口硝石。①

除菲律宾外，荷兰东印度公司还将大量的日本战争物资从平户（Hirado）运往万丹（1616 年运送 2225 斤硝石）和马鲁古（1617 年运送 13127 斤火药、硫黄和硝石）。其他战争物资的记载则被省略。②

（五）硝石贸易和越南战争

北郑南阮之间长达半个世纪（1627—1672 年）的战争成为双方获取战争物资的驱动力。上文曾引用了一份中国资料，大意是 17 世纪 20 年代，泉州和漳州的商人携带大量硝石、硫黄和武器前往交趾（越南）、日本和吕宋进行贸易。这是中越之间战争物资贸易活跃的有力证明。1674 年，一艘中国船只从华南运载硫黄到宪庯（今兴安）的事实（见表 2）更表明了中国战争物资运往越南的趋势。一个在交趾支那居住十年及在柬埔寨居住三年的日本人在 1642 年这样描述道："硝石和铅从暹罗运来，每年都有一位使者从那里前来。之前，硫黄从日本获取，现在则从老挝和中国获得。"③ 一份 1644 年的荷兰资料证实了这种说法：一艘从暹罗发往广南/交趾支那的日资暹罗船被荷兰人抓获，该船载有 200 担铅和 330 担硝石等（这些货物归日本人和暹罗人所有，包括暹罗国王）。④ 英国代理商乔治·怀特（George White）于 1679 年在大城

---

① Edmund Roberts, *Embassy to the Eastern Courts of Cochin-China, Siam, and Muscat: In the U. S. sloop-of-war Peacock during the years 1832-3-4*, New York, Harper, 1837, p. 53.

② ［日］加藤荣一（Katō Eiichi）：《幕藩制国家的形成与对外贸易》（*Bakuhansei kokka no keisei to gaikoku bōeki*），（东京）校仓书房 1993 年版，第 51、74 页（对比第 75、81 页）。

③ Li Tana and Anthony Reid, eds., *Southern Vietnam Under the ễn: Documents on the Economic History of Cochinchina (Đàng Trong, 1602-1777)*, Singapore: Institute of Southeast Asian Studies, 1993, p. 31.

④ 江树生译注：《热兰遮城日志》卷 2，台南市政府 1999 年版，第 310—311 页。这是东印度公司在台湾的记录《热兰遮城日志》（*De Dagregisters van het Kasteel Zeelandia*）的中译本。

府撰文称，交趾支那的国王（为了与东京作战）以及厦门王每年都派船前往暹罗以每担 8 或 17 提卡（tical）黄金的价格换取大量的硝石和铅。①

荷兰的资料对东京进口硝石的记载也十分有趣。1661 年，郑氏统治者郑柞起初同意以每担十两五钱的价格向荷兰人购买硝石，但在 1662 年只付了每担七两的价钱。结果荷兰东印度公司损失了 3245 两白银或 11009 荷兰盾（因此总的购买数目约为 927 担）的收益。1668 年，东京向巴达维亚定购了大量武器和弹药，包括十万斤硫黄和五万斤硝石。这十万斤硫黄如果用来制作火药，意味着将会需要 75 万斤硝石；但是东京只定购了五万斤硝石，意味着剩下的 70 万斤或是从国内获取或从中国等其他来源进口。② 这些数字都说明越南内战需要大量的火药物资。

我们从 1685 年的法国资料（见下文）得知，有 1—3 艘 200—300 吨的帆船载着硝石和许多其他商品前往东京。根据欧洲的资料，在 17 世纪和 18 世纪早期，中国和欧洲的船只载着武器、硫黄、硝石和铅前往越南的海庯（Faifo）、会安（Hội An）和其他地方。③ 以上信息和源自荷兰和英国记录中的其他数据都汇总在表 2 中，显示海船携带硝石、铅弹、火器、硫黄等，前往东京、宪铺和安南（交趾支那）。

---

① Anthony Farrington and Thīrawat Na Pọ̄mphet, *The English Factory in Siam*, 1612 - 1685, London: British Library, 2007, Vol. 1, pp. 509, 512; John Anderson, *English Intercourse with Siam in the 17th Century*, London: Kegan Paul, Trench, Trubner, 1890, pp. 423, 425. 暹罗国王收购硝石的价格每担仅为 5 提卡。

② Hoang Anh Tuan, *Silk for Silver: Dutch - Vietnamese Relations*, 1637 - 1700, Leiden: Brill, 2007, p. 140.

③ 查尔斯·B. 梅邦（Charles B. Maybon）：《欧洲商人：在交趾支那和东京（1600—1775）》(*Les marchands européens: en Cochinchine et au Tonkin* 1600 - 1775)，（河内）印度支那评论（Hanoi: Revue Indochinoise）1916 年版，第 4、50 页；John Crawfurd, *Journal of an Embassy to the Courts of Siam and Cochin China*, Kuala Lumpur: Oxford University Press, 1967, p. 514.

表 2　　　　　17 和 18 世纪对越南的硝石贸易

年份（年）	目的地	出发港口/国家	船只	商品
1620	交趾	漳州和泉州	中国	硝石、硫黄、武器
1632－1642	交趾支那	阿瑜陀耶	暹罗	铅和硝石（日本、中国、老挝的硫黄）
1644	交趾支那	阿瑜陀耶	日本和暹罗	200 担铅和 330 担硝石等
1644	东京？	巴达维亚	荷兰东印度公司（VOC）	台湾硫黄
1650	东京？	巴达维亚	荷兰东印度公司	1594 担硝石,6400 磅硫黄
1661－1662	东京	巴达维亚	荷兰东印度公司	东京购自荷兰东印度公司的 927 担硝石
1662	东京	日本	？	50000 两白银和日本货物:硝石、硫黄、10 支枪等
1663	东京	？	？	硫黄、硝石
1666	东京	巴达维亚	荷兰东印度公司	82000 盎司 胡椒、硝石、硫黄、檀香、欧洲布料等
1666	东京	马尼拉	？	1000 担硫黄
1668	（东京）	（巴达维亚）	（荷兰东印度公司）	东京定购 100000 斤硫黄和 50000 斤硝石
1672	宪庸	巴达维亚	荷兰东印度公司	300 担硝石,5000 左右[铅]弹
1674	宪庸	马尼拉	？	600 担硝石
1674	宪庸	巴达维亚	荷兰东印度公司	硝石
1674	宪庸	华南	中国	硫黄
1674	东京	？	？	硝石、铜铸炮、炮弹
1674	东京	？	？	硝石

续表

年份(年)	目的地	出发港口/国家	船只	商品
1675	宪庯	巴达维亚	荷兰东印度公司	硝石和铅弹
1675	东京?	巴达维亚	荷兰东印度公司	硝石和硫黄
1679	交趾支那	暹罗	越南	硝石和铅（每年前往暹罗）
1685	东京	暹罗	越南	硝石（1—3 艘船，吨位在 200—300 吨）
1753	安南	?	?	600 担铅，1000［担?］硝石，600［担?］硫黄
1754	安南	日本	?	日本铜、铅、锡、硝石

来源：布赫（W. J. M. Buch）：《荷兰东印度公司和印度支那（二）》[La Compagnie des Indes néerlandaises et l'Indochine (pt 2)]，《法国远东学院学报》（*Bulletin de l'Ecole française d'Extrême—Orient* 3），1937 年第 1 卷，第 122、129、143、154、159、160、163、164、171—172 页；Anthony Farrington, "English East India Company Documents Relating Pho Hien and Tonkin", in Pho Hien, *the Centre of International Commerce in the XVII - XVIII Centuries*, Ha Noi：The Gioi, 1994, pp. 155 - 156；Naoko Iioka, Literati Entrepreneur：Wei Zhiyan in the Tonkin - Nagasaki Silk Trade, Ph. D. dissertation, National University of Singapore, 2009, pp. 47, 80.

大越国内的局势也促进了对战争物资的需求。越南资料指出，在 18 世纪，特别是 18 世纪中叶多次反对郑氏腐败统治和沉重赋税的叛乱期间，北方郑氏政权再三求取硝石。越南史书《大越史记全书》记录了这一时期许多政府征兵活动的条目，并且使用诸如"盗贼群起""盗贼横行"以及"警报日至"等表述去形容这种状况。[1] 官军和叛军都在抓紧时间采购战争物资。

1732 年，虽然以硝石、铁球（炮弹?）和船板等军用材料形式征收的实物税被叫停，但不久又重新开始征收。八年后的 1740 年，由于在镇压国内叛乱分子（贼）过程中增加了火器的使用，郑氏政

---

[1] 详情参见《大越史记全书》第 3 册，第 1087—1171 页（引文见第 1087 页）以及［越］陈重金《越南通史》，戴可来译，商务印书馆 1992 年版，第 230—235 页。

权从太原（Thái Nguyên）、高平（Cao Bằng）、宣光（Tuyên Quang、兴化（Hưng Hóa）和谅山（Lạng Sơn）等五个边远地区，收集火箭、黑铅、硝石、硫黄和铜等。矿税被豁免。官衔的授予则基于提供物品的数量。官员和百姓都被鼓励上交上述物资。贡献这些战争物资的国内外商人也被授予官衔，不过那些不想获得官衔的商人将被付以铜钱。① 我们从中可以看出郑氏方面对获取战争物资的急迫性。

1753年，军事需求再次迫使郑氏收紧了对金、银、铜、铅、铁及硝矿税收的管理，同一本越南编年史明确指出，这些税收过去都是由那些剥削矿工的朝廷大臣征收，但他们向政府上缴的税收却很少。为解决这个问题，征收矿税的职责如今被赋予这些金属和矿石开采地区的行政机构。② 1762年，郑氏下令在许多地方开矿，包括太原的硝石矿。③《大越史记全书》在1740年和1748年对此评论称，"用兵费广"，以至于各县的寺庙都被勒令纳税。④

在所有的反政府军中，黎维禧率领的军队最值得关注。1738年，黎维禧与其他八个黎氏成员及一些近臣密谋反对郑氏，但是密谋泄露。黎维禧首先逃往清化（Thanh Hóa）、然后逃往山西（Sơn Tây）、太原、义安（Nghê An），最后在镇宁（Trấn Ninh）（靠近老挝边界）成立了一个流亡政府。约十年内，黎维禧在呈光山（ình Quang ơn）建造了宫殿和防御工事，并且组建了官僚机构和军队。他的军队实力被潘辉注以热情洋溢的词语描述为："战兵约三千人，战象一百余，马二百余匹，铳巨小不下千计。硇磺药弹，不可胜计；器械兵甲，尤为精锐。火弹、火箭、火掷、火果窠，攻城应用之需，无

---

① 《大越史记全书》第3册，第1072、1089、1095、1099页。另外，商人也会被付给白银以购买军用食物补给。（第1100页）。
② 《大越史记全书》第3册，第1136页；[越]潘辉注（Phan Huy Chú）：《历朝宪章类志·国用志》卷31，（西贡）宝荣印刷厂1957年版，第118页。
③ [越]潘辉注（Phan Huy Chú，）：《历朝宪章类志·国用志》卷3，第1151页。
④ 《大越史记全书》第3册，第1099、1126页（参见第1129页）。

所不具。"1769 年，大量来自义安、清化、兴化的军队被派去进攻黎维禧。据《大越史记全书》记载，"炮声日夜不绝"①。显然，政府军和叛军双方的需求增加了硝石及其他战争物资的国内生产与进口。1774 年，黎维禧被平定五年之后，郑氏朝廷将茶麟（Trà Lân）地区（位于今义安省）的四个县的税率定为 20%。黎维禧占领镇宁之前的税额是 19 镒（一镒等于 20 两或 24 两）黄金和 500 镒硝石。②这个信息说明了黎维禧的硝石来源之一。

另一个主要的叛军首领是阮名芳，他也在大越西北部的宣光建造宫殿和防御工事，成立官署并维持了十年（1740—1750 年）。他的经济实力来源于上游地区的矿场、茶叶和漆器，这让其非常富有。阮名芳也有一支强大的军队，并且在 1750 年战败之前曾向政府军猛烈射击。③矿藏丰富的宣光可能是阮名芳的硝石来源之一。

我们还应考虑大众对硝石的需求。18 世纪 30 年代晚期到 60 年代这一时期，也见证了郑氏统治下越南社会的军事化。1739 年，面对日益动荡的社会，郑氏朝廷允许民众组织武装以自卫，"于是民间所在皆有兵器"。皇室和官宦之家也被鼓励领导自己的私人卫队和新兵同叛军作战。④在特殊的时间（1740 年），黎后不得不指挥京城防御，而黎皇却在领兵讨伐叛乱；并且（在 1750 年和 1753 年）文职官员奉命练习射箭和带兵讨伐叛乱。⑤当局势稳定后，郑氏朝廷于 1769 年开始通过禁止私藏武器来解除平民的武装。1772 年这项禁令被重申时，兴化临时总督上奏说："边远之地，寓兵于农，戎器私办，各自为守。今一切禁止，窃恐棍匪乘虚，土民无备。"于是，郑氏朝廷允许边界六省以及安广（Yên Quảng）的人们继续拥

---

① 《大越史记全书》第 3 册，第 1088、1099、1108—1109、1112、1128、1135、1157—1158、1170—1171 页；潘辉注：《历朝宪章类志·国用志》卷 1，（西贡）越南国务院特责文化处 1972 年版，第 22a—27b 页；《越南通史》中译本，第 230、234—235 页。
② 《大越史记全书》第 3 册，第 1180 页。
③ 《大越史记全书》第 3 册，第 1132 页；《越南通史》中译本，第 233—234 页。
④ 《大越史记全书》第 3 册，第 1092 页。
⑤ 《大越史记全书》第 3 册，第 1101、1131、1136—1137 页。

有武器。① 这种军事化毫无疑问增加了对硝石的需求。

1762 年，大越政府下令开矿，其中包括太原的一座硝石矿，前三年免税，这充分说明了越南对硝石的迫切需求。② 18 世纪下半叶，在经济和军事因素的推动下，越南山区的采矿业蓬勃发展。然而，国内的产量并不能满足需求。一份 1770 年的法国报告称，东京从国外进口的商品包括硝石、硫黄、铅和枪支。③

根据 1886—1887 年编撰的越南地理志，北宁（Bắc Ninh）（21座矿）、谅山（2 座矿）、兴化（4—5 座矿，另有 1 座硫矿）和太原（2 座矿）存在许多硝矿。每矿每年上缴矿税 200 贯/斤硝石；4 村 72 人负责缴纳矿税 180 贯/斤硝石。由于开采时间可能长达几个世纪，大多数矿山都已枯竭。关于北宁省，地理志载："省辖内铜、铁、磠硝诸军用，社村间有之，亦间有谙制炼者。"④ 更多的资料表明 1802 年阮朝成立前后硝石的重要性。1792—1793 年，当阮福映同西山朝作战时，亚德兰的主教（皮埃尔·皮诺）建立了一座硝石工厂以帮助他提升军队战斗力。⑤ 1797 年，阮福映命令暹罗帆船将 10000—30000 贯/斤的生铁和硝石运往交趾支那。1802 年，曼谷编年史列出了暹罗提供给阮福映的物品，包括枪支、火药、弹丸、生

---

① 《大越史记全书》第 3 册，第 1171、1175 页。在"火药时代"，狩猎也促进了火药需求的增加，这样硝石的需求也随之增加。捕猎是大越山区人们赖以为生的重要部分。

② 《大越史记全书》第 3 册，第 1151 页。

③ François Henri Turpin, *History of the Kingdom of Siam*, trans. B. O. Cartwright, Bangkok: Vijiranana National Library, 1908, p. 224.

④ 吴德寿（Ngô Đức Thọ）、阮文源（Nguyễn Văn Nguyên）、菲利普·帕平（Philippe Papin）编：《同庆地舆志》（*Đồng Khánh địa dư chí*; *Géographie Descriptive de l'empereur Đồng Khánh*; *The Descriptive Geography of the Emperor Đồng Khánh*）重印本，卷 1，（河内）世界出版社 2003 年版，第 545（引文在此页）、643、750、756—757、776、784、823、826、832 页；卷 3，第 163、166 页。然而，这里没有显示其他边疆省份诸如宣光和高平拥有硝矿，但我们知道至少前者有（见下文）。

⑤ John Barrow, *A Voyage to Cochinchina, in the Years 1792 and 1793*, London: Cadell and Davis, 1806, p. 273. 参见 Crawfurd, *Journal of an Embassy to the Courts of Siam and Cochin China*, pp. 504–505。

铁和铸铁、铅、锡、燧石等。① 1814 年，澳门一艘满载硝石的船只以每 100 罐/斤 10 葡币的价格在越南出售。作为奖励，这艘帆船获得了免税待遇，并获准在返航时携带大米和其他违禁物品。只要暹罗商人向阮氏政权提供硝石，他们就可以在越南购买丝绸、布料和织物以及其他当地物产等违禁货物。② 19 世纪 30 年代，中越盗匪掠夺了宣光省和太原省的硝矿（仁山 Nhân Sơn、送星 Tống Tinh、务农 Vụ Nông），目的是获得至关重要的硝石。③

（六）暹罗和缅甸的硝石比较

暹罗和缅甸都有丰富的硝石，但是他们在出口的政策方面却截然不同。前者似乎一有市场就出口硝石，而后者出口硝石只是例外而非常规。

如第一部分所述，暹罗可能早在 15 世纪初就开始出口硝石，而且肯定是从 16 世纪中叶开始出口到日本。如上文第二部分所述，在 16 世纪后期，出于丰臣秀吉入侵朝鲜的需要，大量（但具体数量不明）的暹罗硝石被出口到日本和菲律宾。从 17 世纪 20 年代开始，我们从欧洲资料中了解了更多关于暹罗硝石的信息。一个显著的方面是，暹罗国王可能一直垄断硝石和其他商品，但总是愿意通过自己的代理商出口。根据 16 世纪 20—30 年代在阿瑜陀耶工作的乔斯特·斯考滕（Joost Schouten）的记载：

> （暹罗）幅员辽阔，王室税收巨大，每年达数百万，包括来自内陆的商品，如大米、苏木、锡、铅、硝石，以及沙金和山

---

① Li Tana, "The Water Frontier: An Introduction", in Nola Cooke and Li Tana, eds. *Water Frontier: Commerce and the Chinese in the Lower Mekong Region, 1750–1880*, Singapore: Rowman & Littlefield, 2004, p. 10.
② 张磊屏：《中越关系中的贸易与安全问题 1802—1874》，新加坡国立大学，博士学位论文，2008 年，第 216、217 页。
③ 张磊屏：《中越关系中的贸易与安全问题 1802—1874》，新加坡国立大学，博士学位论文，2008 年，第 159—160 页。

金的利润，但这些只能由国王的代理人出售给外国商人。①

凡·弗利特（Van Vliet）在1638年证实了这种说法："苏木、锡铅和硝石是该国的主要产品，只能从国王陛下的仓库出售给外国人。并且，国王还能从外国和本地产品中获利。"② 在其他地方，凡·弗利特列出了在暹罗的荷兰人感兴趣的出口产品的数量，包括铅（2000—3000担）和锡（1500—2000担），但不包括硝石，可能因为欧洲有更好的硝石。③

1655年晚些时候，吉斯伯特·海克（Gijsbert Heeck）记录到，暹罗的锡和硝石（"此地蕴藏量巨大"）仍被皇室垄断，④ 30年后，西蒙·德·拉·洛佩尔（Simon de La Loubere）提供了更多细节。

> 他们的火药确实糟糕透顶。他们说，这种缺陷源于他们从岩石中收集硝石，而硝石是由蝙蝠的粪便构成的……但是无论硝石质量好坏，暹罗国王都把它们大量地出售给陌生人。

> 硝石、铅石和苏木的贸易，也由国王控制：他们只能在国王的仓库交易，不管是暹罗人还是外地人……像火药、硫黄和武器等违禁物品，只有在国王仓库中才能交易。⑤

17世纪，最初由郑芝龙及此后由其子郑成功（国姓爷）领导的福建沿海和台湾郑氏政权，积极从暹罗和其他可能之处寻求硝石，

---

① Caron Francois and Joost Schouten, *A True Description of the Mighty Kingdoms of Japan and Siam*, London: Broun and de l'cluse, 1663, p. 130.
② Chris Baker et al., eds., *Van Vliet's Siam*, Chiang Mai: Silkworm Books, 2005, p. 121.
③ Chris Baker et al., eds., *Van Vliet's Siam*, Chiang Mai: Silkworm Books, 2005, pp. 170 – 171.
④ Gijsbert Heeck, *A Traveler in Siam in the Year 1655: Extracts from the Journal of Gijsbert Heeck*, trans. B. J. Terwiel, Seattle: University of Washington Press, 2008, p. 52.
⑤ Simon La Loubère, *The Kingdom of Siam*, 1969, pp. 15, 94 – 95.

以求在军事上取得成功。早在 1649 年,他们就向琉球寻求硝石(以及武器)。① 根据 1661 年在暹罗的荷兰代理商扬·范·艾克(Jan van Ryk)的报告,两艘来自交趾(东京)、一艘来自厦门的船只抵达暹罗。艾克也从来自厦门的海船得到以下信息:驻扎在厦门的国姓爷征集了超过 200 艘战船,并且还会征集更多;由于满洲人对中国大陆的封锁,他命令这些船只从日本、交趾(东京)、柬埔寨、暹罗和其他地方装运大米、硝石、硫黄、锡、铅等,并直接返回厦门。② 如前所述(怀特 1679 的著作),厦门王每年都会派船前往暹罗购买大量硝石以满足战争需要。当今的一些研究指出,郑氏政权进口的顺序首先是铜,然后是硝石(来自暹罗)和谷物。③

从怀特那里,我们也了解到有关硝石价格的珍贵信息。暹罗国王向民众的收购价仅为每担 5 提卡,却以 8 或 17 提卡的价格出售给外国买家,利润巨大。因此,硝石成为暹罗宫廷赚取巨额利润的六种商品之一也就不足为奇了。从 19 世纪中期开始,硝石(泰语为 Din Prasiu)作为不同地区的实物人头税(Suai)或作为藩王的贡品上交给暹罗宫廷。例如,1824 年、1842 年和 1868 年分别从暹罗西北运来 6.42 吨、0.18 吨、0.99 吨(?)硝石,1851—1852 年从叻丕(Radburi/Ratburi)、碧武里(Pedburi/Petchaburi)和马诺隆运来 21 哈比(1 哈比为 60 公斤,所以 21 哈比为 1.26 吨),硝石在寇肯(Kokien?)藩王每年的贡品中占据主导地位。④

---

① 徐玉虎:《明代琉球王国对外关系之研究》,(台北)学生书局 1982 年版,第 109—110 页。

② 曹永和:《从荷兰文献谈郑成功之研究:问题的探讨》,《台湾早期历史研究》2003 年版,第 378 页(369—397 页)。

③ 简惠盈:《明时期台湾之海外贸易及其转运地位之研究》,台北大学,硕士学位论文,2000 年,第 54—55、59 页;蔡郁苹:《郑氏时期台湾对日本贸易之研究》,成功大学,硕士学位论文,2005 年,第 69、78—79 页。

④ Junko Koizumi, "The Commutation of Suai from Northeast Siam in the Middle of the 19th Century", *Journal of Southeast Asian Studies*, Vol. 23, No. 2, 1992, p. 279, "表 1"; Nooch Kuasirikun and Philip Constable, "The Cosmology of Accounting in Mid 19th – century Thailand", *Accounting, Organizations and Society*, Vol. 35, 2010, p. 604, 606, 610, 619 (Appendix E); Anon, "Ancor – Viat— A New Giant City," *Catholic World*, Vol. 5, No. 25, 1867, p. 135.

1685 年，前往暹罗的法国使团的记述提供了关于硝石和其他与军事用途相关商品贸易的更详细信息。比如，硝石和锡从暹罗运到中国（这里应该是指郑氏政权）；1—3 艘二三百吨的帆船载着硝石和许多其他商品前往东京；一艘去中国澳门的船，可能载着硝石。铜、锡、硝石和铅被运往苏拉特、科罗曼德、马拉巴尔、孟加拉和丹那沙林；铅、火药和一些武器被运往帝汶岛，当地"有很多葡萄牙人"[1]。火药从暹罗被运往帝汶的事实很有趣，因为它表明硝石从暹罗流向东南亚沿海地区，但这方面的资料很少。我们知道纳莱王（King Narai）将硝石和硫黄作为礼物送给了占碑。[2] 这是迄今为止唯一明确说明暹罗硝石出口到东南亚海岛地区的资料。

　　1694 年，暹罗国王再次确认铅、锡、铜、火药、苏木、槟榔、沉香、鹿皮、象牙和犀牛角为王室专卖品，但硝石却莫名其妙地从这个名单上消失了。[3]这些记载指出了一些极其重要的事实：暹罗盛产硝石，形成了王室垄断之一，并且是六大主要收入来源之一（其他五种是大米、苏木、锡、铅、金）。从中国到日本再到欧洲的记录，充分说明暹罗向许多国家出口了大量硝石，包括日本、越南、菲律宾、印度，可能还有朝鲜，以及中国大陆、台湾和澳门地区。然而，资料并没有告诉我们确切的出口数量。

　　暹罗作为一个长期出口硝石的国家，似乎并不需要进口硝石，但是在 17 世纪和 18 世纪末也出现了一些例外。首先在 1640 年，两艘荷兰海船分别装载着来自日本的 20 桶 1120 斤火药，其中至少一

---

[1] Alexandre de Chaumont and François – Timoléon de Choisy, *Aspects of the Embassy to Siam 1685*, eds. and trans. Micheal Smithies, Chiang Mai: Silkworm Books, 1997, pp. 94 – 97.

[2] Dhiravat Na Pọmphet, "Crown Trade and Court Politics in Ayutthaya during the Reign of King Narai, 1656 – 88", in J. Kathirithamby – Wells and John Villiers, eds. *The Southeast Asian Port and Polity: Rise and Demise*, Singapore: Singapore University Press, 1990, p. 137.

[3] Dhiravat Na Pombejra, "Ayutthaya at the End of the 17th Century: Was There a Shift to Isolation?", in Anthony Reid, eds. *Southeast Asia in the Early Modern Era: Trade, Power, and Belief*, Ithaca, NY: Cornell University Press, 1993, p. 256.

艘是运往暹罗的。① 这是因为日本正在出口因需求减少而十分廉价的战争物资。18世纪70年代和18世纪80年代，暹罗在当地的铁矿和硝矿已经枯竭的情况下，向清朝政府求取硝石、铁锅、大炮等战略物资。② 暹罗成为中国愿意出售硝石和其他战争物资的第二个国家（继朝鲜之后）。就如中国和朝鲜之前面对共同的敌人（日本人）一样，如今暹罗和中国也有一个共同的敌人：缅甸。如第一部分所述，1780年英国人和葡萄牙人将中国硝石运往马六甲（两艘船4000担），可能与这一时期的暹—缅战争有关。

在欧洲人到来之前，关于缅甸硝石的信息很少。16世纪后期一位中国学者指出，缅甸人从两广商人那里获得硝石和硫黄，制造火器以对抗中国，③ 说明中国曾向缅甸出口硝石。关于缅甸硝石的最早信息来自17世纪的荷兰资料。随后，在整个19世纪，英国和其他资料也有所提及。他们向我们传递了两条信息。一是缅甸似乎盛产硝石（像暹罗一样），二是缅甸很少允许出口硝石，有些年份甚至还进口硝石。

威尔·戴克（Wil O. Dijk）收集的荷兰资料为缅甸硝石问题提供了许多线索。1638年，荷兰资料记录了缅甸两次从荷兰人手中进口硝石，而荷兰人又从印度购买硝石。1638年，他隆王（King Thalun）向荷兰人求取2000维斯（1维斯等于2.4千克）硫黄和1000维斯硝石；因此后者从印度马苏利帕特南运来1500磅精制硝石（价值约为196荷兰盾）。此外，荷兰人还向缅甸出口了价值196荷兰盾的硝石。④ 下一个证据出现在1669年，当时卑明王（King Pye）禁

---

① 江树生：《热兰遮城日志》卷1，第466、475页。

② Sarasin Viraphol, *Tribute and Profit: Sino - Siamese Trade, 1652 - 1853*, Cambridge, MA: Council on East Asian Studies, Harvard University, 1977, pp. 144 - 145.

③ 冯应京：《皇明经世实用编》第3册，（台北）成文出版社1967年版，第1287—1288页。

④ Wil O. Dijk, *Seventeenth - Century Burma and the Dutch East India Company, 1634 - 1680*, Copenhagen: NIAS Press; Singapore: Singapore University Press, 2006, p. 43 and Appendix I and IV, pp. 1, 59.

止硝石出口。但两年后的 1671 年，他允许"硝石无限制和自由地出口"。然而，荷兰人推迟了出口缅甸硝石，因为他们发现缅甸硝石纯度不高，需要经过两次提炼，才能达到和印度产品一样的纯度。第二年（1672 年），缅甸没有硝石可用，大概是因为河流决堤了。① 在一个不明年份，因为荷兰人对缅甸使者的帮助以及其与缅甸长期的贸易关系，明耶觉苏瓦王（King Minyekyawdin）（1673—1698 年）允许荷兰人不限量地出口硝石，但这肯定是一个例外。②

综合所有资料来看，缅甸硝石出口是一个例外。与荷兰人一样，英国人试图从缅甸出口硝石，但没有成功。英国人在 17 世纪 60 年代初期从一篇 1661 年撰写的英文文章中了解到缅甸硝石，该文章指出勃固制造了很多"Peter"，但与普通盐混合，因而不能令人满意。③ 1680 年，他们向缅甸朝廷求取硝石，但没有成功。④ 1695 年，英国使者被缅甸官员告知"不要提及此事；因为，他们确信此事现在不会被批准"⑤。根据汉密尔顿（Hamilton）关于 1709 年情况的描述，"他们有丰富的硝石，但是出口硝石是死罪"⑥。1737 年，英国人再次尝试购买这种"越来越必要的商品"；但直到 1742 年也没有什么进展。⑦ 一本 18 世纪晚期的游记（1782—1783 年）再次提及硝

---

① Wil O. Dijk, *Seventeenth – Century Burma and the Dutch East India Company*, *1634 – 1680*, Copenhagen: NIAS Press; Singapore: Singapore University Press, 2006, p. 43.

② Wil O. Dijk, *Seventeenth – Century Burma and the Dutch East India Company*, *1634 – 1680*, Copenhagen: NIAS Press; Singapore: Singapore University Press, 2006, Appendix IV, pp. 88.

③ Thomas Henshaw, "The History of the Making of Salt – peter", in Thomas Sprat, eds. *The History of the Royal Society of London*, 1667. Partington, p. 318 引用，但是查阅 Sprat 的重印本（St. Luis: Washington University Press, 1966），我没有找到 Partington 所引用的信息。有人猜测 Partington 应该有他自己的来源。

④ D. G. E. Hall, *Early English Intercourse with Burma*, *1587 – 1743*, Calcutta: Longman, Green, 1928, pp. 106 – 111, 117.

⑤ A. Dalrymple, ed., *Oriental Repertory*, London: Ballentine, Vol. 2, 1808, p. 371.

⑥ Alexander Hamilton, *A New Account of the East Indies*, London: Hitch and Millar, 1744, p. 40.

⑦ Hall, *Early English*, pp. 229 – 230.

石出口禁令，"如能获得出口许可，可能会准备大量的硝石"①。18世纪末，英国特使海勒姆·考克斯（Hiram Cox）对缅甸的访问报告再次提及了同一禁令。②

根据一份1774—1781年勃固的法国人游记，"商业中最有利可图的部分是硝石，这在孟加拉很常见；但是这种物品是特别禁止的，国王决不允许出口"③。1764—1777年在孟加拉为东印度公司服务的詹姆斯·伦内尔（James Rennell）证实，"缅甸生产的硝石最多"④。同样，迈克尔·塞姆斯（Michael Symes）在缅甸北中部的西米孔（Summei – kioum/Si Mee Khon）看到了"最大的硝石及火药工厂"，供应王室弹药库。他还特别指出，"无论是谁请求，硝石和火药都不会被允许出口；不经大臣发行执照，哪怕是一丁点的硝石和火药都不允许出售"⑤。桑格马诺神父（Father Sangermano）也提到"人们收集了大量的硝石，所以有时十分便宜，2.5法郎（？）就可以买到300法磅；但禁止将其运出帝国"⑥。

当克劳福德（Crawfurd）于1826—1827年访问缅甸时，他发现缅甸仍从印度进口硫黄、火药、硝石和火器。关于阿瓦市面上的硝石，他特别指出："然而，它比加尔各答市面上同等质量的硝石价格

---

① William Hunter, *A Concise Account of the Climate, Produce, Trade, Government, Manners, and Trade, Customs of the Kingdom of Pegu*, London: Sewell, Cornhill and Debrett, 1789, p. 51.

② William Franklin, *Tracts Political, Geographical, and Commercial, on the Dominions of Ava, and the North West Parts of Hindustaun*, London: Cadell and Davies, Strand, 1811, pp. 76 – 77.

③ Pierre Sonnerat, *A Voyage to the East – Indies and China; Performed by Order of Lewis XV Between the Years 1774 and 1781*, Calcutta: Stuart and Cooper, 1788 – 1789, Vol. 3, bk. 4, chap. 2.

④ James Rennell, *James Rennell's Memoir of a Map of Hindustan or the Mughal Empire and His Bengal Atlas*, ed., Brahmadeva Prasad Ambashthya, Lohanipur, Patna: N. V. Publications, 1975, p. 25.

⑤ Michael Symes, *An Account of an Embassy to the Kingdom of Ava, in the Year 1795*, Edinburgh: Constable, Vol. 2, 1827, p. 7.

⑥ Father Sangermano, *A Description of the Burmese Empire*, trans. William Tandy, New York: Kelley, 1969, p. 205.

更高，确实有许多是从后者进口到勃固的。"① 在阿瓦南边的矿场，价格是 15 提卡或 30 卢比/100 缅斤（viss），比印度贵了许多。英国派驻曼德拉的政治代理人 G. A. 斯特罗弗（G. A. Strover）报告称，上缅甸的 13 个地方每年生产约 40000 缅斤硝石，包括茵莱（Inlay）地区的掸人移民到下缅甸之前所生产的 20000—25000 缅斤。他还指出，缅甸的硝石价格为 50 卢比/100 缅斤，而且"上缅甸许多地方很适合生产硝石，地表的硝石随处可见"②。

为什么缅甸国王对硝石出口的态度与暹罗王朝截然不同？一种貌似合理的解释是，缅甸可能在 17 世纪早期和 19 世纪早期的某些时刻，经历过硝石的短缺，所以不得不进口。缅甸朝廷与暹罗朝廷的不同之处在于，他们不把硝石作为税收的对象。上述证据表明，到 18 世纪缅甸的硝石产量非常充足。因此，缅甸国王似乎担心出口这种重要的战略物资会对他不利。根据一份写于 1695 年的英国资料，缅甸人反对硝石的出口"可能是因为他们十分担心和恐惧，唯恐它被用来对付自己，因此不要催逼得太紧"③。如果是这样的话，缅甸和暹罗国王对硝石的态度就迥然不同了。

（七）印度硝石东流

正如已经指出的那样，虽然印度和欧洲之间的硝石贸易受到了广泛关注，但对其向东流向远至中国的关注较少。奥姆·普拉卡什（Om Prakash）关于"硝石只出现在与欧洲的贸易中"④ 的论断已经受到质疑，并且印度硝石或以此生产的火药的东流已经受到戴克和

---

① John Crawfurd, *Journal of an Embassy From the Governor – General of India to the Court of Ava*, *in the Year 1827*, London: Colburn, 1829, pp. 78, 188, 439, 446, 436, saltpetre from UB to LB.

② G. A. Strover, "Memorandum on Metals and Minerals of Upper Burmah", *Chemical News and Journal of Industrial Science*, Vol. 28, 1873, p. 188.

③ Dalrymple, *Oriental Repertory*, Vol. 2, p. 347.

④ Om Prakash, *The Dutch East India Company and the Economy of Bengal*, *1630 – 1720*, NJ: Princeton University Press, 1985, p. 58.

弗雷的关注。特别是从 17 世纪后期开始，大量的印度硝石被运往欧洲制造火药，一部分留在印度消费，其余的则运往东南亚。前文已提到，印度硝石在 1629—1630 年被运到菲律宾。1638—1640 年，荷兰东印度公司在印度普利卡特的火药工场的 1.5 万磅火药被运往巴达维亚，还有 1 万磅运往马六甲；1643 年，普利卡特将 4 万磅火药运送到巴达维亚，并承诺很快再运送 1.5 万—2 万磅；1664 年，10.88 万磅硝石被装在 800 个三重麻袋中从孟加拉经普利卡特运到巴达维亚。① 1647 年，荷兰舰队在马尼拉湾与西班牙人对峙，要求"20000 磅火药和大量炮弹……因为他们非常需要这些武器"。由此可见荷兰东印度公司海军对硝石的需求。②

1688 年，比哈尔邦（Bihar）生产了 425 万公斤硝石，超过一半被荷兰东印度公司和英国东印度公司收购出口。比哈尔邦和孟加拉邦的消费量不到 20%，因此，有 25%—30% 进入了亚洲贸易。③ 贸易向东流向现代东南亚（缅甸、马六甲、印度尼西亚），甚至到达中国沿海地区。早在 1644—1645 年，荷兰东印度公司的船只就可能从巴达维亚经中国台湾将硝石（一艘载 275 担 19 斤，另一艘载 10860 斤）运往中国大陆，以满足明清鼎革时期的战争需求。④ 1676 年，三艘荷兰海船抵达福州，随后被叛清的三大藩王之一耿精忠扣留，船上载有价值 256937 盾的货物，包括大量硫黄、硝石和铅。显然战争需要这些货物，耿立即悉数购买。然而，第二年，荷兰硝石和硫黄的销售速度较慢。⑤ 中国曾经是硝石的出口国，但在此情况下，耿精忠和郑氏政权一样被切断了来自中国大陆的硝石供应。中国澳门通常充斥着中国硝石，但出于类似原因偶尔也会从印度购买

---

① Dijk, *Seventeenth Century*, Appendix XIX, p. 122n4.
② 江树生：《热兰遮城日志》卷 2，第 671 页。
③ Prakash, *The Dutch East India Company*, pp. 58–60.
④ 《荷兰人在福尔摩沙（1624—1662）》，程绍刚校译，（台北）联经出版事业公司 2000 年版，第 261、162 页。
⑤ John E. Wills, Jr., *Pepper, Guns, and Parleys: The Dutch East Indian Company and China, 1662–1681*, Los Angeles: Figuerao, 2005, pp. 218, 224.

硝石。17 世纪 90 年代，一位来自澳门的葡萄牙商人在孟加拉购买硝石。[1] 同样在 18 世纪 80 年代，硝石从果阿运抵澳门。[2] 17 世纪晚期，中国台湾的郑氏政权要求英国人向他们供应硝石和生铁。[3] 英国资料显示，19 世纪初中国从印度进口的硝石不断增加。到 1805 年，向中国出售的硝石已升至 287144 卢比，1824—1825 年，中国对硝石的需求量达到 294.3 吨。[4] 越南也在 19 世纪 30 年代进口印度的硝石。[5]

通常情况下印度硝石流向荷属东印度，但荷属东印度生产的硝石偶尔也会运抵印度。1740 年，随着本地治里（Pondicherry）火药工业的发展，法国人从阿钦（亚齐）进口了 20 袋硝石用于生产火药。[6] 18 世纪 80 年代，葡萄牙驻帝汶和索洛岛的总督提议，果阿与这两个岛屿建立正常的商业关系，果阿向帝汶提供纺织品、酒和铁制品，而后者则提供肉桂、肉豆蔻、硝石、水银、蜡、铜、黄铜、煤油、矿物油和烟草。[7] 这表明，帝汶的硝石可能是在这一时期生产的。唯一的详细信息是，在 18 世纪初，荷属东印度公司命令爪哇人生产硝石和其他商品进行销售。[8] 根据 1832—1834 年在东南亚旅行的埃德蒙·罗伯茨（Edmund Roberts）的说

---

[1] James W. Frey, "The Indian Saltpetre Trade, the Military Revolution, and the Rise of Britain as a Global Superpower", *Historian*, Vol. 71, No. 3, 2009, p. 515.

[2] Celsa Pinto, *Trade and Finance in Portuguese India: A Study of the Portuguese Country Trade 1770 - 1840*, New Delhi: Concept, 1994, p. 36.

[3] Derek Massarella, "Chinese, Tartars and 'Thea' or a Tale of Two Companies: The English East India Company and Taiwan in the Late 17th Century", *Journal of the Royal Asiatic Society*, Vol. 3, No. 3, 1993, p. 413.

[4] James W. Frey, "The Indian Saltpetre Trade, the Military Revolution, and the Rise of Britain as a Global Superpower", *Historian*, Vol. 71, No. 3, 2009, p. 534.

[5] George Newenham Wright, *A New and Comprehensive Gazetteer*, London: Thomas Kelly, Vol. 2, 1835, p. 486.

[6] Anon., "Vicissitudes of the Overseas Trade in Pondicherry", pp. 199 - 200.

[7] Celsa Pinto, *Trade and Finance in Portuguese India: A Study of the Portuguese Country Trade 1770 - 1840*, New Delhi: Concept, 1994, p. 38.

[8] M. C. Ricklefs, *War, Culture and Economy in Java 1677 - 1726: Asian and European Imperialism in the Early Kartasura Period*, Sydney: Allen & Unwin, 1993, p. 155.

法，菲律宾和爪哇都出口了硝石，但在后一种情况下，可能是再出口。①

（八）结论

综上所述，近世亚洲硝石的分布大致如下。印度的硝石不仅运到欧洲，还运到东南亚，包括菲律宾甚至偶尔到中国。中国是另一个"硝石帝国"，自愿或非自愿地出口硝石到韩国、越南、菲律宾、日本和马六甲。暹罗和缅甸是另外两个重要的硝石生产国。前者积极参与与其他国家（尤其是日本、越南和菲律宾）的贸易，而后者很少放松禁令。越南生产一些硝石，但数量始终不足；因此它需要从中国和暹罗进口。日本在1543年之前不生产硝石，后来逐渐开始生产；直到1600年之后，日本才从硝石进口国转变为出口国。东南亚海岛地区可能没有生产足够的硝石；因此，例如菲律宾需要从中国和暹罗进口。到目前为止，我们对印度尼西亚的硝石知之甚少，希望更多的证据能为此提供更多线索。

上文提到，陆地的硝石生产国缺少硫黄，而硫黄生产国却缺乏硝石。因此，如欲在近世发动举足轻重的火药战争，必须通过贸易获得硝石和硫黄。因此我们可以推断，近世亚洲战争是通过"亚洲大陆"和"亚洲海洋"之间的交流，即陆地与海洋的对话而成为可能的。因此，近世亚洲（和世界）的不同地区因制造火药以发动战争而联系在一起。换言之，战争与贸易紧密联系在一起，而贸易成为战争的先决条件。1614年12月27日，荷兰东印度公司的总督燕·彼得尔斯逊·昆（Jan Pieterszoon Coen）从万丹写信给荷兰东印度公司的常务董事："阁下凭经验应该清楚，在亚洲，贸易必须在你们自己武器的保护和支持下进行和维持，武器的使

---

① Edmund Roberts, *Embassy to the Eastern Courts of Cochin-China, Siam, and Muscat: In the U. S. sloop-of-war Peacock during the years 1832-3-4*, New York: Harper, 1837, pp. 53, 330.

用也必须从贸易中获得利润：所以，没有战争，贸易无以为继，反之亦然。"① 我们应该为贸易与战争之间的联系增加另一个维度，即必须进行交易才能发生战争。

近世性的这一有趣方面应该被进一步探讨。至少几项关于亚洲硝石贸易的说法应该受到质疑和放弃。在讨论 17 世纪初荷兰和英国从印度采购硝石时，布伦达·布坎南断言，"迄今为止，没有证据表明这种商品是亚洲贸易的一个特点，大概是因为用于制冰的硝石，可以被当地大量农业人口的人畜粪便所满足"②。以上证据与这种亚洲贸易无硝石的说法直接冲突，并且它清楚地表明近世亚洲的硝石贸易十分活跃。此外，"公司（荷兰东印度公司）几乎没有在亚洲进行任何硝石贸易"③ 的说法也不成立，现有证据表明荷兰东印度公司积极参与了亚洲硝石和其他战争物资的贸易。本研究也消除了詹姆斯·弗雷下列说法的模棱两可："还不太清楚，在 1530 年以前硝石是否成为亚洲陆海贸易中的一项商品。"④ 中国的硝石贸易可以追溯到 11 世纪，当时它被带到辽国、高丽和东南亚，前文已提及，下面将进行更多讨论。

传统上，印度和欧洲之间的硝石贸易广受关注。这是由于欧洲人的大量参与以及丰富的以欧洲语言记录的资料。不过，相对而言，印度的硝石贸易起步较晚。K. N. 乔杜里（K. N. Chaunduri）三十多年前曾说过，"17 世纪和 18 世纪从印度出口硝石是次大陆海上贸易

---

① 1632 年的 Joao Pinto Ribeiro（the Crown Layer of Portugal）和现代军事历史学家 Michael Howard. C. R. Boxer,"War and Trade in the Indian Ocean and the South China Sea, 1600 - 1650", in Boxer, eds., *Portuguese Conquest and Commerce in Southern Asia, 1500 - 1750*, London：Variorum Reprints, 1985 也呼应了这种荷兰的观点。第 6 章是对 Coen 评论的详细阐述。

② "Editor's Introduction：Setting the Context", in Buchanan, eds. *Gunpowder, Explosives and the State*, p. 7.

③ E. M. Jacobs, *Merchant in Asia：The Trade of the Dutch East India Company during the 18th Century*, Leiden：CNWS, 2006, p. 124.

④ James W. Frey, "The Indian Saltpetre Trade, the Military Revolution, and the Rise of Britain as a Global Superpower", *Historian*, Vol. 71, No. 3, 2009, p. 513.

史上的一个新发展"①。的确，17 世纪之前印度的硝石贸易是"达·伽马时代"思维的另一个受害者。② 1419—1420 年，江普尔（Jaunpur）编纂的波斯语词典首次将硝石列为制造火药的物品，而到了 15 世纪 60 年代，江普尔和孟加拉的统治者垄断了硝石的生产,③但它需要欧洲人的到来，在 1618 年以第一艘装载印度硝石的荷兰船只的形式，将其"公之于众"。④

在印度以东的亚洲，硝石贸易显然开始得更早，却很少受到西方学术界的关注。印度以东亚洲的硝石创造了世界历史上的几个"第一"。中国第一次禁止硝石（以及硫黄和炉甘石）是在 1076 年，当时北宋政府明显出于军事原因，禁止从河东（今山西）和河北向其对手辽国出口硝石。⑤ 1368 年明朝建立后，中国火药技术的传播特别是 14 世纪 90 年代以来，随着火药技术向东南亚大陆的传播，对硝石开采和贸易起到了更重要的刺激作用。尤其是 15 世纪后期开始的明朝禁止出口硝石（和硫黄）的官方禁令表明，这种物资的区域贸易不断升级。因此，印度以东亚洲地区相当规模（尽管数目不详）的硝石贸易比印度硝石贸易早了几个世纪。很明显，早在"达·伽马时代"之前，亚洲贸易尤其是硝石贸易就已经展现出活力，当然，欧洲人的到来将这一贸易推向了新的高度。

---

① K. N. Chaudhuri, *The Trading World of Asia and the East India Company*, 1660 – 1760, Cambridge: Cambridge University Press, 1978, p. 336.

② 有关对达伽马时代的有力批评，参见 Anthony Reid, *Southeast Asia in the Age of Commerce 1450 – 1680*, New Haven, CT: Yale University Press, Vol. 2, 1993。

③ Iqtidar Alam Khan, *Gunpowder and Firearms: Warfare in Medieval India*, New York: Oxford University Press, 2004, p. 225; James W. Frey, "The Indian Saltpetre Trade, the Military Revolution, and the Rise of Britain as a Global Superpower", *Historian*, Vol. 71, No. 3, 2009, pp. 512 – 513.

④ James W. Frey, "The Indian Saltpetre Trade, the Military Revolution, and the Rise of Britain as a Global Superpower", *Historian*, Vol. 71, No. 3, 2009, p. 518.

⑤ 《宋史·志》卷 139,《食货下八》,《互市舶法》。Needham, *Science and Civilisation in China*, Vol. 5, pt. 7, p. 126 and pt. 13, Peter Golas, *Mining*, p. 182 把这个禁令归到 1067 年是对《宋史》原文的误读。

硝石作为一种特殊的商品值得更多的关注。根据伯特·霍尔（Bert Hall）的说法，"火药绝不是一种简单的商品……（它）成为全球战争的中心……并且有助于增加制造它的家族的经济财富和政治权力"①。硝石在这其中发挥了最重要的作用。没有它，近世亚洲及世界的火药战争就不可能发生，这些国家的历史轨迹将变得不同。例如，枪支的传播改变了日本的政治命运。田中健夫（Tanaka Takeo）指出，1543年火器传播到日本对战争有革命性的影响并且促进了日本的统一，汪直的贡献功不可没。② 中国和暹罗的硝石也在日本战争中发挥了关键作用，使日本得以统一并入侵朝鲜。还有其他几个火器在不同程度上决定战争结果的例子：15世纪朝鲜击退日本海盗；1406—1407年明朝对大越的入侵；15世纪晚期，大越向南和向西的扩张以及击败占城；16世纪缅甸东吁王朝向北尤其是向东的扩张；17世纪越南内战中，南方阮氏在同北方郑氏的对抗中占据上风；1802年，阮氏在法国先进火药技术的帮助下取得了胜利。在所有这些例子中，火器还有硝石，都发挥了重要作用。硝石在亚洲商业以及地缘政治发展中的作用被忽视了，尤其是在西方学界。尽管它的规模从来不是很大，特别是与丝绸、瓷器、香料和棉纺织品相比，但它在"领土扩展"方面的独特作用是其他任何东西都无法替代的。③ 现在是时候确认火药，尤其是硝石的突出历史作用了。

致谢

我要感谢以下在收集资料、解答疑惑、作出评价方面给予我极

---

① "Forword", in Buchanan, eds. *Gunpowder, Explosives and the State*, p. xxii.
② ［日］田中健夫（Tanaka）：《倭寇与勘合贸易》（*Wakō to kangō bōeki*），（东京）至文堂（Tokyo: Shibundō）1961年版，第202页。
③ Brenda J. Buchanan, "Saltpetre: A Commodity of Empire", in Brenda J. Buchanan, ed. *Gunpowder, Explosives and the State: A Technological History* Hants, UK: Ashgate, 2006, p. 67.

大帮助的人：中岛乐章、刘仁善、李国强、宇田川武久、桃木至朗、刘序枫、韦杰夫、金国平、路易丝·寇特、山崎岳、小泉顺子、肯侬·布雷泽尔、藤田加代子。本文的写作也得益于本人于 2008 年在京都大学东南亚学术中心的访问。安东尼·瑞德的耐心督促和持续鼓励让这篇文章成为可能，而他的辛苦编辑也极大地提升了本文的质量。

东南亚研究

从主动争取到被动反应：战后马来西亚华人政治发展

[马来西亚] 廖文辉*

摘　要：二战以后的东南亚各国在反殖的民族自决浪潮带动下，纷纷要求独立，因此马来西亚华人首要面对的是在国家争取独立的情景下，在国家和身份认同上何以自处。一方面，国家独立后，作为华社代表的马华公会，主导了华人政治，却有负华社的委托，令华人的权益每况愈下。另一方面，这段时期形成马华公会、在野华人政党和华团三足鼎立的情况。整体而言，战后迄今马来西亚华人的政治发展，可谓从早期的主动争取到后来的被动反应。

关键字：华人政治；马来西亚；马华公会；民主行动党

From Striving to a Passive Response: Development of Chinese Politics in Postwar Malaysia

Lew Bon Hoi

Abstract: After World War II, countries in Southeast Asia demanded independence, which was driven by waves of anti–colonial and national self–determination. While the country struggled for independence,

---

* 作者简介：廖文辉，2009年毕业于厦门大学南洋研究院，历史学博士，现任马来西亚新纪元大学学院马来西亚历史研究中心主任、中文系暨东南亚学系教授。

the Malaysian Chinese facedthe challenge of national and personal identity issues. As the representative of the Chinese community after Malaysia's independence, The Malaysian Chinese Association (MCA) dominated Chinese politics. However, it failed to uphold what the Chinese community stood for and weakened their rights as time passed. Eventually, MCA, the Chinese opposition parties, and Chinese associations formed a tripartite. On the whole, the political development of the Malaysian Chinese since the postwar period has evolved from actively fighting for their rights to passively respond to these issues.

Keywords: Chinese Politics, Malaysia, Malaysia Chinese Associate, Democratic Action Party

纵观战后迄今马来西亚华人政治的发展，主要有三股力量在运作。首要的力量无疑是马华公会，主导华社政治逾半个世纪，直到2018年大选惨败，马华公会在华社的政治代表权，一夕崩盘，在竞选的39个国会议席中仅赢得一席，遭华社全面唾弃。其次是以董教总为代表的华团，采取配合与反对并行的立场。其间，只要华基政党能提出符合华社诉求的政策，或华社需要华基政党协助争取权益，华团就会与之合作，如公民权的争取和反对委任不谙华文的教师担任华小高职，否则华团就会坚决反对，如反对1961年和1996年的教育法令。最后是反对力量，早期以社阵为主导，1969年以后民主行动党崛起，成为华社的主要反对力量。在上述三股力量纵横捭阖以前，是一段短暂的政治真空时期，由人民抗日军来短暂接管政权。

一 战后初期：瞬间的政治真空

1945年8月15日，日本宣布无条件投降，英国殖民统治者短期内无法到来接管政权，马、新出现了两个星期的权力真空。从森林中走出的人民抗日军暂时接管马来亚，维持秩序。据说，当时柔佛共产党领导层曾向马共中央建议扣留联军人员，并由抗日军占据要津，宣布独立及设立马来亚国民政府，造成接管的事实。如果此事属实，这种行动在当时是有可能实现的。关于抗日军夺权的可能性，英国也有所防范，曾通报马新的联络员设法防止抗日军利用与日军冲突来夺取政权。不过，实际的发展是当英国在8月27日返马后，其干部及游击人员与回马的英军合作。①

在这权力真空的两个星期内，由于马共领导缺乏高远的政治意识，只顾及眼前公报私仇式的惩处执法和清算，专门对付与抗日团体或个人有过节的人士，难免引起不少民怨。更有甚者，由于日据时期担任警务人员的都是马来人，此时马来人自然而然成为"锄奸"的对象，据统计数字显示，在日本投降后的两个多星期内，警署先后遭到66次攻击，数量远远超出仅被攻击42次的日军。这种遍布各州的清算行动，自然引起马来人的不满，并导致华巫关系的紧张，进而引发二者的冲突。②

事实上，1945年5月中旬，柔佛峇株巴辖发生的种族冲突事件，可以说已经影响到两族在政治上的合作和团结。此事源于抗日军在地方征收每月三元的税收，马来人无法负担而引发的抗争冲突。事件涉及抗日军、马来村民和日军，虽然各有说辞，但马来人不满抗日军，自发地武装拒绝人民抗日军的接管，日军从旁煽动并加入攻击，都是事实。事后抗日军没有很好地处理，还变本加厉对付马来警察，无疑埋下了华巫冲突的种子。③

1945年9月5日，英军重返马来亚，即刻成立临时的军事政府

---

① 朱自存：《独立前西马华人政治演变》，载林水檺、何国忠、何启良等合编《马来西亚华人史新编》第二册，（吉隆坡）马来西亚中华大会堂1998年版，第31—32页。
② 朱自存：《独立前西马华人政治演变》，载林水檺、何国忠、何启良等合编《马来西亚华人史新编》第二册，（吉隆坡）马来西亚中华大会堂1998年版，第30—33页。
③ 陈中和：《多元族群社会的族群政治：马来民族主义和马来西亚的建国》，中国社会科学出版社2021年版，第104—105页。

(British Military Administration，BMA），除了维持秩序，同时也将治权收回，接管各地的人民委员会，抗日军也于 12 月解散并缴械。1946 年 4 月 1 日临时军政府解散，由马来亚联邦（Malayan Union）取而代之。

二 1948—1957 年：马华公会和华团的协力合作时期

20 世纪 50 年代是马新华人政治史上极其重要的年代。在 1956 年争取公民权运动以前，华人的政治态度相当冷漠，以中国为祖国，对公民权的重要性毫无概念。1948 年马华公会的成立对推动华人政治参与有其积极性，其间，华人政治最为关键的三件事情是参与选举、组织联盟和争取公民权。这些都可以视为华人积极参与国家政治的重要发端。

（一）从马来亚联邦计划到马来亚联合邦计划

1946 年 1 月，英国政府正式发表成立马来亚联邦的白皮书，建议实行马新分治的新政府。4 月 1 日，马来亚联邦正式成立。

在此计划下，有三项重要的改革。首先，调整行政隶属结构。九个马来土邦、槟城和马六甲联合组成一个中央政府，是为马来亚联邦；新加坡单独成为皇家殖民地，由英国直接管理。其次，重新组织权力架构。为统一各邦的行政与发展，各州苏丹必须将主权移交给马来亚联邦总督，同时削减州议会的权力，苏丹的地位保持，但只有处理宗教和习俗事务的大权，所有立法无须经过苏丹的认可。最后，实行新的公民权政策。马来亚联邦实行出生地主义公民权，马来人自动成为公民，非马来人须符合以下三个条件方可成为公民，即至少 18 岁并自 1942 年 2 月 15 日起的 15 年内在马新居住达 10 年、马来亚联邦成立前出世并定居者、在马来亚联邦成立或之后出生于马新以外，而其父为马来亚联邦公民者。

马来亚联邦计划令马来人不安和不满，因为马来人认为苏丹是在被迫情况下签署该协议的,苏丹丧失政权,马来亚将成为殖民地。当时华巫人口数量相近,如果非巫人可以轻易取得公民权,和巫人平起平坐,享有同样的权力,甚至马来民族可能在政治和经济上受华人支配,如此将威胁马来人的特权和地位,加剧马来民族的危机感。实际上,公民权政策的制定动机不外乎加强对华社的控制,切断华人与中国的联系,削弱中国对马来亚华社的影响,并将华社的政治抱负和政治能量导向马来亚的政治领域。更何况公民权计划中包含太多不平等、容易引发族群冲突的内容,是民族融合的障碍,而非施惠于华人。①

马来亚联邦计划虽使马来社会群情汹涌,成立"马来民族统一机构"（United Malays National Organization,简称"巫统"）以为抗争,但华印社群则显得极为冷淡,华社主要是向政府和社会呼吁保留华人的身份,实行双重国籍制,并没有针对新的政治结构与公民权等重要课题进行深入研究。这时只有多元民族色彩的马来亚民主同盟（The Malayan Democratic Union）表示在新加坡并入马来亚联邦的前提下,才接受新的体制。

马来亚联邦计划所激起的马来社会广泛抗议浪潮,使英国不得不重新思考,如果没有马来社会的支持,英殖民政府是无法有效行使其统治的。此外,英殖民政府更为担心马共和激进马来人趁机制造叛乱,因此希望通过争取马来人的谅解与合作,来削减马共的政治影响力,并借此消除马来民主左翼政党的势力。1946年7月英人成立工委会,并于12月发表报告,主要建议有以下几点。第一,成立马来亚联合邦（Federation of Malaya）中央政府,维持各邦的个别性,给予效忠马来亚的人民公民权。第二,马来亚联合邦受英国保护,包括九个邦和槟城、马六甲。第三,联邦中央政府包括高级专员、协助和备供高级专员咨询的联邦行政会议（Federal Executive

---

① 张祖兴:《英国对马来亚政策的演变:1942—1957》,中国社会科学出版社2012年版,第228页。

Council），以及联邦立法会议（Federal Legislative Council）。第四，取得公民权的资格为，在马来亚联邦出生，在过去 15 年，连续在马来亚联邦居住满 10 年；或者是移民，在过去 20 年，连续在马来亚联邦居住满 15 年。此外，还须有良好品行、懂得马来语和英语、声明有长久居住之意，以马来亚为其故乡，并效忠之。①

马来亚联合邦计划为大多数的马来人所接受，但非马来人及左翼的马来人则强烈反对。在陈祯禄的领导下，他们于 1946 年 12 月 14 日在新加坡成立"泛马联合行动委员会"（Pan‑Malayan Council of Joint Action），亦称"全马联合行动委员会"（All‑Malayan Council of Joint Action，AMCJA），并提出下列主张。第一，成立一个包含新加坡的联合政府；第二，透过民选的立法机关实施自治；第三，维护苏丹的自主权；第四，各族群应拥有平等的公民权，并要求在上述原则的基础上草拟新宪法。与此同时，一些不满巫统独揽领导权的马来左翼政党，共同组成"人民力量中心"（Pusat Tenaga Rakyat，简称 PUTERA）。

1946 年 12 月 23 日，英国公布《马来亚联合邦蓝皮书》，华社哗然，柔佛中华公会最先表态，在 1947 年 1 月 3 日的会员大会上通过"否议蓝皮书"的议案。同时，"全马联合行动委员会"和"人民力量中心"结盟，发动反联合邦运动，获得了马来亚中华商会联合会的支持，并在 3 月推出《人民宪法》（The People's Constitution），这是第一次以全民的观点提出的方案。它认定马来亚是一个多元种族的国家，所有效忠马来亚的人士都应享有平等的公民地位和权益。它也要求建立一个充分自治与统一的马来亚；设置一个民选的联合邦立法议会和内阁。《人民宪法》的主要内容有以下几点。第一，成立包括新加坡在内的马来亚联合邦；第二，推行公民权制度，国民称为"巫来由"；第三，根据出生地原则（Jus Soli），凡在马来半岛诞生者都是公民；第四，宪法下所有国民都是平等的；第五，以马

---

① 陈鸿瑜：《马来西亚史》，（台北）兰台出版社 2012 年版，第 262—263 页。

来语作为马来亚联合邦的官方语言;第六,推行君主立宪制;第七,伊斯兰教和马来风俗由马来人全权管理;第八,马来民族的发展必须受到特别关注。① 唯英方不予接受,并于1947年7月,公布马来亚联合邦宪法。故此陈祯禄在8月17日召开了一场由马来亚中华商会联合会,以及各商业团体和社团组成的大型会议,组成联合阵线,议决在10月20日于马新两地发动全国性的罢市行动(Hartal),企图通过这个方式来迫使英殖民政府作出让步。全国罢市虽然取得显著成果,但其巨大的经济破坏力却适得其反,令英国有所忌惮,致使英国与巫统更加紧密地合作,拒绝在政治上作出任何妥协。当"马来亚联合邦"宣布时,陈祯禄本拟发动第二波罢市行动,由于没有得到任何响应而功败垂成。②

1948年2月1日,英国宣布成立"马来亚联合邦",由九个马来州属、槟城及马六甲所组成,新加坡仍为皇家殖民地。马来人的特权也在马来亚联合邦宪法下获得明文保障。在新的政体下,非马来人的公民权资格相对严格,申请者有以下限制。必须是马来土邦苏丹的子民;必须是在槟甲出生的英国子民并在马居住15年;任何在马新出生的人,其父母在马新出生或居住15年者;在马新出生并在12年中最少有八年居住马新或20年中至少15年在此居住者;申请时要宣誓效忠,并且懂得巫、英语。非本地出生的华印居民如果曾经在本邦连续居住15年者,可通过口试等手续申请公民权。据估计,在1948年的五百万总人口中,有三百万成为马来亚联合邦公民。

(二)紧急状态(1948—1960年):马华公会初试啼声

在日据时期与英国合作抗日的马共,于二战后成为合法的团体,

---

① 廖文辉:《马来西亚:多元共生的赤道国度》,(台北)联经出版事业有限公司2019年版,第395—396页。

② Tan Ding Eing, *A Portrait of Malaysia and Singapore*, Singapore: Oxford University press, 1975, pp. 228-229.

积极活动，招收会员，1946—1947 年先后发动 300—600 场罢工。当时马来亚联邦虽然已经成立，但基本上仍然是英国的殖民地，并没有太大的改变，加上马共的活动常遭英殖民当局的镇压和取缔，无法取得当政者的认同。1948 年，马共决定改变策略，放弃以宪制手段达到政治目标的方式，选择武装斗争。马共将未缴付的武器捡出，组织马来亚民族解放军（Malayan Races Liberation Army）在林间活动，打游击，攻击警局，杀害欧人园丘主和国民党人员，发动罢工。马共也组织"民运"以传布共产党的口号、提供物资援助和情报，并招收志愿军，在抗英行动上发挥了极大作用。

1948 年 6 月 12 日，马共在柔佛杀死三名国民党党员，15 日在和丰杀死 3 名欧籍胶园经理，由于事态严重，迫使英殖民统治者率先在霹雳、柔佛和森美兰各州发布紧急状态令，随后在 7 月 12 日宣布马来亚联合邦进入"紧急状态"。同时也在 7 月 23 日宣布马共及其三个外围组织为非法组织，马共的活动走入地下。为了有效对付马共，英殖民政府同时颁布《紧急法令》（Emergency Regulation），其主要内容包括宣布左翼政党和左翼团体为非法组织，禁止他们从事共产党活动；可以未经审讯扣留任何涉嫌从事共产党活动者；将干扰或破坏国家安全者驱逐出境；凡是与共产党串谋、非法拥有武器、恐吓公众人士以及援助共产党者都将被判处死刑。然而马共无惧英国的对付，继续他们的抗争。

为了镇压马共，英殖民政府调动英军、廓尔喀雇佣兵（The Gurkhas）、英联邦国家军队、马来兵团及警察部队在各地进行剿共行动。与此同时，也在一些地区颁布戒严令，并在全国各地进行路检，检查可疑人士，以此钳制马共活动。此外，也在全国各地推行身份证制度，凡 12 岁以上者皆须登记领取身份证，无法出示身份证者即被视为马共。英殖民政府在剿共初期因为军警人员不足、经费庞大，无法制止马共的游击战，加上马共得到森林边缘人民的支持，以及"民运"组织给予的物资情报协助，使得打击马共的成效不大。

紧急状态初期，马华公会的成立是马新华人社会至关重要的大事，主导了半个多世纪华人的政治风向。事缘英殖民政府在清剿马共时，将大量马共同路人的华人嫌疑分子驱逐回中国，至1950年8月，已经有三万五千名以上的华人被驱逐出境。为了解决华人面对的困境，以陈祯禄为首的马华公会于焉成立。

陈祯禄（1883—1960），马六甲峇峇，祖籍福建漳州。在马来西亚的建国史上，他促使华人与马来人平起平坐，一改华人依附在马来政权和英殖民政权之下的窘境。[①] 他早年从商，并任马六甲地方议会会员、海峡殖民地立法议会议员和执行委员，日军入侵时，举家移居印度。1943年，在印度寓居期间，他创立"海外华人协会"（Overseas Chinese Association）并担任主席，他也提呈有关马来亚前途的备忘录给英殖民大臣，说明光复返马后将成立一个华人协会，以争取马来亚华人的利益。陈祯禄战后回到马来亚，通过总商会，召集全马代表大会，讨论马来亚华人前途的问题，第一次会议于1947年在新加坡中华总商会召开。1949年在中华总商会的呼吁下，全国华团于雪兰莪中华大会堂议决组织马华公会，并征得数千名华人加入成为会员，马华公会正式成立。

马华公会成立之初定位为福利组织，当时有鉴于华人大量遭驱逐出境，为避免更多华人被驱逐出境，马华公会建议在国内广设新村，将乡区华人集中一处，围上铁丝网，并实施戒严。当时受影响的华人约有五十七万，人身自由受限，自然无法参与任何马共的活动。而马华公会成立的宗旨就是协助迫迁的华人重建家园，筹资帮助华人建造房屋、安置家属和开辟耕地。马华在1950年开始发行彩票，首奖四十万元，是当时华社奖金最高的彩票，并以此筹款作为新村福利。1951年，马华公会宣布为政党，陈祯禄担任第一任总会长。作为政党的马华公会已经不再适合贩售彩票，故此1953年，前后开彩共18期的福利彩票只好结束。

---

① 张晓威：《陈祯禄：一个国家、一种人民、一个政府》，载何启良主编《马来西亚华人人物志》第1卷，（八打灵）拉曼大学中华研究中心2014年版，第234页。

1950年6月，毕利斯（Harold Briggs）被钦差大臣葛尼（Sir Henry Gurney）委任为剿共指挥，毕利斯计划即他的首个计划，其概念是通过集中管理并切断外界对马共的支援和联系，尤其是森林边缘的地区，同时也可起到保护人民免于被马共威胁的作用。其做法是将散居森林边缘及矿区的居民，迁移到被铁丝网围绕着并在军警控制下的集中营，以断绝马共的粮食供应和情报来源。另外，使用粮票配粮，并限制人民的行动。在这个计划下，约有五十万华人被分配到约数百个地区，这些被围起、有警卫守卫、有基本建设如民众会堂、水电、诊疗所等类似集中营的地区，也就是后来所谓的"新村"（Kampung Baru）。同时也进行饥饿行动，迫使饥饿的马共走出森林给予剿灭，无奈之下马共只好转移，也有部分投降和被杀。毕利斯计划极为成功地削弱了马共的势力。

1951年10月，钦差大臣葛尼（Henry Gurney）在前往福隆港（Fraser Hill）途中遭马共狙击，中弹身亡，他是马共所杀英殖民官员中位阶最高者。第二年，邓普勒（Gerald Walter Robert Templer，1898—1979年）继任为钦差大臣，他发挥了军人本色，加强剿共力度。1952年，邓普勒推行地方警卫队（Home Guard），所有18—20岁的青年必须登记受训，以协助剿共。一般警卫团可分成两类，一类只负责围篱内新村范围的巡逻，没有制服和配枪；另一类则穿有制服并有枪械配备，需要接受特训，负有在林区巡逻守卫之责，并可随军警协助剿共。截至1954年，已有23营的军员。

邓普勒也引进"黑区"和"白区"的概念，马共活跃的地区为黑区，英殖民政府继续严密监视，实施戒严令，而治安受控制的则为白区。他认为只靠军事打压是无法成事的，因此他也采用心理战术，如修订和放宽公民权条例以让更多人成为公民；开放公务员职务给成为公民的非马来人；任何逮捕、杀害马共或提供情报者都以奖励金作为鼓励；投降的马共可获得宽赦，并允许重新生活；统一各类型学校和教科书，以团结国民；推行市政局和地方议会选举，以获取人民对英殖民政府的支持。他的政策极其成功，有效牵制了马共的活动，到 1953 年，马共的武装活动已减少 80%，在《紧急法令》下被逮捕的约有三万人。1954 年，他功成身退返回英国，其职务由麦基里莱（Ronald MacGillivary）接任。

1957 年 8 月 31 日，马来亚宣布独立。首相东姑阿都拉曼再次宣布自愿投诚的马共将获得大赦。随着大批马共陆续走出森林，政府在 1960 年 7 月 3 日正式宣布结束持续 12 年的紧急状态。马共残余部队退到马泰边境的森林继续活动。直到 1989 年，马共才与马来西亚及泰国政府签署协定，正式放下武器，结束武装斗争。

马共在马来亚独立建国方面到底扮演怎样的角色？其功过如何，实有讨论的必要。以下的资料或许有助于对事实的了解。澳洲国家档案局的《华玲会谈会议记录》有这么一段东姑阿都拉曼对马共的评论："首先，我要感谢他们对我有信心而出来与我会面。他们一定要记得我不是来裁判他们……他们为独立而在森林战斗。"（文件编号：A1838/TS383/5/2）东姑阿都拉曼在其回忆录里有以下看法："华玲会谈在马来亚历史上具有划时代的意义"；"紧急状态产生的唯一好事是我与陈平的会谈。由于这次会谈，我们把主动权从马共手里抢了过来，然后去伦敦，坐在会议桌前同英国人谈独立，为我们的国家争取自由。华玲直接导向独立"。陈平也认为："马共并不全然失败，马共最大的成就就是把英国人赶出马来亚。有人认为英国被迫提前十年，甚至 25 年让马来亚联合邦独立。"李光耀在其回忆录里也有以下评论："如果马来半岛不曾发生恐怖主义事件，使得英国人可能蒙受向共产党投降的耻辱，东姑阿都拉曼也就绝不可能单靠在乡间向人数越来越多的马来人演说而争取到马来亚的独立……在战前的印度，由于没有共产党的威胁，消极的宪制抵抗手段，要经过好几十年才能收效。"可以这么说，如果没有马共的武装斗争，如果没有马共与东姑阿都拉曼合作的潜在危险，英国将不会让马来亚在"紧急状态"还未结束的情况下实现独立。[①] 从上述言

[①] 张祖兴：《英国对马来亚政策的演变（1942—1957）》，第 188、200 页。

论不难看出，马共是国家走向独立的推手，功不可没。但马共的武装斗争导致许多人伤亡，却也是不争的事实。

（三）华人公民权运动：马华的有心无力

自 1950 年年初开始，英殖民政府已准备推行地方议会制，实行民选。此举的目的在于缓和反殖情绪并加强地方的统治。1951 年年底至 1952 年年初，槟城、马六甲和吉隆坡分别举行市议会选举。值得注意的是，吉隆坡的选举是巫统和马华首次携手合作，两党组成"联盟"（Alliance）阵线，赢得 12 席中的 9 席，其中马华赢下所有的议席。1952 年年底，该党也赢得其他四个市议会的选举，为 1955 年的大选奠定了合作的基础。[①] 1954 年 10 月，马来亚印度人国民大会党（MIC）也加入华巫联盟，组成"华巫印联盟"（The Alliance）。1955 年打出代表三大民族利益的口号，并以争取独立、结束紧急状态为政纲，参加马来亚第一次大选，以狂风扫落叶的姿态，横扫 52 席中的 51 席，剩余的一席为泛马回教党（The Pan-Malayan Islamic Party，简称回教党，PAS；现称伊斯兰党，简称伊党）所赢取。

甫告成立的马来亚自治政府，首要处理的问题就是根据其竞选政纲，颁布大赦令，呼吁马共放下武器，与马共在华玲进行会谈。1955 年 12 月，首席部长东姑阿都拉曼应马共书记长陈平的请求，于 12 月 28 日及 29 日在吉打华玲进行和谈。政府方面的代表除东姑阿都拉曼外，还有新加坡首席部长马绍尔（David Marshall）以及马华公会会长陈祯禄。马共则由陈平、拉昔·迈汀（Rashid Maidin）及陈田为代表。会中马共提出了三项建议，作为它放弃武装斗争的先决条件。第一，承认马共为合法政党；第二，取消对马共人员在放下武器后的各种限制；第三，取消马共人员的身份调查。但上述的建议遭东姑阿都拉曼全面否决，并提出马共自行解散，加上马共无法接受投诚后的忠诚调查，此举无异于投降，谈判在第二天

[①] 陈鸿瑜：《马来西亚史》，（台北）兰台出版社 2012 年版，第 277—278 页。

即宣告破裂。

1956年，国家独立在即。5月，英国委派以李特（Lord William Reid）为首的独立制宪委员会准备制宪。委员会到马来亚各个主要的大城市，与各政党、各民族的代表会面，听取他们的意愿。在制宪委员会访问各城市时，华人团体皆向委员会提呈备忘录，要求在宪法中保障非马来人的权益，其主要内容有在马来亚出生者皆自动成为公民；所有公民一律享有政治、教育及经济上的平等权利，担负平等责任；华文和淡米尔文也应定为官方语言等。而当时最为关键的是华社公民权的争取。

然而华社似乎仍然没有意识到公民权的重要性，对政治相对冷漠，大部分人仍然是以中国为祖国，认为最好可以保留双重国籍。在民主社会，没有公民权就没有选举权，也没有被选权。在即将来临的国家选举中，华社就无法参与政治活动，也会丧失话语权。然而当时的马华公会，对争取公民权无感，仅能传达华社意愿，因此争取公民权运动只能落在民间团体身上。1956年4月27日，霹雳中华大会堂、雪兰莪中华大会堂、马六甲中华总商会、马来亚联合邦华校教师会总会、雪兰莪华人行团总会五大团体号召于吉隆坡精武山举行"全马华人注册社团代表争取公民权大会"，共有七百余社团，千多名代表，齐集一堂，怒吼"我们要公民权"。经过五小时讨论后，大会一致通过《争取公民权宣言》及四条决议，作为华人对马来亚联合邦宪制的基本要求。第一，凡在本邦出生的男女均成为当然公民；第二，外地人在本邦居住满5年者，可以申请为公民，免受语言考试；第三，凡属本邦的公民，其权利与义务一律平等；第四，列华、巫、印文为官方语言。大会一致推举教师总会的代表林连玉撰写大会宣言。

华团代表大会过后向李特制宪团提呈由全马1094个注册华团联名签署的《马来亚联合邦华人注册社团代表大会备忘录》，一致要求"重订马来亚宪制事"，结果音讯全无，不受正视，因此大会决定于1957年5月径自派代表团去英国请愿。及至8月初，独立的马来亚宪制经会议通过时，四大要求仍未被采纳，宣告争取公民权的失败。英殖民政府对马来亚各民族采取分而治之的策略，倾向于认同马来统治者及马来政治精英以马来民族为中心的国族建构议程，最终导致华团代表大会公民权运动的失败。之后的公民权工作已无关争取，而是协助华人申请公民权。

有鉴于当时大部分华人并没有公民权，华团极力要求在马来亚独立后，即1957年9月1日至1958年8月31日，开放一年时间给华人申请公民权。虽然无法争取出生地主义而让华人成为当然公民，但鉴于公民权的重要性，华团如何协助华人在有限的时间内申请公民权就成为当务之急。当时二百多万华人中有超过一百多万具有成为公民的资格，马华公会也决定连同华团协助华人申请公民权。不过，全国地域辽阔，华裔人口众多，设站处理也好，挨门逐户访问也好，进度缓慢，令人焦虑。后来林连玉以教总主席的名义发函散布全国各地的29个分会，请于所属区域内发动华校的校长与全国教师，协助学生家中成员申请公民权。果然立竿见影，申请人数直线上升，单尊孔中学就有12000份。及至优待期届满，共计七十多万华裔获得公民权。①

从公民权的争取，可以看出马来亚华人对国家认同的转向。1945—1949年，大部分华人仍然眷恋中国，以中国国民自居，完全没有意识到公民权的重要性。1950—1955年，是国家认同转向的过渡时期，若干有识之士已经意识到公民权的重要性，并掀起争取公民权和参政权的运动，其中林连玉在1951年取得公民权最具代表性。但是广大民众仍然无动于衷。1956年以后，国家独立在即，华人国家认同的转变势在必行，民众开始觉醒，争取公民权，放弃中国国籍，成为马来亚的公民。②

---

① 姚丽芳：《林连玉与公民权》，https://www.orientaldaily.com.my/news/wenhui/2014/11/29/6414，2021年12月21日。
② 崔贵强：《新马华人国家认同的转向（1945—1959）》，厦门大学出版社1989年版，第3—4页。

三　建国以来的华人政治

国家独立以后，马华公会就逐渐无法扮演作为争取华人权益的角色，进入千禧年甚至一度失声，不敢在政策上进行任何权益的争取，只能在技术问题上修修补补，在政治上完全隐身。虽然马华公会在政治上的表现不符合华社的要求，但不得不承认马华公会是马来西亚独立后华人政治的代表，华人政治的牵动者。如果要了解马华公会在国家独立以来的历史发展，或许可以从以下几个面向来观察。

一是马华公会内部早期也有党争，但林苍佑、林敬益、曾永森等人基本上还能站在民族权益上发声，并有相关的政治理想和论述，但最后皆铩羽而归，多少反映了马华公会保守的一面，任何改革的诉求最后必然不敌党内当权的保守力量而以失败告终。20世纪80年代以来的党争是你死我活的派系和个人恩怨斗争，已经无关民族权益和政治理想。二是马华公会的改革。自"五·一三"事件惨败以后，马华公会曾进行数次革新，希望借此提升华社的认同和支持，然而革新的项目不是无关痛痒，就是无疾而终，甚至有的还是为了对抗华社而设立的项目，如拉曼学院的设立就在于消除独立大学的支持。整体而言，马华公会的革新效果并不明显。三是在各个领域的溃败。我们甚至可以说，自独立以来，马华公会就不曾在任何政策的争取上成功过，乃至噤声，不敢发言。由于马华公会长期服务于政府部门，熟悉官僚的日常运作，故此还能在政策执行层面上监督摆正，勉强维持局面，不至于迅速败退，但也无助于提升华人的权益。

（一）马华公会的发展

1. 党争的倾轧

1958年，马华公会内讧，林苍佑挑战当时的总会长陈祯禄，可谓是独立后华人政治的头件大事。作为少壮派代表的林苍佑最后成功以89票击败陈祯禄的67票。林苍佑当上会长后提议修改党章增强中央委员会的权力，并为来年的大选提出两个重大的华人政治命题。首先，要求马华公会在104个国会议席中分得40个席位，一改原有的竞选28个议席。其次，要求华社将华文教育的总要求列入联盟的竞选纲领。前者属政治代表权问题，后者是为保障母语教育而设，这两个政治命题，无疑是往后华人社会在国家政治中最常遭遇的关键问题。[①] 然而，林苍佑的要求遭巫统主席东姑阿都拉曼拒绝，加上元老派卷土重来，最后只好辞去总会长之职，他前后只担任了18个月的会长。这无疑埋下了往后马华公会只能成为巫统应声虫的伏笔。

这次的党争使林苍佑的支持者纷纷退出马华公会以独立人士的身份参选，导致马华公会丧失了一些议席，在竞选的31席中只赢得19席。林苍佑也选择在1960年12月退党，陈祯禄的儿子陈修信则在1961年成为第三任总会长。

1973年，以林敬益为首的少壮派开始在马华公会内酝酿一股改革的力量，他们在各地进行各项运动，以推行改革，更在林敬益的基地霹雳成立干训班和"兴汉社"，同时向党领导层发起挑战，非难马华公会必须"更有效地代表华人"，表示将会在8月的选举中角逐总会长一职，身为总会长的陈修信即刻采取行动，开除林敬益的党籍，并在接下来的几个月连续开除了158名领导和会员。

1979年，李三春领导下的马华公会，锐意革新，似乎大有作为，没想到又出现空前的党争。曾永森和何文翰分别提名竞选总会长和署理总会长之职，曾永森大声疾呼"与其跪着生，不如站着死"。最后李三春获胜，事后将异己一一铲除，以巩固其领导地位。李三春的获胜，令马华公会的领导信心倍增，并在1982年的大选上提出"大突破"的口号，李三春本人以身作则，直接攻打芙蓉华人选区，

[①] 何启良：《独立后西马华人政治演变》，载林水檺、何国忠、何启良等合编《马来西亚华人史新编》第二册，第75页。

挑战行动党主席曾敏兴，摆脱马华公会依靠马来选票当选的窘境。这次的选举马华公会大获全胜，然而不可思议的是，大选后如日中天的李三春，突然宣布辞去所有党职，急流勇退。之后便爆发了一场长达20个月的党争，当时的副首相甚至建议马华公会暂时退出国阵，待家务事解决后再才归队，这再次消耗了马华公会的元气。

1984年，接任马华总会长的梁维泮受到了以陈群川为首的集团的挑战，引发了历时20个月的党争，令华社普遍生厌，连国阵老大巫统也大为反感，最终陈群川击败了梁维泮，登上总会长之职。然而，一星期后却因新泛电事件而身陷牢狱。

1999年大选后，总会长林良实与时任署理总会长的林亚礼因内阁官职安排而于2000年公开决裂，加上2001年收购《南洋商报》控制权风波，马华公会派系斗争愈演愈烈。后在首相马哈迪的干预下，二者双双引退，方才平息风波。更为糟糕的是2008年"308"大选后，马华公会只有15人当选国会议员，31人当选州议员，可谓1969年以来最差的选举成绩。从此马华公会党内的斗争，无日无之，直到2018年大选输剩一席后才停止。

2008年，为败选负责的总会长黄家定辞职，随后翁诗杰当选总会长，蔡细历为署理总会长，二者的关系却势如水火，在连番的角力中，蔡细历于2010年击败翁诗杰当上总会长。2013年5月5日第13届大选，马华公会在全国竞选37个国会议席与90个州议席，只赢得7国11州席位。大选后，蔡细历与署理总会长廖中莱的关系恶化，经过一轮恶斗，蔡细历最后遭中央代表否决，廖中莱取而代之。2018年"509"大选马华公会更是惨遭灭顶，只有一人当选国会议员，二人当选州议员。廖中莱宣布裸退，魏家祥当选总会长。连续十年的内耗，马华公会基本无心于华社，华社也开始唾弃马华公会，马华公会在华社的影响，已到历史新低。

2. 马华公会的改革运动：功败垂成

1969年大选的惨败使马华公会的权威被挑战。大选后陈修信曾宣布退出内阁，但最后还是留在联盟担任内阁部长。1971年国会复会时，马华公会却丢失了财政和贸工等重要内阁部长职务，马华公会在内阁的代表权进一步萎缩，只能迎合巫统，难有作为。为了挽回声誉，自20世纪70年代开始，马华公会进行了多次自强运动和改革计划，却因为长年累月的内讧，元气消耗殆尽，改革不见成效。

1969年大选后，副首相伊斯迈（Tun Dr Ismail Abdul Rahman）曾经讥讽马华公会"半生不死"，此话大大刺激了马华公会领导。1971年马华公会发动华人大团结运动，希望借此起死回生，遂于2月7日在吉隆坡召开华人社团领袖大集会，并通过六点宣言。[①] 此后，先后在怡保、芙蓉和槟城等城市举办集会，反应热烈，万人空巷。此项团结运动轰轰烈烈，却在一年不到的时间烟消云散，是内部两方意见不合所致。团结运动是由两股力量拱成的，政党以马华公会会长陈修信为代表，非政党以搞华团起家的李裕隆为代表。陈修信的目的是以团结为手段来壮大马华公会，后者则认为应该超越政党，甚至打算另组"马来西亚华人全国团结运动"，但申请遭到拒绝，这时华社才恍然大悟，原来华人团结是在为政治和政党服务。认识到此种的动机和目的，参与者自然兴致缺缺，最后华人大团结运动自然就不了了之。[②]

1974年陈修信辞去总会长之职，由李三春接任，他上台后进行了一系列改革，共有五大计划，即发展华人基金、筹建马华总部大厦、华人文化计划、扩充拉曼学院、广招新会员。在这些计划下，

[①] 六点宣言："1. 吾人深信本邦马来西亚欲得稳定、安宁及进步，则所有人民，不论其种族源流，必须团结。2. 吾人坚信马来西亚华人，必须本身团结一致，方能对巩固国家团结，作有效的贡献。3. 吾人坚信，每一马来西亚人之平等自由权利，不受转移亦不可侵犯，此种权利超出所有政治、社会、文化及经济的范畴。4. 吾人坚信必须尽一切所能，以提高各种族未达水准者之地位，俾本邦经济繁荣得众人与共之。5. 吾人更坚信每一位马来西亚人之福利与安全，必须受到国家之保障。6. 因此，吾人保证对本邦效忠不二，且贡献性命，保卫国家，团结一致维护宪法，并依据国家原则之精神与其他民族合作，在民主公平马来西亚之社会，促进经济、社会及政治之进展，使人人有平等享受的机会。"《中国报》1971年2月9日。

[②] 何启良：《独立后西马华人政治演变》，载林水檺、何国忠、何启良等合编《马来西亚华人史新编》第二册，第89—90页。

陆续成立了华人文化协会和华仁控股私人有限公司（Huaren Holding Sdn. Bhd.），马华公会总部大厦得以矗立。李三春担任总会长的马华公会是自成立以来较有朝气，具备革新气象的时期，不幸的是，他辞退党职后所引发20个月的党争，令马华公会的改革无法进一步巩固和扩充。党争结束后，陈群川接任总会长，但马华公会的噩梦并没有因此结束。陈群川当上总会长仅一个星期，即因新加坡新泛电公司财务纠纷入狱，出狱后又因股票亏空被马来西亚法院判决入狱。尤有甚者，马华公会领导层马青总团长兼贸工部部长的纪永辉和马华公会全国组织秘书兼副青年、体育、文化部部长的黄循营，也涉及1986—1987年的华人金融合作社舞弊事件。事缘陈群川为李三春重用，负责主持马华公会旗下马化控股公司的成立和发展，并成功吸引成千上万的华裔投资者，马化控股公司一度成为华社最红的股份，华社无不趋之若鹜。陈群川被捕，马化控股公司也崩溃了，合作社的亏空使一万多位存款人蒙受其害，无论是华人社会的经济力量、士气，都受到严重的打击。李三春和陈群川的暴起暴落，使马华公会陷入了前所未有的领导信任危机，令马华公会领导层的信誉跌至谷底。[①]

（二）反对党和华团参政

除了马华公会，在外围发挥一定政治作用的华基反对党和华团，亦是不可忽略的力量。

1. 反对党的崛起

新加坡的人民行动党在马来西亚成立后于新加坡举行大选击败社阵，进而进军马来半岛。李光耀提出两个挑战，即质疑马来特权的治国理念和取马华公会而代之。在这段时间，李光耀不断强调不分种族的"马来西亚人的马来西亚"，1964年的全国大选，行动党

[①] 何启良：《独立后西马华人政治演变》，载林水檺、何国忠、何启良等合编《马来西亚华人史新编》第二册，第99—100页。

派出的11名候选人，仅有一人当选。1965年反对阵营在新加坡召开会议，成立"马来西亚人民团结总机构"（Malaysian Solidarity Council），与联盟打对台，行动党和巫统关系恶化，最后在伦敦养病的东姑首相决定让新加坡退出马来西亚。①

新加坡退出后，不认同马华公会者就另谋出路。不久后以多元种族主义为基础、以华人政治诉求为主的人民行动党和马来西亚民政运动先后注册成为政党，填补了新加坡人民行动党退出后的真空。1966年，在马来西亚发展的人民行动党为了有立足之地，以民主行动党为名进行注册，仍然继承"马来西亚人的马来西亚"理念，1967年7月20日的"文良港宣言"宣示了党的主张——种族平等、财富公平分配、维护社会正义、经济多元计划等。1969年的全国大选，该党初试啼声即拿下13个国会议席和31个州议席，成为国会最大的反对党。民政党则于1968年成立，系林苍佑离开马华后和部分劳工党领导合作，联合专业人士、学术人员和劳工领袖，共同成立。1969年，它以反对党的身份参选，一举夺下槟州政权，令人瞩目。此后，开启了近半个世纪三个华基政党此消彼长、相互竞争的局面。

1969年5月10日，第三届全国大选，联盟得票率出乎意料的低，仅有49.1%，在104个国会议席中只取得66席，三分之二的优势被打破，马来的政治权利和特权受到挑战。获胜的反对阵营意气风发，趾高气扬，在首都吉隆坡举行胜利大游行。此举激怒了激进的巫统分子，进行反制，结果引发种族流血冲突，是为"五·一三"事件。实际上，这是一场巫统内部的矛盾、有计划的政变，却以种族冲突来转移民众的视线。翌日，最高元首宣布国家进入"紧急状态"，解散国会，国家由以敦拉萨（Tun Abdul Razak）为首的"国家行动理事会"执政。此次事件对1970年以后的政策和运作影响重

---

① 何启良：《独立后西马华人政治演变》，载林水檺、何国忠、何启良等合编《马来西亚华人史新编》第二册，第79—80页。

· 110 ·

大，是马来西亚一党独大、土著主义至上政治体制的开始，已同独立以来多元体制的"协和民主"产生了意识上的决裂。① 强力冲击了华人政经文教各领域，华人政治正式进入全面溃败的阶段。

1969年崛起的民主行动党，在20世纪70年代却发生严重的党内斗争和分裂。林吉祥接任秘书长一职后，即整顿党务，奠定了他在华社反对党领导的形象。民政党却在1972年加盟国阵，摇身一变成为执政党，主政槟城。当时身为民政党一员的陈志勤（1919—1996）坚持其不加入执政党的理念，并组织社会正义党（Socialist Party of Malaysia）。在马来西亚的民主政治中，陈志勤被誉为"反对党先生"，除了多次被执政党拉拢而不为所动，终生以反对党人为荣，更重要的是他在国会"无畏无私"的发言，为民请命，在批评之余，也提出建设性意见，同时赢得执政党与反对党的敬重和人民的爱戴。最为传奇的是，他虽然三易其党，仍然连续当选吉隆坡甲洞区国会议员，可见其名望之高。

民政党加盟国阵以后，即以槟城为其基地。1986年、1990年、1995年，连续三届全国大选，民政党皆遭到林吉祥领军的行动党的围攻，林吉祥先后发动三次"丹绒战役"，挑战民政党在槟城的执政地位。行动党当时正经历1982年大选的打击，必须寻找一个突破口，林吉祥选定槟城，此举也为往后行动党执政槟城打下了基础。"丹绒一役"林吉祥挑战由林苍佑领导的民政党，大胜许子根，也拿下甘榜哥南（Kampung Kolam）州议席，并一举赢得10个州议席，是行动党在槟城有史以来最辉煌的成绩。突破一点，带动全面，"丹绒一役"让行动党取得建党以来的最佳战绩，收获24个国会议席和37个州议席，成为国内最大的反对党。"丹绒二役"在巫统党争落幕，党内分裂，加上两线制的加持，林吉祥战胜时任槟城首席部长

---

① Kua Kiat Soong, *May 13*: *Declassified Document on the Malaysian Riots of* 1969, Suaram Komunikasi: Selangor, 2007, pp. 23-28；何启良：《独立后西马华人政治演变》，载林水檺、何国忠、何启良等合编《马来西亚华人史新编》第二册，第84页。

的林苍佑。然而"丹绒三役"却惨遭滑铁卢,行动党只赢下一个槟城州议席。①

1995年的大选也是行动党有史以来的惨败,全国只取得9个国议席和11州议席。1998年副首相安华(Anwar Ibrahim)由于揭发首相马哈迪领导下政府的各种贪污、腐败和朋党丑闻,在《内安法令》下被捕入狱,掀起了"烈火莫熄"(Reformasi)运动。2008年第12届全国大选,公正党、行动党和伊斯兰党三大在野党达成协议,在各选区以一对一的方式与国阵竞选,结果意外打破国阵在下议院超过三分之二议席的局面。行动党也一举拿下槟城,组织槟州州政府。4月1日,三党组成民联(Malaysian United Democratic Alliance)。2015年,由于伊斯兰刑事法的争议,伊斯兰党与行动党断交,民联瓦解。

自纳吉担任首相以来,其贪污腐败的丑闻无日无之,尤其是一马公司(1Malaysia Development Berhad)的丑闻,涉及庞大的债务。前首相马哈迪重做冯妇,团结在野政党,自组土著团结党,2018年大选,终于推翻国阵61年的统治,一举夺下42个国会议席。行动党秘书长林冠英担任联盟时期的财政部部长一职,其他担任内阁部长的华人行动党领导有交通部部长陆兆福、能源科学科技气候变化与环境部部长杨美盈、国际贸易与工业部副部长王建民、卫生部副部长李文材等。此时可谓是行动党的高峰。没承想2020年年初的喜来登政变(Malaysian Political Crisis),却将行动党打回原形,成为在野党。

2. 华团的政治参与

早于1956年争取公民权运动时,华团已经开始参与政治。1971年,华团代表也曾响应马华公会华人大团结运动的号召,由于政治目的太强,很快就烟消云散。马华公会虽然声称代表华社,但每每

---

① 作者不详:《丹绒战役——林吉祥的敢想与敢做》,https://therocket.com.my/cn/2021/02/22/,2021年12月30日。

在关键时刻总是无法为华社争取任何权益，甚至还节节败退，每况愈下。华社经历了20世纪70年代的政治低气压，静极思动，在20世纪80年代兴起一股华人在各方面的复兴运动，华团企图投身政海改变原有局面。1982年，董教总参政，掀起了一股华教人士参政的风潮，同时也带动两线政治的发展。

1982年大选，董教总率先提出"三结合"的概念，即联合华裔执政党、反对党和华团三方面的力量，里应外合，共同捍卫华人的权益。一批董教总的华教人士如法律顾问郭洙镇、槟城理科大学讲师许子根加入民政党，喊出"打进国阵，纠正国阵"的口号，积极参政。他们在国阵旗帜下竞选，许子根成功赢得槟城丹绒选区，郭洙镇则在吉隆坡甲洞区落败。然而，"打进国阵"却无法"纠正国阵"，反被国阵纠正，证明这种策略的失败，最后董教总与政党分道扬镳。

1985年，全国15华团拟定《马来西亚全国华团联合宣言》，董总主席林晃昇等人成立"全国华团民权委员会"，提出"贯彻华团联合宣言第一阶段九大目标"①的争取原则。此外，为了表明反国阵的立场，推出"两个政线"的概念，但是拒绝支持任何政党。1986年的大选虽然失败，但以林晃昇为首的27名华团人士，宣布加盟行动党，正式提出"两线制"的概念。教总主席沈慕羽的一番话最能道出华团人士参加反对党的原委："华团人士如今加入反对党是被迫得无路可走，只好走上梁山，因为几年的奋斗，政府都不能接纳我们的建议。"② 在这届大选里，行动党在槟城取得14席位，只差三席就可执政。

纵观这段时期华团人士的参政比20世纪70年代华人大团结运

---

① 九大目标："(1) 废除"土著"与"非土著"的区分，反对土著利益至上的经济政策；(2) 严厉取缔非法移民，以维持社会安全；(3) 选区划分，必须遵从"一人一票"的公平民主原则，使各选区选民数目大致相同；(4) 文化资产的制定必须承认及接受我国社会的多元性本质；(5) 公平对待各源流学校及各族语文；(6) 建立廉洁有效率的行政体系，严厉对付贪污；(7) 全面发展新村，把新村发展纳入国家发展主流；(8) 政府应尽速处理批准符合条件之公民权申请书；(9) 重新检讨违反基本人权的法令。"

② 《星洲日报》1990年8月21日。

动来得具体和实际，对政治的认识和参政深度，也有很大的进步。然而因为缺乏政党政治的操作经验和意志，在面对20世纪90年代国阵较为开放的政策时，其不足就暴露了出来。① 1991年2月28日，首相马哈迪医生正式提出"2020年宏愿"的概念，认为要在2020年使马来西亚成为工业先进国，其中的挑战之一是"建立一个团结的马来西亚，塑造一个政治效忠和为国献身的马来西亚族"。"2020宏愿"提出后便成了20世纪90年代以后国阵的重要政治口号和治国策略。宏愿里提出的不分种族的"马来西亚族"和以经济为前提的目标，被华团解读为国阵开放和政策宽大，完全扭转了华社对国阵的不良印象。1990年中华大会堂联合会（简称堂联，1997年易名华总）在申请多年后，终获社团注册局批准成立，是政府和华团紧张关系的转折点。林玉静获选总会长以后，采取亲政府的协商路线，"民权委员会"受冷落，十五华团领导机构解体。1994年吴德芳担任第二届会长时也质疑华团宣言的正当性。1995年的大选中华工商联合会和堂联竟然发表声明支持国阵政府，华团一连串去政治化的举动无疑是第七届全国大选国阵以狂风扫落叶之姿大获全胜的主要原因，华团这种内部自我消解的动作，令两线政治的理念一去不返，反对党也遭遇前所未有之惨败。②

四　结语：从主动争取到被动反应

马来西亚华人政治的发展可以分成两个时段来了解，1961年则是分水岭。1961年之前基本上是成功的，并能取得政治上的成就。20世纪初期参与推翻清朝，建立"中华民国"的革命运动，经历了20世纪40年代抗日卫马的保家卫国战斗、1956年争取公民权的运

---

① 何启良：《独立后西马华人政治演变》，载林水檺、何国忠、何启良等合编《马来西亚华人史新编》第二册，第105页。

② 何启良：《独立后西马华人政治演变》，载林水檺、何国忠、何启良等合编《马来西亚华人史新编》第二册，第1111—112页。

动，到1957年争取独立，成为建国的主人翁。华人在政治上发挥积极作用，为马新政治做出了贡献。1961—1971年，华人的政治力量每况愈下，甚至一蹶不振。

《1961年教育法令》的通过，标志着华人政治第一次大溃败，作为华基政党的马华公会，不仅没有护卫，甚至为虎作伥，到全国各地华校游说接受改制，令教总和林连玉等人以十年时间艰苦捍卫的华校，一夕崩盘。形成往后华文教育近六十年的艰苦局面，至今华社还在承担当时造成的伤害。

20世纪70年代，一连串在政治、经济和文化方面不利于华社的法令相继出炉，如1971年的《新经济政策》、1971年出台的国家文化政策、1974年成立的国民阵线，以及1975年《工业协调法令》规定华人上市公司土著必须拥有30%的股权，马华公会皆无所作为，任人鱼肉，连财政部部长一职也失去了。这是华人政治的第二次大溃败，马华公会曾经尝试振作，为此搞了个华人大团结运动，不仅无补于事，还徒留笑柄，形成往后任人宰割的局面，至今无法扭转。如今变本加厉，规定货运公司交出51%股权给土著，这已经是明目张胆的抢劫。

从1961年到20世纪70年代初期，马来西亚华人在政经文教各领域可谓一败涂地，造成华人此后举步维艰的局面，不断地应付来自各方面的阻挠和刁难。所以马来西亚华人从20世纪70年代开始有二等公民的感受，接着巫青团建议"将叶亚来丢进吧生河""进入千禧年华人回唐山""华人是外来者"的论调此起彼落，不曾中断。这些都是政治大溃败所造成的必然后果。

目前华社在文化、社会和经济领域仍有一定的话语权，主要依靠强大的社会资本和经济韧力，以及中华文化留给华人子孙的良好传统和观念在支撑。这些是华社的堡垒，必须固守，否则后果不堪设想。如果"355"法案国会三读通过、51%股权最终落实，是否标志着第三次政治大溃败的降临，华社承受得起这波冲击吗？

美国智库的越南研究：议题、观点与影响力

庞卫东　张志宽*

摘　要：随着越南在美国印太战略中的地位不断提升，美国智库对越南的关注度逐渐增强，关注的主要议题包括美越关系、越南经济、战争遗留问题、印太战略、南海问题等。大部分智库学者对美越关系的前景持乐观态度，所提政策建议基本可分为三方面，一是将美越关系提升为战略伙伴关系；二是建议美国政府就人权、民主、宗教等问题向越南施压，促使越南以更加符合美国利益的方式推进革新开放；三是借助越南和南海问题，阻遏中国崛起，分化中国与东盟国家的关系。通过简单量化分析大体可知，战略与国际研究中心和德里克·格罗斯曼等智库及学者在美国对越政策方面有较大影响力。

关键词：美越关系；印太战略 智库；议题；影响力

Vietnam Studies of U.S. Think Tanks: Major Issues, Points of View and Influence Evaluation

Pang Weidong　Zhang zhikuan

Abstract: As Vietnam's status in the U.S. Indo-Pacific strategy

---

* 作者简介：庞卫东，男，郑州大学历史学院教授，主要从事东南亚史、南海问题及华侨华人研究；张志宽，男，郑州大学历史学院2021级硕士研究生。

continues to rise, U. S. think tanks are paying more and more attention to Vietnam. The main topics of concern include U. S. – Vietnam relations, Vietnam's economy, war legacy issues, Indo – Pacific strategy, and the South China Sea issue. Most think tank scholars are optimistic about the prospects of U. S. – Vietnam relations, and their policy recommendations can basically be divided into three aspects: upgrade the U. S. – Vietnam relationship to a strategic partnership; suggest that the U. S. government put pressure on Vietnam on issues such as human rights, democracy, and religion, prompting Vietnam to promote reform and opening up in a way that is more in line with the interests of the United States. With the help of Vietnam and the South China Sea issue, China's rise is blocked and the relationship between China and ASEAN countries is divided. Through simple quantitative analysis, it can be generally seen that think tanks and scholars such as the Center for Strategic and International Studies and Derek Grossman have greater influence on the U. S. policy towards Vietnam.

Key words: U. S. – Vietnam Relations; Vietnam; Think Tanks; Influence

在东盟国家中，美国一直希望将越南打造成"印太支点"，因而对越南进行了大量的战略投资。近年来，美国智库对越南也颇为关注，发布了不少研究成果，部分成果明确提出了"以越制华"的建议。深入分析美国智库的越南研究成果，可以在一定程度上把握美国对越政策走向，为中国采取相应的对策提供有益参考。

中国学界关于美国对越政策的研究主要集中于美越防务安全合作、美越关系和美越经贸合作等议题，比如成汉平从"印太战略"视域对美越围绕南海问题进行战略互动的路径、目标、影响进行了梳理。[①]

---

① 参见成汉平《"印太战略"视域下美越围绕南海问题的战略互动：路径、目标与影响》，《亚太安全与海洋研究》2019年第2期。

张华威考察了21世纪美越政治、军事、经济合作的发展原因、过程及局限性和未来走向。[1] 宋清润和杨耀源论述了美国与越南海上安全合作的发展与制约因素。[2] 李春霞探讨了越南加强美越关系的战略考量。[3] 蒋国学和杜升论述了后冷战时期美国对越南的影响，并指出美国国内对美越关系的不同认知是制约美越关系深入发展的原因。[4] 屈光隆将美越关系发展分为政治正常化、贸易正常化、反恐背景下的合作、"亚太再平衡"战略下的战略互动等几个阶段，并总结了各阶段的特点。[5] 覃丽芳和赖洁林认为，特朗普政府的相关政策不仅无法有效减少贸易逆差，反而刺激了美国海外企业转移至越南以规避风险。[6] 刘洋提出，在中美战略竞争的背景下，越南因处于枢纽地位而在外交方面占据策略主动性。[7]

以上研究虽然对美越关系发展的原因、路径、影响进行了较为系统的梳理分析，但多是从政府层面进行研究，从美国智库的角度来探讨美国对越政策的文章相对较少，仅刘建华、朱光胜[8]、庞卫东[9]等人在分析美国智库关于南海争端的研究时涉及美越关系、中越

---

[1] 张华威：《21世纪美越关系新变化及其对中国的影响》，吉林大学，硕士学位论文，2018年。

[2] 宋清润、杨耀源：《美国与越南海上安全合作的发展与制约因素》，《和平与发展》2020年第5期。

[3] 李春霞：《从敌人到全面伙伴：越南发展对美关系的战略考量》，《国际论坛》2014年第4期。

[4] 蒋国学、杜升：《后冷战时期美国对越南影响分析》，《和平与发展》2014年第3期。

[5] KHUAT QUANG LONG（屈光隆）：《建交后越美关系研究》，华东师范大学，博士学位论文，2019年，第1—175页。

[6] 覃丽芳、赖洁林：《特朗普政府时期美国与越南经贸关系表现及分析》，《东南亚纵横》2021年第4期。

[7] 刘洋：《中美战略竞争背景下的越南地位与外交选择》，《南亚东南亚研究》2022年第3期。

[8] 刘建华、朱光胜：《试析美国智库对美南海政策的影响》，《太平洋学报》2017年第4期。

[9] 庞卫东：《美国智库的南海研究：主要议题、观点分歧与影响力评估》，《智库理论与实践》2022年第4期。

关系、越南的战略地位等问题,且上述成果并未评估哪些智库及智库中的哪些学者对美国的对越政策产生了较大影响。

本文选取美国 8 家对越南较为关注的国际事务类智库作为研究对象,即战略与国际研究中心(Center for Strategic and International Studies)、布鲁金斯学会(The Brookings Institution)、兰德公司(The RAND Corporation)、传统基金会(The Heritage Foundation)、对外关系委员会(Council on Foreign Relations,CFR)、外交政策研究所(Foreign Policy Research Institute,FPRI)、贝尔弗科学与国际事务中心(The Belfer Center for Science and International Affairs)、威尔逊中心(Woodrow Wilson International Center for Scholars)。通过分析这 8 家智库 2017 年以来关于越南问题的研究成果,归纳智库研究的主要议题和特点,分析不同智库的立场和观点,初步判断哪些智库以及智库中的哪些学者在影响美国的对越政策。

一 美国智库关于越南研究的主要议题和特点

自 1995 年美越关系正常化以来,两国关系发展迅速。2017 年以后,越南在美国外交战略中的重要性日益凸显。特朗普上台不久便邀请越南总理阮春福访美,而阮春福也是首位到白宫做客的东盟国家领导人。同年年底,特朗普访问越南,并声称美越全面伙伴关系是自由和开放的印太地区的重要组成部分。[1] 特朗普成为首位上台第一年就访问越南的美国总统,也创下两年内美国总统两次访问越南的记录,足见美国对越南的重视程度。拜登政府则进一步希望将两国关系提升至战略伙伴关系。2021 年 8 月 25 日,美国副总统哈里斯访越期间表示,越南对美国继续在印太地区发挥重要作

---

[1] *President Donald J. Trump's Trip to Vietnam*, TRUMP WHITE HOUSE, November 12, 2017, https://trumpwhitehouse. archives. gov/briefings - statements/president - donald - j - trumps - trip - vietnam/.

用有着特殊的重要性和意义,强调加强美越全面伙伴关系建设,进一步提升双边关系。①

随着越南在美国外交战略中的地位不断提升,美国智库对越南的关注度逐渐加大,与之相关的研究成果明显增多。2017—2022 年,上述 8 家美国智库共发布 109 个与越南相关的研究成果,具体议题见表1。

表1　　8 家美国智库 2017—2016 年涉越南主要议题

年份(年)	主要议题	成果数量	年度成果总量	年度占比(%)
2017	越南经济	2	14	15.38
	美越关系	3		23.07
	越南战争	2		15.38
	南海争端	3		21.42
2018	美越关系	5	18	27.78
	南海争端	3		16.67
	越南战争	3		16.67
2019	越南经济	3	22	13.64
	美越关系	3		13.64
	南海争端	3		13.64
	越南国防建设	3		13.64
	河内峰会	3		13.64
2020	越南抗击新冠	2	18	11.11
	美越关系	7		38.89
	越南经济	2		11.11

---

① Remarks by Vice President Harris in Press Conference in Hanoi, Vietnam, THE WHITE HOUSE, August 26, 2021, https://www.whitehouse.gov/briefing-room/speeches-remarks/2021/08/26/remarks-by-vice-president-harris-in-press-conference-in-hanoi-vietnam/.

续表

年份(年)	主要议题	成果数量	年度成果总量	年度占比(%)
2021	美越关系	12	25	48.00
	越南女性地位	3		12.00
2022	美越关系	2	14	15.38
	俄越关系	3		23.08
	越南战争	4		30.77
	越南经济	1		7.14

从表1可知，在年度议题中，美越关系、南海争端、越南战争、越南经济在美国智库议题中位居前列。若将2017—2022年作为一个整体来看，分析美越关系的成果数量有32个，居首位；其后是有关越南战争及越战遗留问题的研究成果11个；南海争端与越南经济并列第三，各有8个研究成果。美国智库学者虽对越南能源转型、越南抗疫模式、女性地位变化有所关注，但是研究成果较少，总体上聚焦于政治、国防、外交领域。通过归纳分析美国智库关注的议题可以发现，智库关于越南研究有以下三个明显特点。

首先，美国智库研究明显以影响美国对越政策为主要目标。从选题上看，智库学者的关注重点在于美越关系，以深化美越两国在各个领域的合作为研究目标，包括经贸合作、海上安全合作、解决战争遗留问题、共同遏制中国在南海的主权主张，等等。尽管智库学者从不同的角度和立场出发，提出的政策建议不尽相同，但他们的出发点是维护美国在东南亚的主导地位，强化美越双边关系。大部分研究成果不仅评论事件本身，而且常常指出美国对越政策的不足，并最终提出进一步深化美越关系的解决方案。

其次，智库学者的建议凸显"中国威胁论"和"以越制华"的色彩。在涉及中越关系特别是南海争端的议题上，一些保守派智库学者无视客观事实，肆意抨击中国在南海合理合法的维权行为，把中国诬蔑为"修正主义国家"，而把美国描述为地区秩序的捍卫者，通过与中国对抗来帮助东南亚国家。① 研究成果的题目在一定程度上可以反映出智库学者对华立场倾向性，例如黄乐图的《中国对越南专属经济区的入侵和过去的教训》；德里克·格罗斯曼的《越南军队能否在南海对抗中国》《越南是中国军队首选的热身战》；阮丰的《越南可以从中国对韩国的经济打击中学到什么？》。

最后，宏观研究与微观研究并重。美国智库中从事越南研究的学者大多数是美国的东南亚问题和中国问题专家，长期关注越南和中国现状、美越关系、美中关系、美国与东盟的关系，并习惯将越南问题置于印太战略的宏观背景进行研究。同时，这些智库专家对涉及越南的突发事件和热点问题能够快速反应，分析事件背后的逻辑，预测各方的反应以及可能的发展趋势。例如，大多数智库针对疫情形势下的产业转移、2019 年"万安滩对峙"、越共十三大等事件都及时发布了相关评论和报告，并提出了政策建议。这些分析与建议不仅针对事件本身，更突出事件对整体局势的影响。

二　智库对美越关系的看法与建议

智库研究不同于传统的以探索和求知为目标的学术研究，智库学者大多站在美国的立场上分析美国的对外政策，以维护美国国家利益作为根本出发点和落脚点，研究结论具有强烈的功能主义和实用主义色彩。由于智库自身的政治倾向、学者关注焦点有所不同，因此对外交议题的看法也不尽相同。本文拟以智库关注度最高的议

---

① Bich T. Tran, *No Trade-Off: Biden Can Both Deepen U.S.-Vietnam Ties and Promote Human Rights*, June 3, 2021, https://www.csis.org/analysis/no-trade-biden-can-both-deepen-us-vietnam-ties-and-promote-human-rights.

题——美越关系为例,分析智库对该议题的看法,借以管窥美国智库的越南研究概况。

(一)关于美越现状与前景的看法

绝大多数智库学者都对美越双边关系发展持乐观态度,认为两国关系的深化对于维护亚太地区的和平与稳定起到重要作用。首先,智库学者高度肯定越南经济发展所取得的成绩,并对其发展前景充满信心。布鲁金斯学会的雅克·莫里塞特指出,在经济全球化和结构转型的推动下,越南在过去十年中不仅是增速第二快的经济体,而且几乎消除了极端贫困,贫困率从 1992 年的 53% 降至 2018 年的不到 2%。[1] 战略与国际研究中心的黄乐图认为,越南正在成为东南亚新的数字强国,并且已成为该地区动态增长的中心。[2] 传统基金会的安东尼·B. 金指出,越南位于印太地区的中心地带,这个充满活力的地区蕴藏着巨大的机遇。随着越南继续接受更多的自由市场原则,它应该被视为美国日益重要的战略经济伙伴。[3] 其次,智库学者认为安全议题是美越关系发展的重要动力。战略与国际研究中心的格雷戈里·波林等人认为,河内和华盛顿之间政治关系的真正驱动力是他们对地区安全的共同愿景。越南和美国对中国在亚洲的长期意图感到焦虑。[4] 兰德公司的德里克·格罗斯曼指出,越南可以说是

---

[1] Jacques Morisset, *What do Vietnam and Cristiano Ronaldo have in common*? June 9, 2020, https://www.brookings.edu/blog/future-development/2020/06/09/what-do-vietnam-and-cristiano-ronaldo-have-in-common/.

[2] Huong Le Thu, *Vietnam's Twin Tech Challenge*: *Spearheading While Catching Up*, February 17, 2022, https://www.csis.org/analysis/vietnams-twin-tech-challenge-spearheading-while-catching.

[3] Anthony B. Kim, *As Growing Trade Partner*, *Vietnam Improves Economic Freedom*, August 21, 2020, https://www.heritage.org/international-economies/commentary/growing-trade-partner-vietnam-improves-economic-freedom.

[4] Gregory B. Poling, *Simon Tran Hudes*, *and Andreyka Natalegawa*, *The Unlikely*, *Indispensable U. S. -Vietnam Partnership*, July 6, 2021, https://csis-website-prod.s3.amazonaws.com/s3fs-public/publication/210706_Poling_USVietnam_Partnership.pdf?LGO812csRRGAwO9TofEcJ4vJb76d1Tk1.

美国在印太地区最重要的合作伙伴之一。越南体现了白宫印太战略的"自由和开放"价值观,因为面对中国日益侵入性的经济和军事力量,河内正在寻求外部力量来制衡中国。①

部分智库学者对美越关系发展持谨慎态度。首先,他们对越南的人权状况和宗教问题多持批评态度。传统基金会的奥利维亚·伊诺斯指出,对越南来说,言论自由会危及"国家安全"。越南2017年和2018年的政治犯的人数比前几年有所增加。针对外界对越南人权记录的批评,越南政府则是进一步强化对言论自由的控制。② 同属传统基金会的莱利·沃尔特斯认为,越南《网络安全法》将影响5500万越南人访问互联网,还可能引发人权问题。③ 兰德公司的德里克·格罗斯曼指出,目前越南的人权状况可能比特朗普甚至奥巴马政府时期更糟糕,这将使其遭到美国更多的批评。④ 其次,智库学者指出,美越在意识形态上的分歧及越战阴影仍是影响双边关系深化的障碍。外交关系委员会的埃莉诺·阿尔伯特认为,尽管越南越来越多地将其与美国的安全合作视为对中国自信的制衡,但越南人对美国意图挥之不去的不信任、强烈的独立意识和民族主义意识,以及对激怒北京的担忧,都限制了河内迅速扩大与华盛顿的安全关系。⑤ 战

---

① Derek Grossman, *Vietnam's Remarkable Month of Balancing Against China in the South China Sea*, March 26, 2018, https://www.rand.org/blog/2018/03/vietnams-remarkable-month-of-balancing-against-china.html.

② Olivia Enos, *To Vietnam, Freedom of Expression Is a "National Security Offense"*, May 25, 2018, https://www.heritage.org/asia/commentary/vietnam-freedom-expression-national-security-offense.

③ Riley Walters, *Vietnam's New Cyber Law Raises Human Rights Concerns, Threatens Vietnam's Entrance Onto the Free Trade Stage*, Jun 28th, 2018, https://www.heritage.org/asia/commentary/vietnams-new-cyber-law-raises-human-rights-concerns-threatens-vietnams-entrance-the.

④ Derek Grossman, *How U.S.-Vietnam Ties Might Go Off the Rails*, Rand, February 1, 2021, https://www.rand.org/blog/2021/02/how-us-vietnam-ties-might-go-off-the-rails.html.

⑤ Eleanor Albert, *The Evolution of U.S.-Vietnam Ties*, March 20, 2019, https://www.cfr.org/backgrounder/evolution-us-vietnam-ties.

略与国际研究中心的艾米·西莱特在参加众议院举行的海上运输听证会作证时指出，对于越南和杜特尔特时代的菲律宾等国来说，海军合作仍很敏感，海岸警卫队合作被视为一个适宜的"安全空间"。①

尽管智库学者对越南的看法不尽一致，但整体上都认为加强两国合作有利于制衡中国在亚太地区的崛起，对两国关系发展前景持乐观态度。正如约书亚·库兰齐克所言，"尽管有充分的理由质疑未来几年美越关系的发展轨迹，但是发展势头是积极的，而且很可能会保持这种势头"②。

（二）智库学者对深化美越关系的政策建议

虽然各智库的政治倾向、学者的专业背景和关注焦点有所不同，但其出发点皆是为维护美国在东亚和东南亚的主导地位与国家利益，因此智库学者所提的建议具有一定的相似性，这些政策建议大体可概括为以下三方面。

1. 深化美越两国在政治互信、经贸投资、防务安全、人文交流、战争遗留问题等领域的合作，最终将两国关系提升为战略伙伴关系

外交政策研究所的约瑟夫·M. 西拉库萨指出，未来除加强政治和安全关系、贸易和投资外，河内和华盛顿还必须投入更多的时间和资源，为两国的繁荣而发展民间关系。为此，美越需要保持更多的高层交流与对话、经济刺激倡议、国际事务合作框架、人文交流项目。③ 外交关系委员会的约书亚·库兰齐克认为，越南是展示美国

---

① Amy Searight, *U. S. Coast Guard Cooperation with Southeast Asia: Maritime Challenges and Strategic Opportunities*, CSIS, March 10, 2020, https://www.csis.org/analysis/us-coast-guard-cooperation-southeast-asia-maritime-challenges-and-strategic-opportunities.

② Joshua Kurlantzick, *Vietnam and the United States Make Nice for Now, but Disappointment Looms*, Council on Foreign Relations, June 1, 2017, https://www.cfr.org/blog/vietnam-and-united-states-make-nice-now-disappointment-looms.

③ Joseph M. Siracusa, Hang Nguyen, *Vietnam – U. S. Relations: An Unparalleled History*, Foreign Policy Research Institute, June 23, 2017, https://www.fpri.org/article/2017/06/vietnam-u-s-relations-unparalleled-history/.

与东南亚国家关系的理想场合,应尽快启动双边贸易协定谈判,邀请越南加入四方安全对话,使越南接受自由开放的印太理念,恢复对美国作为不可或缺的外部参与者的信任,并将两国关系提升为战略伙伴关系。①

2020年10月2日,美国贸易代表办公室宣布将对越南木材和汇率相关政策发起"301调查"。此举可能会使美越经贸摩擦升级,并导致美国对从越南进口的产品征收惩罚性关税。战略与国际研究中心的西蒙·特兰·胡德斯、马修·古德曼、格雷戈里·波林、默里·希伯特多位学者都对此表示反对,认为在美越合作日益加深的背景下,潜在的关税将引起河内不满,加剧越南对美国可靠性和严肃性的怀疑,主张美国与越南谈判或由世贸组织仲裁来解决争端。② 美国贸易代表办公室在2021年1月初宣布,指责越南干预汇率以在国际贸易中获取不公平竞争优势,但不会针对上述调查结果采取任何具体措施。③

---

① Joshua Kurlantzick, *The Trump Administration Can Make the Free and Open Indo-Pacific Idea Work in Southeast Asia—With Vietnam as a Model*, November 14, 2018, https://www.cfr.org/blog/trump-administration-can-make-free-and-open-indo-pacific-idea-work-southeast-asia-vietnam.

② Gregory B. Poling, Matthew P. Goodman, Simon Tran Hudes, *Vietnam Currency Investigation: Strategy and Policy Implications*, CSIS, November 2, 2020, https://www.csis.org/analysis/vietnam-currency-investigation-strategy-and-policy-implications; Michael J. Green, Gregory B. Poling, *Biden Can Engage Southeast Asia and Still Promote Good Governance*, CSIS, November 13, 2020, https://www.csis.org/analysis/biden-can-engage-southeast-asia-and-still-promote-good-governance; Bich T. Tran, *U. S. Leadership and Vietnamese Resilience Both Require the CPTPP*, CSIS, September 16, 2021, https://www.csis.org/analysis/us-leadership-and-vietnamese-resilience-both-require-cptpp; Gregory B. Poling, Murray Hiebert, *Vietnam Party Congress Meets to Choose Leaders, Set Policy Direction*, CSIS, January 26, 2021, https://www.csis.org/analysis/vietnam-party-congress-meets-choose-leaders-set-policy-direction.

③ *USTR Releases Findings in Section 301 Investigation of Vietnam's Acts, Policies, and Practices Related to Currency Valuation*, The Office of the U. S. Trade Representative, January 15, 2021, https://ustr.gov/about-us/policy-offices/press-office/press-releases/2021/january/ustr-releases-findings-section-301-investigation-vietnams-acts-policies-and-practices-related.

2022年6月，美国将越南移出外汇操纵国名单。①

2. 建议美国就人权、民主、宗教、腐败等问题向越南施压，促使越南以更加符合美国利益的方式推进革新开放，将越南打造成东南亚的"样板"国家

针对美国对越南人权状况的担忧，战略与国际研究中心的比奇·特兰指出，拜登政府在深化与越南关系的过程中，应该尊重越南的政治制度，并将中国的"修正主义"与越南的"共产主义"区别对待，同时促进越南改善人权状况。② 传统基金会的奥利维亚·伊诺斯建议，作为世界上最值得信赖的自由捍卫者，美国必须以身作则，促使越南解决宗教迫害和歧视问题。③ 奥利维亚·伊诺斯指出，越南争取民主和环境保护的激进组织经常被视为"旨在推翻"国家的罪犯，建议美国政府就人权与民主问题向河内施压，促其做出积极回应。④ 在反腐方面，战略与国际研究中心的比奇·特兰建议，拜登政府在推进与越南进行投资、贸易、能源、安全合作时，应重点强调反腐败和经济改革在吸引外国投资方面的重要性。通过类似的方法，拜登政府可以更有效地与印太地区国家合作。⑤

---

① 《美国财政部取消对越南"汇率操纵国"认定》，越南社会主义共和国政府新闻网，2022年6月14日，https：//cn.baochinhphu.vn/%E7%BE%8E%E5%9B%BD%E8%B4%A2%E6%94%BF%E9%83%A8%E5%8F%96%E6%B6%88%E5%AF%B9%E8%B6%8A%E5%8D%97%E6%B1%87%E7%8E%87%E6%93%8D%E7%BA%B5%E5%9B%BD%E8%AE%A4%E5%AE%9A-116220614090531716.htm.

② Bich T. Tran, *No Trade - Off*：*Biden Can Both Deepen U.S. - Vietnam Ties and Promote Human Rights*, CSIS, June 3, 2021, https：//www.csis.org/analysis/no-trade-biden-can-both-deepen-us-vietnam-ties-and-promote-human-rights.

③ Olivia Enos, *Vietnamese Government Uses COVID-19 To Crack down on Christians*, August 17, 2021, https：//www.heritage.org/religious-liberty/commentary/vietnamese-government-uses-covid-19-crack-down-christians.

④ Olivia Enos, *To Vietnam, Freedom of Expression Is a "National Security Offense"*, The Heritage Foundation, May 25, 2018, https：//www.heritage.org/asia/commentary/vietnam-freedom-expression-national-security-offense.

⑤ Bich T. Tran, *U.S. - Vietnam Cooperation under Biden's Indo - Pacific Strategy*, March 2, 2022, https：//www.csis.org/analysis/us-vietnam-cooperation-under-bidens-indo-pacific-strategy.

3. 借助越南和南海问题阻遏中国崛起，分化中国与东盟国家的关系

近年来，美国一直试图通过实施前沿外交、前沿军事部署以及推进"印太经济框架"，拉拢域内外盟伴，与中国展开全方位竞争，维护美国的地区霸权。[①] 越南是美国在东南亚开展"盟伴外交"的重要支点。2020年，兰德公司的德里克·格罗斯曼在其长篇研究报告《印太地区对美中竞争的地区反应——越南》中，对加强美越合作并维护美国利益提出了涵盖多个领域的建议。他认为，加强与越南的战略互动，深化两国海上安全合作至关重要；美越两国海岸警卫队的合作可能会阻止北京对河内和其他地区主权声索国使用"灰色地带"战术；美国应该更深入地致力于消除"一带一路"倡议在这些国家造成的负面环境影响，特别是中国在湄公河沿岸修建大坝。但是，格罗斯曼反对迫使河内必须在中美之间做出选择，在中美战略博弈加剧的情况下，逼迫越南选边站队只会适得其反。[②]

战略与国际研究中心的格雷戈里·波林认为，美越伙伴关系的快速发展可部分归因于对中国的共同威胁认知，特别是在中国"侵入"南海有争议水域方面。波林等人建议，美国应与包括澳大利亚、日本、法国和英国在内的志同道合的伙伴一道，提出一项多边倡议，帮助越南和菲律宾建立一个"违法行为"数据库，收集和传播中国在南海的"违法"行为，让北京因继续使用"灰色地带"手段而付出外交代价。[③]

[①] 韦宗友：《拜登政府"印太战略"及其对亚太秩序的影响》，《当代美国评论》2022年第2期。

[②] Derek Grossman, *Regional Responses to U. S. - China Competition in the Indo - Pacific Vietnam*, Rand, January, 2020, https：//www.rand.org/pubs/research_reports/RR4412z6.html.

[③] By Gregory B. Poling, Simon Tran Hudes, Andreyka Natalegawa, *The Unlikely, Indispensable U. S. - Vietnam Partnership*, July 6, 2021; https：//csis - website - prod. s3. amazonaws. com/s3fs - public/publication/210706_Poling_USVietnam_Partnership.pdf?LGO812csRRGAwO9TofEcJ4vJb76d1Tk1.

三 智库对美国政府的越南政策的影响力评估

从理论上讲，智库确实可以对美国的对外政策产生影响。然而，现实的问题是，哪些智库在多大程度上影响了美国的对外政策。美国的外交决策是一个复杂的过程，是多部门、多官员相互博弈和妥协的结果，官僚政治、领导人的观念与能力、国际政治经济环境、利益集团的游说，等等都能对外交决策产生影响。就智库本身而言，由于众多智库都在通过不同的渠道递交研究报告或简报，很难追溯某个政策究竟出自哪家智库的哪位学者。

尽管智库的影响力存在着极大的不确定性，但还是可以尝试通过定量的办法来确定智库在某一问题上是否具有影响力。从定量的角度看，评判智库影响力的几个主要指标分别为智库整体的影响力（研究人员规模、财政预算、媒体曝光率等）、智库学者进入政府的人数、历任官员加盟该智库的人数、研究成果的数量与质量、在国会作证的次数、举办学术性研讨会、专业讲座和邀请国内外政要演讲次数，等等。

由于采集的数据有限，本文尝试从三个层面对美国智库的影响力进行简单评估。第一，从研究成果层面分析，即根据研究成果的数量、类型和质量对其进行量化赋值。第二，从智库层面分析，统计智库的年度收入、智库学者参加国会举办有关越南问题听证会的次数、智库本身举办越南问题或美越关系研讨会次数，观察智库的整体实力，以及对越南问题的重视程度。第三，从社交媒体层面分析，统计智库在推特和脸书这两个美国知名社交平台上发布有关越南研究的推文数，观察智库的网络活跃度。

首先，从研究成果的层面进行分析。本文将2017—2022年智库学者研究结果的影响力进行量化汇总。假定单个成果数量为1，若P个人合著，则每人为1/P；成果质量分为高、中、低三档，学者的影响力①等于成果数量与成果影响力相乘后汇总，智库的影响力等于所有学者影响力之和，见表2。

表2　　　　　　2017—2022年智库影响力汇总

智库	成果数量	影响力	占比(%)
布鲁金斯学会	17	23	12.63
战略与国际研究中心	24	42.76	23.48
兰德公司	21	41	22.52
对外关系委员会	24	37.83	20.78
外交政策研究所	6	10.5	5.76
传统基金会	6	13	7.14
贝尔福科学与国际事务中心	6	8	4.39
威尔逊中心	7	6	3.3
总计	111	182.09	100

由表3可知，在上述的美国8家智库中，战略与国际研究中心、兰德公司、对外关系委员会、布鲁金斯学会在美国对越政策的影响力上位列前四。就量化分数来看，前三家智库的分数相当，对美国的越南政策的影响力较强。布鲁金斯学会虽然在美国智库中的综合实力最强，但对越南问题关注度并不太高，缺乏针对性研究。其他几家智库的研究成果数量较少，影响力较弱。整体而言，美国智库对越南问题不够重视，相关研究成果较少。导致这种状况的原因可能有两点：其一，越南的综合实力不强，在经济体量、资源状况、全

---

① 影响力以研究成果对美国政策的影响程度来判定，主要参考作者本人的影响力、成果类型（政策建议型成果影响力较高、分析预测型次之、评论型和解释型最低）和成果质量，大致分为高、中、低三档，指数分别为3、2、1。应该承认，这种方法带有一定的主观性。

球军力排名等方面均落后于主要大国,即使在东盟中,其经济总量仅排第五名。① 中等国家的体量限制了智库学者的关注力度。其二,越南热度不够。近年来,越南一直处于平稳发展之中,与周边国家及主要大国保持了较为友好的关系。无论是在内政还是在外交方面,越南能够吸引智库关注的热点问题并不多。尽管越南作为南海争端的重要声索方之一,在前几年的南海争端中曾引起智库的广泛关注,但随着南海争端热度的消退,智库对越南的关注度有所下降。

表3　　　　智库对美国越南政策的影响力因素统计

智库	参加国会举办的有关越南问题的听证会次数	举办有关越南问题会议次数	2019 财年收入(美元)
布鲁金斯学会	0	1	10202 万
战略与国际研究中心	4	18	4280 万
兰德公司	0	1	34600 万
对外关系委员会	0	7	7100 万
外交政策研究所	0	0	240 万美元
传统基金会	0	0	12079 万
贝尔福科学与国际事务中心	0	1	无数据
威尔逊中心	0	0	747 万

在前文所述的8家美国家智库中,共有61名研究人员撰写过与越南问题相关的研究成果。表4列举了智库中在越南问题上有一定影响力的10名研究人员,其中涉及6家智库。

① 《预计2022年越南GDP将列东盟第5位、亚洲第14位、世界第37位》,中国驻胡志明市总领事馆经济商务处,2022年12月6日,http://hochiminh.mofcom.gov.cn/article/jmxw/202212/20221203372186.shtml,2023年1月26日。

表 4　　　　2017—2022 年智库专家影响力统计

智库	专家	2017 年	2018 年	2019 年	2020 年	2021 年	2022 年	总计
兰德公司	德里克·格罗斯曼	4	6	8	6	5	2	31
对外关系委员会	约书亚·库兰奇克	2	12	—	2	—	4	20
战略与国际研究中心	比奇·特兰	—	—	—	—	6	3	9
战略与国际研究中心	默里·希伯特	4	2	—	—	1	—	7
战略与国际研究中心	格雷戈里·波林	1	—	—	2.5	2	1.5	7
布鲁金斯学会	陈氏·玉陈	—	—	—	—	6	0.5	6.5
贝尔弗科学与国际事务中心	阮丰	1	—	5	—	—	—	—6
布鲁斯金学会	乔纳斯·斯特罗姆赛斯	—	1	3	—	—	—	4
外交关系委员会	亚当·西格	—	—	1	1	1	1	4
威尔逊中心	乔治·韦思	—	—	—	—	—	3	3

对比表 3 和表 4 可以发现一个有趣的现象，尽管战略与国际研究中心在发文数量上与对外关系委员会和兰德公司相当，但该中心却少有学者侧重于越南问题研究，这些学者大多关注东南亚问题、中国问题、亚太局势。实际上，由于越南属于中等国家且近年来缺少国际热度，在美国智库中几乎没有专门从事越南问题研究的学者。在上述学者中，值得特别关注的是兰德公司的德里克·格罗斯曼和对外关系委员会的约书亚·库兰齐克。这两位学者不仅发布了大量关于越南问题和美越关系的成果，而且其所属智库综合实力排名靠前，更为重要的是两位学者个人经历丰富，具有一定的个人影响力。

德里克·格罗斯曼加入兰德公司之前，曾为美国国防部负责亚太安全事务的助理部长提供每日情报简报，在情报界服务了十多年，是"旋转门"机制的典型代表，研究集中于情报分析、军事评估、中美竞争等领域。约书亚·库兰齐克在加入对外关系委员会之前，曾是南加州大学公共外交中心、太平洋国际政策委员会的研究员和卡内基国际和平基金会的访问学者，还担任过《时代》杂志专栏作家、《经济学人》驻曼谷记者，对于东南亚政治和经济以及中国与东南亚的关系有较深的研究。其他智库学者对美越关系的研究较少，多关注人权、越南战争的成因与教训、越南抗疫模式，成果数量较少，且持续性不强。

其次，从智库层面进行分析，即从传播渠道、财务状况、参加国会听证会的次数以及举办美越关系会议次数等指标进行研判。就传播渠道而言，智库的管理层、董事会、顾问委员会与政府和国会有着密切联系，基本能够将研究成果呈递给决策层。智库的年收入可以反映智库的规模和综合实力。智库学者参加国会举办的越南或东南亚问题听证会以及智库自己举办的越南问题研讨会次数，能在一定程度上反映国会对智库的认可度及智库对越南问题的关注度。从表5中的数据可知，战略与国际研究中心和对外关系委员会对越南问题较为重视。

表5　　智库在社交媒体发布的有关越南的推文统计

智库	推特推文（篇）	脸书推文（篇）	总计（篇）
威尔逊中心	49	26	75
对外关系委员会	32	28	60
战略与国际研究中心	24	35	59
布鲁斯金学会	33	12	45
兰德公司	21	14	35

续表

智库	推特推文(篇)	脸书推文(篇)	总计(篇)
外交政策研究所	18	5	23
传统基金会	10	7	17
贝尔福科学与国际事务中心	4	0①	4

在社交媒体上的曝光度也是衡量智库的影响力的一个重要指标。智库学者经常通过专业平台及媒体向公众兜售自己的主张，还通过在社交媒体上发布关于某一议题的评论文章来影响公众，从而形成一定规模的"民意"，使决策者感受到某种压力，最终转化为政策，从而自下而上地影响公共政策的制定。

由表5可知，智库在推特上发文较多。由于粉丝和关注度不断变化不易进行及时量化统计，上表仅列举智库在推特和脸书上关于越南的推文，根据文章数量来大致评估智库对越南问题的关注度。整体来看，威尔逊中心与对外关系委员会在社交媒体上发文数量位居前列，但这两家智库的关注点多集中在对越南战争的回顾与反思。战略与国际研究中心紧跟其后，该中心不仅推文较多且关注话题较广泛。贝尔福科学与国际事务中心在社交平台上发布有关越南的推文较少。

综合上述三个层面的分析，可大体判断在美越关系研究上，具有较大影响力的智库可能是战略与国际研究中心、兰德公司、对外关系委员会；智库中比较有影响力的学者可能为德里克·格罗斯曼、约书亚·库兰齐克、格雷戈里·波林、默里·希伯特、比奇·特兰。

---

① 贝尔福科学与国际事务中心隶属于哈佛大学肯尼迪政治学院，该学院在脸书上尚未发布消息。

四　结　论

2017—2022年，美国8家智库发布了109个关于越南问题的研究成果，对此期间的美越关系、南海争端、美国对越政策等问题进行了评析，并提出许多政策建议，在一定程度上影响了美国的对越政策。从智库的分析来看，在拜登总统任期内，两国在高层互访、经贸投资、联合军演、非传统安全、人文交流等方面将继续加强合作，两国关系有可能升级为战略伙伴关系。

美国智库的越南研究为我们提供了观察美越关系的另一个视角。从整体上看，尽管美国智库认为，美越在人权、民主、宗教等领域仍有分歧，但对美越关系的前景持乐观态度。虽然中国学界也承认美越关系近年来快速发展，但大部分学者倾向于强调，受意识形态、政治互信、中美关系，以及越南的"大国平衡"外交战略等因素的影响和限制，双方的合作具有一定的局限性，美越关系难以深入发展。这在一定程度上反映了中美学界对美越关系认识的差异。

中国学者应关注并超越美国智库的越南研究。美国智库关于越南问题的研究与中国有密切的关系，部分智库学者所提深化美越关系的建议特别是关于强化越南海上力量的建议，明显带有遏制中国的意图。因此，中国需要重点关注战略与国际问题研究中心等智库以及德里克·格罗斯曼等学者的越南问题研究，了解他们提出的涉越政策建议，从而把握美国对越政策走向。同时，中国学者也要清醒地认识到美国智库研究中存在的利益导向性、缺乏深度学理分析等固有问题，正确解读智库的越南研究，避免陷入智库学者的话语陷阱，并客观认识智库对美国外交政策的影响力。

新冠疫情下越南旅游业重启与振兴研究

谢 昂*

摘 要：新冠疫情对越南旅游业产生重大的影响，越南于 2022 年 3 月 15 日正式重启国际游客市场，以胡志明市为代表的各地方政府和旅游相关企业做好了准备，时刻准备迎接国外游客的到来。为恢复和振兴旅游业，越南政府采取了一系列激励措施和救助政策，希望将负面影响降到最低。后疫情时代，越南旅游业面临着挑战和机遇，在越南传统文化特色的基础上，越南需要借此机会推进旅游业转型，从而赢得先机。

关键词：新冠疫情；越南旅游业；旅游业重启；旅游业恢复与振兴

Vietnam's Tourism Industry:
Restart and Revitalization in the Epidemic Era

Xie Ang

【Abstract】COVID-19 has a significant impact on Vietnam's tourism industry. Vietnam formally restarted the international tourist market in March 15, 2022, and the local governments and related tourism enter-

---

* 谢昂：北京大学讲师。

prises represented by Hu Zhiming city are ready to meet the arrival of foreign tourists. In order to restore and revitalize the tourism industry, the Vietnamese government has adopted a series of incentive measures and relief policies in the hope of minimizing the negative impact. In the post epidemic era, Vietnam's tourism industry is facing challenges and opportunities. On the basis of Vietnam's traditional culture, Vietnam needs to take this opportunity to promote the transformation of tourism industry, so as to win the first opportunity.

【**Keywords**】 COVID - 19; Vietnam Tourism; Tourism Restart; Recovery and Revitalization of Tourism

自新冠肺炎疫情暴发以来，越南旅游业面临前所未有的困难。旅游业属于越南经济的龙头产业，在经济中具有重要地位。2022年3月15日，越南迎来了因新冠疫情关闭国门2年，最终决定开放国际旅游市场后的首批外国游客。本文将概述越南旅游业采取了哪些措施来减少疫情的消极影响，以及旅游业重启又给越南带来了哪些机遇和挑战。

一 新冠疫情对越南旅游业的负面影响

突如其来的新冠疫情对越南整个经济产生了巨大的影响，可以说各行各业都受到了或大或小的打击，其中，越南的主要创收行业——旅游业首当其冲。一时间，几乎所有的旅游公司被迫"停摆"，导游失业，宾馆、民宿、旅游景点都被迫关门歇业，全国上下的工作重心转向一致抗击新冠疫情。根据越南统计局的数据，在2021年前五个月，国际游客预计为81000人次，同比减少97.8%，其中搭乘飞机的游客为50500人次，同比减少98.3%，由陆路抵达的游客为30300人次，同比减少94.5%，由海路抵达的游客为193人次，同比减少99.9%。2021年全年，国际游客为15.73

万人次，同比减少 95.9%。2021 年，旅游服务出口额为 1.49 亿美元，同比减少了 95.4%。旅游服务进口额为 36.3 亿美元，同比减少 21.3%。①

各旅游公司所面临的难题是，如何在疫情下开展经营活动；许多游客反悔合同，由于疫情的影响，许多旅游业从业人员流失，产生人事变动；等等。根据统计局的数据，2020 年，住宿服务和餐饮收入预计为 1262 亿越南盾，相当于全国商贸、服务活动收入的 10%，比 2019 年第一季度减少 9.6%。

根据越南卫生部网站的数据，自新冠疫情暴发至 2023 年 2 月 25 日，越南感染人数为 11526891 例。自 2022 年 3 月 15 日开放国际旅游市场后的一个月，越南感染人数大幅下降，如图 1 所示。境外输入病例数在 3 月 25 日达到了峰值，而国内感染病例一直呈下降趋势。如越南卫生部公布的图表所附说明，越南的新冠疫情经历了四个阶段，第一个阶段，2020 年 1 月 23 日至 7 月 24 日，感染 415 例，其中境外输入病例 309 例；第二个阶段，2020 年 7 月 25 日至 2021 年 1 月 27 日，感染 1136 例，其中境外输入病例 582 例；第三个阶段，2021 年 1 月 28 日至 4 月 26 日，感染 1301 例，其中境外输入病例 391 例；第四个阶段，2021 年 4 月 27 日至今，感染 11523039 例，其中境外输入病例 5072 例，如图 2 所示。②虽然越南仍没有达到社会面完全"清零"，但总体来说，越南的新冠疫情得到了一定程度的控制，国内旅游开始复苏。然而在紧接着的一段时间，由于疫情暴发而不得不保持社会隔离的情况打断了这种复苏。③

---

① 越南统计局网站，https：//www.gso.gov.vn/。

② Bản tin phòng chống dịch COVID‑19 ngày 25/2 của Bộ Y tế‑Tin tổng hợp‑Cổng thông tin Bộ Y tế（moh.gov.vn）.

③ Đinh Thị Tuyết, Nguyễn Thị Thu Thủy, Nguyễn Thị Thanh Nhàn, Trần Việt Hoàng, Đỗ Văn Phúc, *Tác động của dịch bệnh COVID‑19 đến ngành du lịch Việt Nam*（新冠疫情对越南旅游业的影响），https：//osf.io/bjdek/.

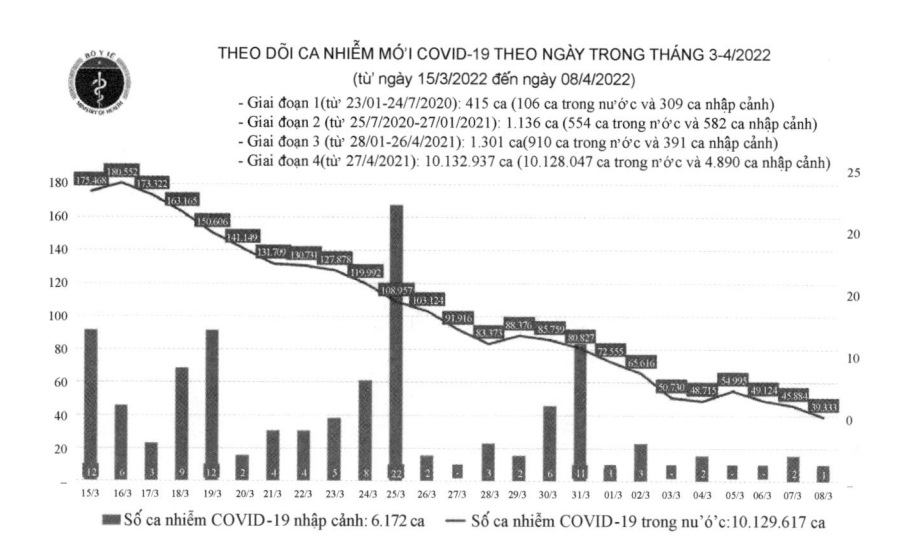

图 1　2022/3/15—2022/4/8 数据

条状为境外输入病例数，线状为国内感染病例数

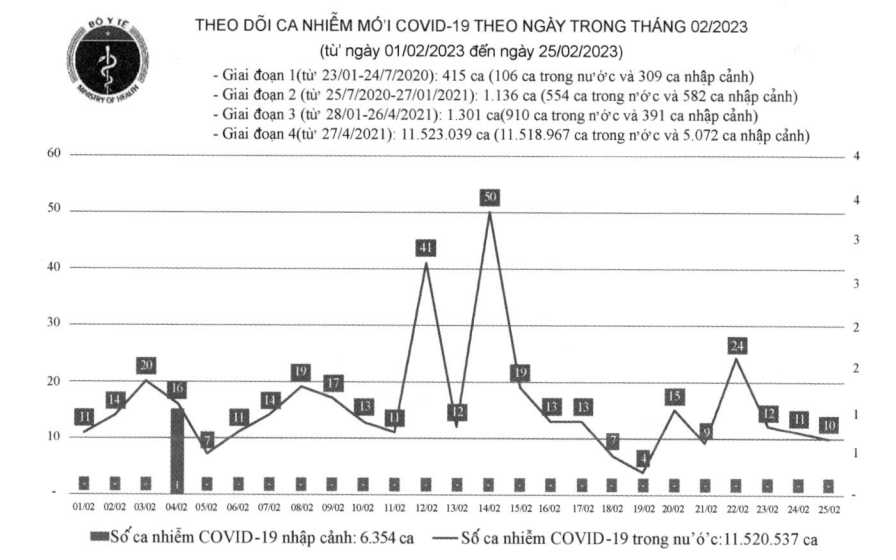

图 2　2023/2/1—2023/2/25 数据

条状为境外输入病例数，线状为国内感染病例数

二 越南为旅游业重启所做的准备

虽然越南旅游业受到重创，但是越南政府为恢复和振兴旅游业做了一系列的准备工作，随时准备好重启旅游业。

（一）帮助旅游业从业人员渡过难关

根据越南文化体育旅游部的统计，全国具有导游证的导游人数为 26721 人。其中有 16965 人为国际导游，8743 人为国内导游，1013 人为当地导游。

由于新冠疫情，2020 年越南旅游业亏损超过 200 亿美元，大约 40%—60% 的旅游业劳动人口失业或减少了工作时间；有 95% 的国际旅游公司停止了经营；许多宾馆关门，宾馆入住率有时候只达到 10%—15%。疫情导致的旅游业的停滞已经对航空、宾馆、餐饮等社会生活和相关行业产生了深远的影响。也就是说，旅游业的劳动力特别是导游遇到了前所未有的困难，并强烈需要及时的救助。

中央政府于 2021 年 7 月 1 日颁布的第 68 号决议规定：给在 2021 年 5 月 1 日至 2021 年 12 月 31 日期间，受新冠疫情影响的、具有导游证的导游每人一次性救助 371 万越南盾。[①]

时隔 6 天，总理范明政又于 2021 年 7 月 7 日签发第 23 号决定，旨在落实不久前中央政府的第 68 号决议，即救助因新冠疫情而面临困难的劳动者的政策，其中仍然包括导游。第 23 号决定第 8 章第 2 条目第 31 至 34 条内容规定了对导游的救助政策。

---

① Đinh Thị Tuyết, Nguyễn Thị Thu Thủy, Nguyễn Thị Thanh Nhàn, Trần Việt Hoàng, Đỗ Văn Phúc, *Tác động của dịch bênh COVID-19 đến ngành du lịch Việt Nam*（新冠疫情对越南旅游业的影响），https://osf.io/bjdek/.

第 31 条，救助对象和条件。

满足以下条件的导游可以获得救助：

1. 根据旅游法的规定具有导游证。

2. 与旅游公司、导游公司有劳动合同；是导游协会会员；旅游景点或旅游区管理人员。

第 32 条，救助金额和发放方式。

1. 救助金是每人 371 万越南盾

2. 形式为一次性发放。

第 33 条，救助申请表

1. 救助申请表按照本决定后附附录 10。

2. 以下扫描件

（1）与旅游公司或者导游公司的劳动合同，有效期在 2020 年 1 月 1 日至提交救助档案之日之间。

（2）导游行业协会会员证。

第 34 条，申请程序和手续

1. 有救助需求的导游向负责发放导游证的省级旅游机关提交申请档案。接收申请的时间跨度为 6 个月，即从 2021 年 7 月 7 日至 2022 年 1 月 31 日。

2. 在省级旅游机关接收到申请档案之后 2 日内，审定、建立名录并上报省委决定。

3. 在省委接收到省级旅游机关上呈的申请档案之后 2 日内，颁布批准名录决定和救助经费，同时指导落实救助。不批准的情况，省委应以文字形式通报说明情况。[①]

文化体育旅游部也颁布了落实政府总理第 23 号决定的公文，文

[①] Đinh Thị Tuyết, Nguyễn Thị Thu Thủy, Nguyễn Thị Thanh Nhàn, Trần Việt Hoàng, Đỗ Văn Phúc, *Tác động của dịch bệnh COVID-19 đến ngành du lịch Việt Nam*（新冠疫情对越南旅游业的影响），https://osf.io/bjdek/.

化体育旅游部第 2222 号决定公布了救助受疫情影响的导游的行政手续。旅游总局也就此问题颁布了相应的公文，开设了专门的电子信息平台"救助政策"栏目，即 https：//vietnamtourism. gov. vn/index. php/cat/3304，用以及时更新政策和各地方对导游的救助成果。

旅游总局副局长阮黎福表示，中央政府第 68 号决议的救助政策体现了政府对旅游业的关心和协助，特别是受到疫情影响的导游群体。值得注意的是，相关行政手续已经得到了最大的简化。第一，规定唯一有权接收和处理档案的单位是各地方旅游管理局；第二，申请救助的档案只包括申请表和劳动合同或者会员证；第三，审阅时间减少至 4 天；第四，救助金将直接打入导游的账户，可以通过邮局转发或者直接领取。同时，根据第 23 号决定，接收申请的时间跨度为 6 个月，即从 2021 年 7 月 7 日至 2022 年 1 月 31 日，给有意申请救助的导游宽裕的时间。

截至已有河内、胡志明市、岘港、乂安、河静、富安、芹苴、前江、朔庄、巴地—头顿、西宁等地方已经向各旅游公司、导游、导游协会和相关部门发送了公文。一些地方已经收到并批阅了申请导游的档案，并且进行了财政经费的批复。

文化体育旅游部培训司司长黎英俊表示，新冠疫情对旅游业产生了严重的影响，几乎所有的旅游公司都停止了业务，宾馆关门或大量被转手售卖。以前旅游业劳动力处于缺乏的状态，而现在很多劳动力失业或者转行。现在的转行和疫情前的"跳槽"不同，以前"跳槽"主要还是在行业内，从一个公司跳槽到另一个公司；而现在的转行则是完全转向不同的领域。这一情况引发了旅游业严重的人员流失，而且是史无前例的。自 2020 年开始，有几十万劳动者申请失业救济。这些救助政策有望缓解旅游业的"失血"状况。

（二）准备后疫情时代的恢复与振兴

在第 84 号决议中，文化体育旅游部被责成主动建设国家级旅游振兴计划；和旅游协会配合，建设和落实国内旅游刺激消费计划；加强宣传、市场调研、发掘新的旅游产品来吸引国际国内游客（首先是重点吸引已经控制住疫情的国家游客）。同时政府应减少疫情期间的行政检查，减免土地租用费用，帮助旅游公司顺利经营。①

许多旅游业专家表示，新冠疫情已经从认识、市场结构、服务系统等领域完全改变了国外游客市场。旅游业首当其冲受到新冠疫情影响，但是同时也是有可能尽早恢复的行业。在国外游客市场几乎无法挖掘的情况下，国内旅游市场成了越南旅游业恢复的主力。

因此，在2022年越南新冠疫情仍然复杂变化的时期，越南旅游业仍然努力为行业复苏准备条件，希望在疫情得到控制后立即重启。专家们认为一个亟须解决的问题是旅游从业人员应接种新冠疫苗，最基本的要求是高于70%的游客和旅游业从业人员接种新冠疫苗。②有的专家认为，旅游业从业人员就好像经济阵地里的战士，必须提高这些人的接种疫苗比例，给他们装备好"武器"，以便在外国游客进入越南后能够安心地游玩。除此之外，还要集中力量建设安全的旅游区和旅游景点。③

许多旅游公司希望旅游业能够尽快复苏，但前提要尽快实现全民接种疫苗，越早形成群体免疫越好。专家还认为，旅游公司应该开发一些独特的产品，不走消耗路线，特别是不仅仅进行价格战，

---

① Đinh Thị Tuyết, Nguyễn Thị Thu Thủy, Nguyễn Thị Thanh Nhàn, Trần Việt Hoàng, Đỗ Văn Phúc, *Tác động của dịch bênh COVID – 19 đến ngành du lịch Việt Nam*（新冠疫情对越南旅游业的影响），https：//osf. io/bjdek/.

② Đinh Thị Tuyết, Nguyễn Thị Thu Thủy, Nguyễn Thị Thanh Nhàn, Trần Việt Hoàng, Đỗ Văn Phúc, *Tác động của dịch bênh COVID – 19 đến ngành du lịch Việt Nam*（新冠疫情对越南旅游业的影响），https：//osf. io/bjdek/.

③ Đinh Thị Tuyết, Nguyễn Thị Thu Thủy, Nguyễn Thị Thanh Nhàn, Trần Việt Hoàng, Đỗ Văn Phúc, *Tác động của dịch bênh COVID – 19 đến ngành du lịch Việt Nam*（新冠疫情对越南旅游业的影响），https：//osf. io/bjdek/.

更应该有质的突破。响应"刺激国内旅游市场"的口号，旅游业各单位合作建设一些优惠的、具有吸引力的旅游产品，并向游客开展宣传和介绍，这才是帮助越南旅游业走出困境的最终办法。① 这才是在疫情艰难的情况下，甚至是"新常态"情况下，越南旅游业可持续发展的道路，做到两条腿走路。另外，需要使用数字化市场调研的方法来研判国内市场，在宣传和介绍时采用数字化技术，打造"安全、友好、优质"的形象。一是采用二维码便捷支付，提高效率，方便游客；二是通过媒体、网络宣传旅游产品；三是用视频的形式宣传保证安全接待游客的规程，给国内外游客吃"定心丸"；四是针对国内游客开发线上旅游的产品。②

2021年9月28日，越南旅游协会在河内组织了"全国国内旅游恢复计划"启动仪式。此计划的目标是以"绿色越南旅游"为主题，力争在"新常态"的状态下恢复和发展旅游业。在严格遵守卫生部门指导的同时，灵活、适合、有效地开展旅游经营，复苏旅游业。保障游客、旅游从业者和全社会的安全是建设安全旅游经济的必要要求。越南旅游协会也为游客和旅游企业的活动制定了安全标准，旨在快速恢复旅游活动，首先是国内旅游市场，同时满足旅游业的要求，能方便地应用于实践，为评估越南旅游安全水平创造便利条件。各旅游公司和地方政府认为，大力推进疫情下"绿色区域"之间的国内旅游线路将帮助整个行业实现复苏。所有的旅游环节，包括旅行、住宿、景点、餐饮、游玩都必须符合"绿色"条件。

---

① Đinh Thị Tuyết, Nguyễn Thị Thu Thủy, Nguyễn Thị Thanh Nhàn, Trần Việt Hoàng, Đỗ Văn Phúc, *Tác động của dịch bênh COVID-19 đến ngành du lịch Việt Nam*（新冠疫情对越南旅游业的影响），https://osf.io/bjdek/.

② Đinh Thị Tuyết, Nguyễn Thị Thu Thủy, Nguyễn Thị Thanh Nhàn, Trần Việt Hoàng, Đỗ Văn Phúc, *Tác động của dịch bênh COVID-19 đến ngành du lịch Việt Nam*（新冠疫情对越南旅游业的影响），https://osf.io/bjdek/.

除此之外，越南开始逐步放开国际游客市场，第一步是以某一些地方作为试点，逐步、逐阶段、逐国际市场放开限制。一个重要的前提就是新冠疫苗护照试点的推行，被看作既能保证疫情不反复，又能振兴越南旅游业的方案。"全国国内旅游恢复计划"提出了分别针对 18 岁以上游客和 18 岁以下游客的安全标准：18 岁以上游客必须保证接种越南卫生部承认的新冠疫苗，并距接种最后一针疫苗满 14 天；或者是曾经感染新冠肺炎但已经康复（必须由卫生局认定或者个人居家治疗后依规认定获得抗体，距离康复时间不超过 12 个月）。18 岁以下游客需要提供离开居住地之前 72 小时内核酸阴性证明。同时，"全国国内旅游恢复计划"还给景点和酒店民宿提出了要求：属于"绿色区域"和符合防范疫情安全标准的景点，同一时间接待游客数量不能超过景点规定的接待游客量的 30%—50%。对于宾馆，需要按照以下标准安排游客：对隔离的家庭或者旅游团，安排 2 人一间；对于个人或者非隔离游客安排单间，不和其他游客混住；必须在需要的情况下能够提供至少一个单间用于隔离游客。[1]

以国内旅游市场为主力，逐步放开国际旅游市场，越南旅游业各职能部门、旅游公司、宾馆民宿都做好了万全的准备，迎接旅游业的恢复和振兴。

随着疫情逐渐好转，截至 2023 年 2 月底，越南已接种新冠疫苗 266279128 剂，其中，18 岁以上人群接种 223841225 剂，包括第一二三针以及两剂加强针，12—17 岁人群接种 23894805 剂；5—11 岁人群接种 18543098 剂。[2] 越南已从一个疫苗接种率非常低的国家跃升为疫苗接种率最高的六个国家之一。有了疫苗接种率的保证，越

---

[1] Đinh Thị Tuyết, Nguyễn Thị Thu Thủy, Nguyễn Thị Thanh Nhàn, Trần Việt Hoàng, Đỗ Văn Phúc, *Tác động của dịch bệnh COVID-19 đến ngành du lịch Việt Nam*（新冠疫情对越南旅游业的影响），https://osf.io/bjdek/.

[2] Bản tin phòng chống dịch COVID-19 ngày 25/2 của Bộ Y tế - Tin tổng hợp - Cổng thông tin Bộ Y tế（moh.gov.vn）.

南的入境政策也随之发生了改变。自 2022 年 5 月 15 日起，越南最新入境检疫政策调整为：一是入境越南不再需要行前核酸检测，抵达越南后不再需要入境核酸检测。二是入境越南不再需要做行前个人健康申报，抵达越南后不再查验个人的新冠疫苗接种证明。三是入境越南不再强制要求购买新冠医疗保险，抵达越南后不再要求居家隔离或集中隔离。但游客自入境越南之日起 10 天内，须关注自身健康状况，如有发烧、咳嗽等症状需要上报。

三　重启后越南旅游业面临的挑战与机遇

越共十三大报告中已经写入了复苏旅游业的内容。在第 26 届联合国气候变化大会，越南总理范明政代表越南代表团正式承诺，越南将在 2050 年做到零排放。这对越南旅游业是一个挑战，也是一个机遇。在气候变化日益严重的背景下，旅游业可持续发展的方向需要和环境保护、减少碳排放、文化环境转型和升级紧密联系起来。

越南旅游业重启后，2022 年，来越国外游客增长 23 倍，达到 366 万多人次，各条国际航线逐步恢复。其中，韩国游客数量排名第一，达到 965366 人次。然而，来越客流量仍然与 2019 年疫情前相比，减少了 79.7%。越南旅游总局提出，2023 年越南旅游业吸引游客目标为 1.1 亿人次，其中国际游客约 800 万人次，国内游客数量约 1.02 亿人次，旅游业总收入预计达到约 650 万亿越南盾。①

越南旅游业接下来要重组旅游市场结构，平衡国外游客市场和国内游客市场，做到两条腿走路，走可持续发展的道路，有重心、有重点、有先有后、有路径。不以游客数量为衡量经济贡献的标准，而是以游客的消费能力来衡量其对经济的贡献。越南旅游业的不足

---

① Huy Lê, *Năm 2022, Việt Nam đón hơn 3, 66 triệu lợt khách quốc tế* (2022 年，越南接待国际游客 366 万人次)，https：//dangcongsan. vn/.

主要表现为旅游基础设施相对落后，对旅游宣传推广的投入较低，经验不足，人才队伍缺乏，专业性不强。越南旅游相关机构十分注重对东亚、欧洲、北美等传统重点市场的开发，但对其他地区市场的开发相对不足，特别是国内市场。国际旅客在越南的消费水平不高，原因是越南尚无高级的旅游产品，大型娱乐区不多，未能给外国游客带来优质的服务体验。旅游产品吸引力不足，缺乏连续性，各景点购物、饮食、娱乐地点较少，因而游客停留的时间短，消费创收不多。人才短缺问题仍然突出，特别是具有导游证且会外语的导游数量不多。[1]

但是同时，越南旅游业也拥有着巨大的潜力。越南有 8 个世界文化遗产，有许多古代遗址、遗迹，这些旅游景点都有着深厚的文化历史价值。越南的名胜古迹众多，这些名胜古迹或是自然景观，或是自然景观和历史文化建筑相结合。越南有 32 个国家公园，遍布全国。具有代表性的有瑜伽—同文高原、三岛、巴维、菊方、丰芽—格邦国家公园、湛金、金瓯角、乌明、富国岛等。越南有 10 个东盟遗产公园，分别是莱州省黄连国家公园（2003 年）、北泮省三海国家公园（2003 年）、昆嵩省诸蒙莱国家公园（2003 年）、嘉莱省昆卡京国家公园（2003 年）、河静省武光国家公园（2009 年）、坚江省乌明上国家公园（2012 年）、广宁省拜子龙国家公园（2016 年）、昆嵩省玉灵自然保护区（2019 年）、林同省婆山壁道坡国家公园（2019 年）、西宁省炉戈—萨玛特国家公园（2019 年）。越南有 54 个民族，每个民族都有自己特有的传统文化，构成了越南丰富的艺术和音乐，比如水上木偶戏、嘲剧、嗺剧、改良剧等。音乐方面也有赞美诗、官贺民歌、歌筹、宫廷音乐等。越南的"礼会"文化也很有特色。"礼"指祭祀礼仪，一般包括上香、叩拜、进酒、读祭文、焚祭文等，表现了人们的精神需求。"会"指各种

---

[1] 解桂海主编：《越南国情报告 2020》，社会科学文献出版社 2021 年版，第 307—309 页。

游艺活动，各种祭祀和文娱活动，表现人们的生活需求。这些文化因素无不体现了越南的文化特色，是吸引国内国外游客的重要文化底蕴。

越南应该利用此次疫情的影响，加速推进旅游业的转型和升级。首先，开展丰富多彩的"主题"旅游项目。2022年3月，胡志明市旅游局与欧洲驻越南商会以及越南航空总公司旗下越南机场地面服务公司签订了2022—2024年合作协议。合作将推进越南会展旅游、饮食旅游的发展，大幅度地加强市场调研活动，旅游数据统计，培训旅游业从业人员，同时还将分享先进的旅游业管理经验，从而推动胡志明市旅游业的发展，以及整个越南旅游业的振兴。[1] 其次，积极采用数字技术，为游客提供便捷的服务。2017年11月，阿里巴巴集团董事局主席马云赴越南出席越南电子支付论坛，与越南国家结算股份公司（NAPAS）正式签订战略合作协议，Alipay进入越南。据统计，越南有53%的人口使用互联网，以及大量的用户使用智能手机，越南的电子商务市场有着巨大的潜力。旅游业也应深刻认识到这一市场潜力，将电子商务和智能手机提供给人们的便捷服务与旅游业结合起来，提升游客的旅游、购物、住宿体验。再次，继续发展医疗旅游。从2015年至今，越南的医疗旅游已经开始萌芽。在农村或者欠发达地区的公民由于当地的医疗水平不足，需要来到大城市治病。同时柬埔寨人或者越侨也愿意来越南治疗牙科、皮肤病、关节痛等疾病。国际和国内游客希望来越就医并旅游的需求越来越大。同时在越南治病和生活的花费也相对较低，因此赴越南医疗旅游成为发达国家游客的新宠。新冠疫情虽然对旅游业产生巨大负面影响，但是也给越南积累了许多防治传染病的经验，这对发展医疗旅游有很

---

[1] 越南人民报刊登文章《胡志明市时刻准备好迎接国际游客的归来》。Võ Mạnh Hảo, *Thành phố Hồ Chí Minh sẵn sàng đón khách quốc tế trở lại*, Báo Nhân Dân, 2022年3月20日。

大裨益，能够帮助越南在发展医疗旅游的时候，管理好赴越就医的病人，并为他们提供良好的旅游体验。① 最后，大力宣传环境文化，保环境、促文化，整体提升旅游业从业人员和全民的可持续旅游发展的理念。环境文化建设是一个新的课题，也是一个新的领域，是在可持续发展的基础上提出的。王军黄教授团队就致力于在越南宣传环境文化的思想。旅游业离不开文化，其中就有环境文化。因此，如果越南旅游业能够转型成功，运用好环境文化，将对提高越南环境服务质量和旅游业发展有重要的作用。

2022年越南旅游业重启后，为了实现2023年旅游业的目标，越南旅游业公布了《展望2045年，越南旅游系统规划（2021—2030年）》，此规划也已得到越南政府的批准。同时，开展"至2030年越南旅游市场战略"，以及"运用工业4.0技术发展智能旅游，推动旅游业成为龙头产业"的提案。越南将参加在印尼举办的2023年东盟旅游论坛、柏林国际旅游交易会、在英国伦敦举办的网络世界旅游交易会。越南旅游将在CNN等频道进行宣传。越南旅游总局配合越南旅游协会、旅游发展基金继续针对东盟、东北亚、澳洲、欧洲和北美等重点市场进行越南旅游的推介。② 2023年1月8日，中国重新开放中越边境，这对越南旅游业是极大的利好，因为中国一直是越南旅游业的主力市场。疫情前，越南每年要接待750万人次的中国游客，占国外游客的三分之一；疫情后，中国游客的需求发生了改变，比如不再愿意参加大型的旅游团，越南的旅游业也开始针对这一现象做出相应的准备。③ 另外，越来越多的中国游客选择短途游、

---

① Nguyễn Ngọc Diệp, *Du lịch y tế và những vần đề đặt ra cho hoạt động du lịch y tế của Việt Nam hậu COVID – 19*（后疫情时代医疗旅游和越南医疗旅游所面临的问题），Tạp chí khoa học đại học tân trào, No. 22, Aug 2021, 164 – 171.

② Huy Lê. "Năm 2022, Việt Nam đón hơn 3,66 triệu lượt khách quốc tế（2022年，越南接待国际游客366万人次）", https://dangcongsan.vn/.

③ *Du lịch Việt sẵn sàng đón khách Trung Quốc khi biên giới mở cửa*（中越边境开放后越南旅游业时刻准备着迎接中国游客），https://kinhtedothi.vn/.

微度假旅行,这种情况在一定的时间内会得到延续。越南如何吸引中国游客赴越南远途游也成为一个挑战。

总的来说,后疫情时代,旅游业的发展潜力将对发展整个经济起到巨大的作用。发挥越南国内潜能,运用外部力量开发这一潜能需要许多要素,特别是适当的政策、适量的投资、旅游文化、环境文化和控制新冠疫情或其他传染病的能力。[1] 旅游业是一个强烈依赖"人"和"资源"的行业,容易受到自然因素和人为因素的影响。虽然新冠疫情给越南旅游业带来了沉重的打击,但如果越南能够以此为契机,推进旅游业转型,发展绿色旅游、生态旅游项目,率先在东盟地区成为转型成功的典范,则可以抢占从其他东盟国家流失的游客,迎来旅游业的振兴。

---

[1] Đinh Thị Tuyết, Nguyễn Thị Thu Thủy, Nguyễn Thị Thanh Nhàn, Trần Viêt Hoàng, Đỗ Văn Phúc, *Tác động của dịch bênh COVID - 19 đến ngành du lịch Viêt Nam*(新冠疫情对越南旅游业的影响),https://osf.io/bjdek/.

华侨华人研究

国外关于移民迁移驱动力的多维探讨：述评与展望*

李 丽 李 涛**

摘 要：本文所收录的文献的相关研究表明，移民的迁移决定是一个复杂的过程，取决于多种驱动因素，如移民治理制度、移民和偷渡者网络、获得技术的机会，或诸如年龄、性别和教育背景、个人特征，等等。本文采用"三层次分析法"的理论框架，即根据宏观、中观和微观三个层面来解析构建移民迁移的驱动因素以及互动与作用关系。本文试图通过此种结构化的概述讨论不同层面的移民迁移驱动因素对不同类型移民的重要性，探寻进一步深化的移民研究路径，为国内相关移民研究的理论和实践发展提供对照参考。

关键词：移民；移民驱动力；移民网络；移民治理和政策；移民文化

A Multi – Dimensional Discussion on the Driving Force of Migration Abroad: Review and Prospect

LI Li   LI Tao

Abstract: Studies in the literature included in this paper suggests

---

* 本文系国家社科基金一般项目"中印跨境水资源问题的疏解路径及管控策略研究"（20BGJ055）、国家社科基金重点项目"东南亚国家中小学历史教科书中的涉华重大叙事研究（21ASS006）和中国高等教育学会''一带一路'研究"专项课题项目"中国企业在'一带一路'沿线国家的国际形象塑造研究"（21YDYB02）的阶段性成果。

** 作者简介：李丽，云南省社会科学院《南亚东南亚研究》编辑部，副研究员、博士；李涛，云南大学国际关系研究院·区域国别研究院，副院长、副研究员、博士。

that the decision to migrate is a complex process that depends on a variety of drivers, such as migration governance systems, migrant and smuggler networks, access to technology, or personal characteristics such as age, gender and educational background. This paper adopts the theoretical framework of a'three - level analysis', which analyses the drivers that structure migration and the interactions and interactions between them at macro, meso and micro three different levels. Through this structured overview, the paper attempts to discuss the importance of different levels of migration drivers for different types of migrants, explore further migration research paths, and provide a cross - reference for the theoretical and practical development of related migration studies in China.

Key words: Migration; Migration Drivers; Migration Networks; Migration Governance and Policy; Migration Culture

一 问题的提出

自从人类社会诞生以来，人类就一直在不断进行迁移，这已经成为推动经济和社会发展的重要手段。[①] 即使在今天，世界上仍有3%的人口生活在其原籍国之外。无论是自愿的还是被迫的，移民都深刻地塑造着我们的世界。[②] 据国际移民组织（IOM）《2020年世界移民报告》显示，截至2019年6月，国际移民总数达到近2.72亿人，比2010年高出5100万，其中近三分之二是劳务移民。据联合国难民署（UNHCR）数据显示，截至2019年年底，全球共有7950万人被迫流离失所，其中包括2600万难民、4570万国内流离失所者

[①] W. H. McNeill, "Human Migration in Historical Perspective", *Population and Development Review*, Vol. 10, No. 1, 1984, pp. 1 – 18.

[②] "Human Migration Sparked by Wars, Disasters, and Now Climate", *National Geographic*, March 1, 2019, https://www.nationalgeographic.com/culture/article/migration.

（IDPs）、420万寻求庇护者（Asylum Seekers）。①

对移民的研究可以追溯到久远的时代，追溯到每个民族的传统和起源神话。然而，移民也是一门新兴学科，始于欧洲学者在19世纪研究城市化和海外移民。如今，随着社会科学、人文科学和自然科学等学科的延伸，我们可以通过对移民的研究，跨越时间和空间，去探索整个人类的发展经验。② 世界各国各地的人口迁徙流动不是一种新现象，有些人迁徙流动是为了寻找新的工作或经济机会、与亲人团聚或学习；有些人迁徙流动是为了逃离武装冲突、迫害、恐怖主义或侵犯人权行径；还有一些人是受到气候变化、自然灾害或其他环境因素的影响。③ 然而，在人类早期、前现代以及近现代等不同时期，不同国家或地区、不同社群、不同移民类型中，人类选择离开家园而四处迁徙流动背后的驱动力究竟是什么，是单一的驱动因素在发挥着移民过程的主导作用，还是不同驱动因素之间存在着内在的相互作用和相互依赖关系？本文拟系统梳理、总结与归纳国外近几十年来有关移民迁移驱动因素的相关研究成果，以期通过描述国外关于此领域的研究主题、前沿动态和发展趋向等图景，为国内相关移民研究的理论和实践发展提供对照参考。

二 移民迁移的驱动力研究：理论分析框架与数据来源

（一）理论分析框架

国外学术界对移民迁移的驱动因素有过不少研究，并形成了包括历史—结构主义理论（Historical - Structuralist Theory）、双重劳动市场理论（the Dual Labor Market Theory）、推拉移民理论（Push - Pull Theory）、新古典经济均衡理论（Neoclassical Economics Theory）、

---

① United Nations, *Migration*, https://www.un.org/en/global-issues/migration.
② Mustapha El Alaoui - Faris, Antonio Federico, Wolfgang Grisold, ed. *Neurology in Migrants and Refugees*, Cham: Springer Nature Switzerland AG, 2021, p.16.
③ United Nations, *Migration*, https://www.un.org/en/global-issues/migration.

世界体系理论（World System Theory）、移民系统（网络）理论（Migration Systems Theory）等在内的移民动因的基础理论。然而，这些传统的移民动因的理论分析框架局限于传统的自愿或强制迁移的二分法，往往从各自的原因和触发因素进行解读，对导致移民迁移的各种不同因素之间是否存在着强烈的相互作用和相互依赖关系缺乏深入探讨。① 这些二分法的理论分析框架在一定程度上掩盖了一个经验事实——移民过程是否受到多种驱动因素及其相互作用的影响。②

有鉴于此，本文摒弃传统的理论分析框架，选择2010年由Timmerman、Heyse和Vanmol以及2014年由Timmerman、De Clerck、Hemmerechts和Willems等人提出的"三层次移民驱动因素分析法"，即根据宏观、中观和微观三个不同层面来构建移民迁移的驱动因素的理论分析框架。③ 在此理论框架下，Timmerman等人重构了移民环境，在这种环境中，人们的移民意愿受宏观、中观和微观层面的驱动因素影响，并在这个环境中做出迁移的决定。宏观层面因素（如经济机会）的重要性可能比中观层面因素（如促进就业的移民网络）或微观层面因素（如影响就业能力的教育水平）更突出。这就证实了现有移民驱动因素是复杂的，这些因素不能单方面地与移民迁移流动的类别挂钩，各种因素的相互作用会影响潜在移民的认知和愿望。在此分析框架基础上，本文在阐述影响移民迁移的驱动因

---

① F. Docquier, G. Peri & I. Ruyssen, "The Cross – country Determinants of Potential and Actual Migration", *International Migration Review*, S1, No. 48, 2014, pp. 37 – 99.

② H. de Haas, *The Determinants of International Migration: Conceptualising Policy, Origin and Destination Effects* (Working Paper 32), Oxford: International Migration Institute (IMI), April 2011.

③ C. Timmerman, P. Heyse & C. Van Mol, *Conceptual and Theoretical Framework* (Project Paper 1), Antwerp: University of Antwerp, Imagining Europe from the Outside (EUMAGINE), 2010; C. Timmerman, H. M. – L. De Clerck, K. Hemmerechts, et al., "Imagining Europe from the Outside: The Role of Perceptions of Human Rights in Europe in Migration Aspirations in Turkey, Morocco, Senegal and Ukraine", in N. Chaban & M. Holland, ed. *Communicating Europe in Times of Crisis*, *External Perceptions of the European Union*, London: Plagrave Macmillan UK, 2014, pp. 220 – 247.

素时，在宏观、中观和微观三个不同层次之间增设了交互作用，如图1所示。

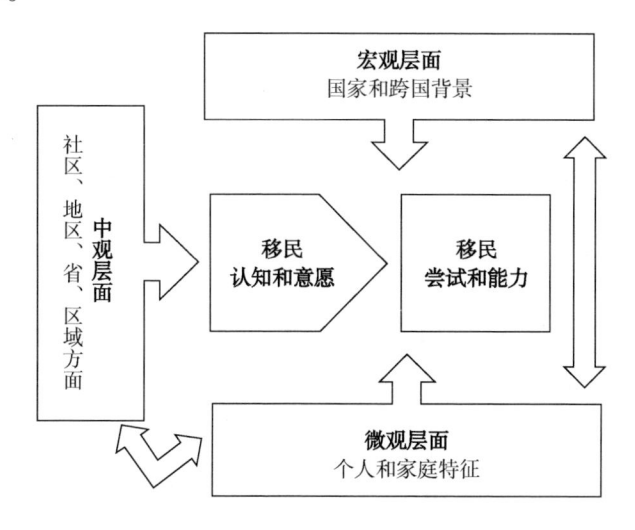

图1 移民迁移驱动力的理论分析框架

资料来源：作者基于Timmerman等人的理论分析框架自制。

宏观层面是指某一特定国家或地区潜在移民所共有的因素，如原籍国和目的地国、区域或其他实体的社会经济和政治环境，以及移民治理政策，等等。中观层面包括次国家或地区因素，网络或文化因素。微观层面包括潜在移民的个人和家庭特征（如性别、年龄、教育水平和社会地位，以及规避风险等行为因素）。图2概述了本文所涉及的移民迁移驱动因素当中的宏观、中观和微观层面的总体因素。

与大多数现存的理论分析框架形成对比的是，Timmerman等人不仅考虑原籍地因素和目的地因素对其移民愿望的影响，还考虑各层次上不同驱动因素之间的相互作用。此"三层次分析法"适用于对包括强制移民、自愿移民在内的所有形式移民的迁移决策的各种驱动因素进行多样性、深层次的结构性解析，可为系统地研究移民迁移和相关领域的不同研究视角构建一个合适的理论分析框架。

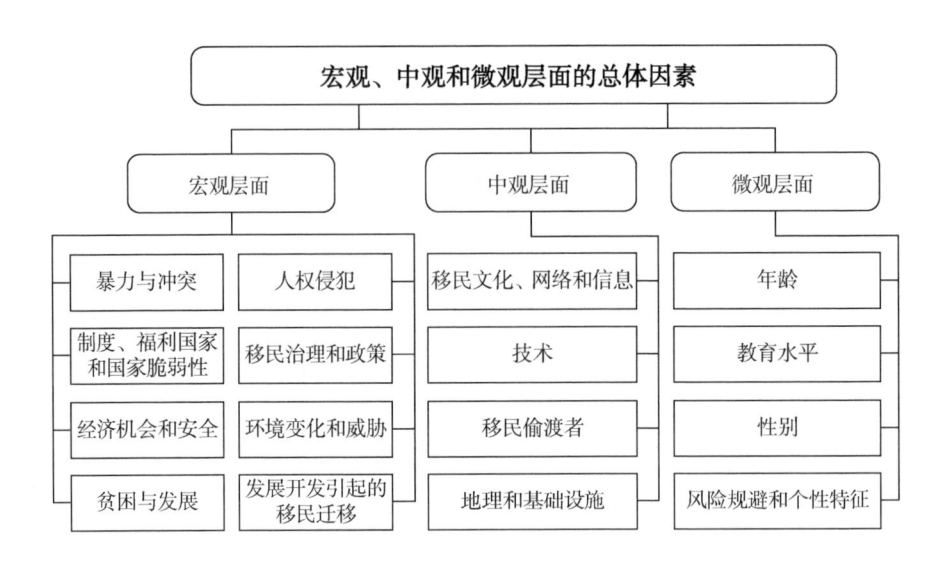

```
                    宏观、中观和微观层面的总体因素
                ┌─────────────┬─────────────┬─────────────┐
                宏观层面        中观层面        微观层面
        ┌──────┬──────┐   ┌─────────────┐   ┌─────────────┐
        暴力与冲突  人权侵犯    移民文化、网络和信息         年龄
        制度、福利国家 移民治理和政策      技术           教育水平
        和国家脆弱性
        经济机会和安全 环境变化和威胁     移民偷渡者         性别
        贫困与发展   发展开发引起的    地理和基础设施    风险规避和个性特征
                   移民迁移
```

图 2　宏观、中观和微观层面的总体因素

资料来源：作者根据材料自制而成。

（二）研究数据来源

本文所收录的文献主要是基于对"谷歌学术"（Google Scholar）和"知识网"（Web of Knowledge）等热门数据库的文献的全面梳理与研究，所检索使用的关键词主要包括宏观层面、中观层面和微观层面所列举的移民迁移的驱动因素，即将检索结果限制在以上述驱动因素为主题的文献，数据库的时间跨度为 2000—2021 年，检索时间为 2021 年 6 月 10 日，检索结果得到 2863 篇文献记录。

移民迁移涵盖的学科范围极广，涉及人类学、地区研究、商业与金融、人口统计学、经济学、社会学、教育学以及特殊教育、环境研究、族群研究、家庭研究、地理学、政治学、国际关系、心理学、公共管理等，所检索与收录的大部分论文都发表在诸如《民族和移民研究》（*Journal of Ethnic and Migration Studies*）、《强制移民评论》（*Forced Migration Review*）、《移民与发展》（*Migration and Development*）、《难民研究》（*Journal of Refugee Studies*）、《难民调查季刊》（*Refugee Survey Quarterly*）、《国际社会科学》（*International Social Sci-*

ence Journal)、《人口与发展评论》(Population and Development Review)、《发展经济学》(Journal of Development Economics)、《人口统计学》(Demography)、《世界发展》(World Development)、《人口、空间和地点》(Population, Space and Place)、《政治经济学》(Journal of Political Economy)、《移民与人类安全》(Journal on Migration and Human Security)、《人口经济学》(Journal of Population Economics)、《国际社会学》(International Journal of Sociology)、《国际研究季刊》(International Studies Quarterly)、《政治学》(Journal of Political Science)、《性别、技术和发展》(Gender, Technology and Development) 等近 120 份国际期刊上。

由于境内外的人口迁徙流动给一个国家或地区或国际社会带来了前所未有的挑战，不同类型移民的流动性、地域性、灵活性，以及移民治理的棘手性、复杂性与敏感性，使得各国政府、研究机构、非政府组织和公民社会团体也积极地参与关于移民议题的咨询、讨论和研究。因此，本文所收录的文献还特意选取了国际货币基金组织（IMF）、国际移民组织（IMO）、联合国（UN）、联合国人口基金会（UNFPA）、联合国难民署（UNHCR）、联合国毒品与犯罪办公室（UNODC）、美国移民局（USCIS）等政府或机构出版发行的系列研究的"工作论文"（Working Paper）和"讨论型论文"（Discussion Paper）作为必要的补充。

在涉及的近 120 份国际期刊的近 3000 篇文献记录中，本文以学术论文为基本文献单位，通过设计文本处理程序，对核心关键词重新识别录入，抓取国际期刊名、论文标题、论文摘要、出版时间等基本文献信息，排除了一些期刊中的书评、勘误等非研究性的语料文本，最终筛选出有研究价值的期刊论文 203 篇，工作论文和讨论型论文共计 57 篇。上述文献都是使用了定性或定量分析的论文，而且涵盖了世界各地的高、中、低收入国家，具有较强的代表性。

三 移民迁移的驱动力研究：宏观层面

宏观层面包括自愿移民和强制移民的传统决定因素——政治、经济和社会背景。重点从暴力与冲突，侵犯人权，制度、福利国家和国家脆弱性，经济机会和安全，移民治理和政策，环境变化和威胁，以及发展开发引起的移民迁移等方面加以阐述。

（一）暴力与冲突

在本文收录的文献中，有大量的跨国定量研究，他们对"暴力与冲突"是导致人们离开家园的主要驱动因素有广泛的共识。[1] 这些研究集中于难民和国内移民作为因变量的国家一级数据集，至于次国家一级，考虑到个人因素、暴力与冲突的影响也被认为是跨境和国内人口流动的主要驱动因素。譬如，通过对印尼亚齐省的村级数据开展研究，Czaika 和 Kis‐Katos 发现暴力与冲突是印尼亚齐人离开家园的主要推动因素。[2] Lundquist 和 Massey 通过社区层面的事件进行历史分析，观察到尼加拉瓜家庭在面临暴力时移民至美国的事实。[3] Engel 和 Ibáñez 建立了一个理论框架，在其分析哥伦比亚家庭生活水平数据的同时发现了移民迁移的驱动因素，据他们的报告显示，暴力威胁和游击队、准军事组织的存在增加了哥伦比亚家庭

---

[1] P. Adhikari, "The Plight of the Forgotten ones: Civil War and Forced Migration", *International Studies Quarterly*, Vol. 56, No. 3, 2012, pp. 590–606; C. Cummings, J. Pacitto, D. Lauro, et al., *Why People Move: Understanding the Drivers and Trends of Migration to Europe*, London: Overseas Development Institute (ODI), 2015.

[2] M. Czaika & K. Kis‐Katos, "Civil Conflict and Displacement: Village‐level Determinants of Forced Migration in Aceh", *Journal of Peace Research*, Vol. 46, No. 3, 2009, pp. 399–418.

[3] J. H. Lundquist & D. S. Massey, "Politics or Economics? International Migration During the Nicaraguan Contra War", *Journal of Latin American Studies*, Vol. 37, No. 1, 2005, pp. 29–53.

向外移民的频次。① 国际移民组织（IOM）通过大规模的定性调查，也有类似的研究发现，认为导致年轻非洲男性流离失所来到意大利的根源是暴力。②

与此同时，绝大多数文献也提到了为摆脱冲突威胁和冲突风险而移民的众多其他因素。如 Engel 和 Ibáñez 认为，即使在冲突环境中，经济刺激和个人特征也会对移民的迁移行为起作用。此外，Davenport 等人提出了一个理论分析模型，认为除了暴力之外，还有其他因素会影响人们的迁移决定。③ Ibáñez 和 Vélez 发现个体的社会经济家庭特征和人格特质也很重要，这有助于解释人们在应对冲突时做出异质决策的事实。④

虽然学者们普遍认同暴力对人类移民决定的影响，但对于导致人们移民的冲突的类型和范围还存在一些争论。如 Schmeidl 发现一个国家卷入国际战争是强迫移民的重要决定因素⑤，相反，Davenport 等人的研究分析却不认可，他们认为国家或持不同政见者对个人诚信的威胁是重要因素。⑥ Moor 和 Shellman 观察到国际部

---

① S. Engel & A. M. Ibáñez, "Displacement Due to Violence in Colombia: A Household-level Analysis", *Economic Development and Cultural Change*, Vol. 55, No. 2, 2007, pp. 335-365.

② IOM, *Study on Migrants' Profiles, Drivers of Migration and Migratory Trends: A Research on the Socioeconomic Profile of Migrants Arriving in Italy* (Technical Report), Rome: Migration Policy Centre, 2016.

③ C. A. Davenport, W. H. Moore & S. C. Poe, "Sometimes You just have to Leave: Domestic Threats and Forced Migration, 1964-1989", *International Interactions*, No. 29, 2003, pp. 27-55.

④ A. M. Ibáñez & C. E. Vélez, "Civil Conflict and Forced Migration: The Micro Determinants and Welfare Losses of Displacement in Colombia", *World Development*, Vol. 36, No. 4, 2008, pp. 659-676.

⑤ S. Schmeidl, "Exploring the Causes of Forced Migration: A Pooled Time-series Analysis, 1971-1990", *Social Science Quarterly*, Vol. 78, No. 2, 1997, pp. 284-308.

⑥ C. A. Davenport, W. H. Moore & S. C. Poe, "Sometimes You just have to Leave: Domestic Threats and Forced Migration, 1964-1989", *International Interactions*, No. 29, 2003, pp. 27-55.

队的存在是移民被迫流离失所的驱动因素。[1] Dreher、Krieger 和 Meierrieks 通过大型跨国的定量数据表明，恐怖袭击会增加技术移民的数量，但不是平均移民的迁移数量。[2] Docquier、Lohest 和 Marfouk 发现，技术移民似乎也会随着政治不稳定而大幅增加。[3] Byrne 调查了目前从叙利亚到约旦的难民潮，发现不同形式的暴力以不同方式影响着移民的迁移决定。[4] 有一些证据也表明，冲突的持续时间、地点和范围也影响到流民的迁移人数。Melander 和 Öberg 和 Melander、Öberg 和 Hall 发现，地理范围似乎对移民迁移的数量会产生重大影响，而冲突的强度却没有此影响效果。他们认为，冲突发生的地点往往比战斗的激烈程度更重要。[5]

（二）人权侵犯

在本文收录的文献中，已经有大量的定量研究表明，影响移民迁移决定的其他政治因素有缺乏人权和政治权利，这似乎也会增加人们离开家园的可能性。[6] Moore 和 Shellman 发现，人权侵犯对一个国家产生的难民数量有重要影响。这也得到了 Rubin 和 Moore 使用类

---

[1] W. H. Moore & S. M. Shellman, "Fear of Persecution: Forced Migration, 1952 – 1995", *Journal of Conflict Resolution*, Vol. 48, No. 5, 2004, pp. 723 – 745.

[2] A. Dreher, T. Krieger & D. Meierrieks, "Hit and (they will) Run: The Impact of Terrorism on Migration", *Economic Letters*, Vol. 113, No. 1, 2011, pp. 42 – 46.

[3] F. Docquier, O. Lohest & A. Marfouk, "Brain Drain in Developing Countries", *The World Bank Economic Review*, Vol. 21, No. 2, 2007, pp. 193 – 218.

[4] M. B. Byrne, *Determinants of Forced Migration: The Varying Effects of Violence and Economic Conditions on Syrian Refugee Flight*, Baltimore, MD: Johns Hopkins University, 2016.

[5] E. Melander & M. Öberg, "The Threat of Violence and Forced Migration: Geographical Scope Trumps Intensity of Fighting", *Civil Wars*, Vol. 9, No. 2, 2007, pp. 156 – 173; E. Melander, M. Öberg & J. Hall, "Are 'New Wars' More Atrocious? Battle Severity, Civilians Killed and Forced Migration before and after the End of the Cold War", *European Journal of International Relations*, Vol. 15, No. 3, 2009, pp. 505 – 536.

[6] M. Kirwin & J. Anderson, *Identifying the Factors Driving West African Migration*, Paris: OECD Publishing, 2018; S. Schmeidl, "Exploring the Causes of Forced Migration: A Pooled Time – series Analysis, 1971 – 1990", *Social Science Quarterly*, Vol. 78, No. 2, 1997, pp. 284 – 308

似数据的观点支持。① Wong 和 Celbis 提出的证据表明,人权保护的程度也是更普遍的移民流动的一个重要驱动因素。此外,他们将人权的范围扩大,将经济和政治自由因素也纳入。② Kolbe 和 Henne 特别注重宗教镇压,他们发现,对宗教少数群体的更高程度的歧视以及禁止某些宗教团体的政策会增加难民数量。③ 但 Kirwin 和 Anderson 对此提出了质疑,他们发现,在尼日利亚对政治制度的不满是移民离开该国的强烈预示因素,而种族歧视则不是。④ Fitzgerald、Leblang 和 Teets 将政治权利作为一种牵引因素进行调查,发现它们与国际移民的迁移流动显著相关。⑤

总体而言,学者们普遍认为,缺乏政治自由和人权侵犯会增加移民逃离家园的概率。但是,如果经济机会仍然存在,政治压迫不一定会导致大规模的移民外逃。⑥ 此外,也有研究发现,更专制的政权可通过出境管控或向移民索取高昂的移民费用等⑦,采取更广泛的措施来限制移民计划。⑧

---

① J. H. Rubin & W. H. Moore, "Risk Factors for Forced Migrant Flight", *Conflict Management and Peace Science*, Vol. 24, No. 2, 2007, pp. 85 – 104.

② P. H. Wong & M. G. Celbis, *Migration as a Response to Differences in Human Rights and Income: A Bilateral Panel Study* (MERIT Working Paper 053), Maastricht: United Nations University, Maastricht Economic and Social Research Institute on Innovation and Technology (MERIT), 2015.

③ M. Kolbe & P. S. Henne, "The Effect of Religious Restrictions on Forced Migration", *Politics and Religion*, Vol. 7, No. 4, 2014, pp. 665 – 683.

④ M. Kirwin & J. Anderson, *Lentifying the Factors Driving West African Migration*, Paris: OECD Publishing, 2018.

⑤ J. Fitzgerald, D. Leblang & J. C. Teets, "Defying the Law of Gravity: The Political Economy of International Migration", *World Politics*, Vol. 66, No. 3, 2014, pp. 406 – 445.

⑥ H. de Haas, "Migration and Development: A Theoretical Perspective", *International Migration Review*, Vol. 44, No. 1, 2010, pp. 227 – 264.

⑦ H. de Haas, *The Determinants of International Migration: Conceptualising Policy, Origin and Destination Effects* (Working Paper 32), Oxford: International Migration Institute (IMI), April 2011.

⑧ D. McKenzie, "Paper Walls are Easier to Tear down: Passport Costs and Legal Barriers to Emigration", *World Development*, Vol. 35, No. 11, 2007, pp. 2026 – 2039.

(三) 制度、福利国家和国家的脆弱性

在本文收录的文献中，有些学者的研究调查了制度对移民迁移决定的影响。他们发现移民目的地运转良好的制度是移民迁移的重要驱动力，尤其是对于那些受过高等教育的移民而言，而国内糟糕的国家与社会治理则会促使人们逃离家园。① Bergh 等人使用了具有大型跨国数据集的引力模型方法，发现即使在控制了几个国家级指标（包括起始地和目的地的收入水平）后，移出国的制度水平仍可以解释移民的迁移流动。Poprawe 研究表明，腐败的盛行是移民迁移的一个重要推动因素。② 这得到了 Dimant、Krieger 和 Meierriek 的研究支持。③

然而，与绝大多数普遍的看法相反的是，移入国的援助制度似乎与移民的选择没有很大的关联性。Robinson 和 Segrott 的研究报告表明，在抵达英国的寻求庇护者中，很少有人详细了解潜在的移入国的国家福利。④ 然而，移出国薄弱的福利制度则会增加移民。但是这一因素很可能随移民的自愿性或紧迫性的程度而变化。⑤

有些学者提出了国家脆弱性和移民概念之间的联系。⑥ 国家脆弱

---

① A. Bergh, I. Mirkina & T. Nilsson, *Pushed by Poverty or by Institutions? Determinants of Global Migration Flows* (IFN Working Paper 1077), Stockholm: Research Institute of Industrial Economics (IFN), 2015; G. Bertocchi & C. Strozzi, "International Migration and the Role of Institutions", *Public Choice*, Vol. 137, No. 1 – 2, 2008, pp. 81 – 102.

② M. Poprawe, "On the Relationship between Corruption and Migration: Empirical Evidence from a Gravity Model of Migration", *Public Choice*, Vol. 163, No. 3, 2015, pp. 337 – 354.

③ E. Dimant, T. Krieger & D. Meierrieks, "The Effect of Corruption on Migration, 1985 – 2000", *Applied Economics Letters*, Vol. 20, No. 13, 2013, pp. 1270 – 1274.

④ V. Robinson & J. Segrott, *Understanding the Decision – making of Asylum Seekers*, London: Home Office Research, Development and Statistics Directorate, 2002.

⑤ L. Kureková, *From Job Search to Skill Search: Political Economy of Labor Migration in Central and Eastern Europe*, PhD Thesis, the Central European University, Department of International Relations and European Studies, 2011.

⑥ Y. Araya, "State Fragility, Displacement and Development Interventions", *Forced Migration Review*, No. 43, 2013, pp. 63 – 65; C. Martin – Shields, B. Schraven & S. Angenendt, *More Development – more Migration? The "Migration Hump" and its Significance for Development Policy Co – operation with Sub – Saharan Africa* (Briefing Paper 20), Bonn: German Development Institute, 2019.

性通常被定义为包括宏观层面驱动因素的几方面，譬如国家的合法性、国家预防冲突或暴力的权力，以及向民众提供的基本服务。这些方面的负面价值观与暴力、人权侵犯或对有关人口的社会经济剥夺有关。从理论上讲，这些方面的赤字与外迁正相关。此外，在外部或内部压力情况下，制度法规薄弱的国家无法做出适当反应，特别容易受到暴力侵害。虽然目前学术界尚未对上述议题进行彻底的实证调查，然而，最近有些研究调查了人们对当地公共服务和安全等便利设施的满意度对移民迁移意向的影响。通过个人层面的定量数据分析，Dusmann 和 Okatenko 的研究表明，对当前地区提供的服务的较高满意度会降低移民的愿望。[①]

（四）经济机会和安全

经济机会的差异，特别是就业和工资差异，历来被视为移民迁移流动的主要驱动因素，它们构成了新古典移民理论的基础，如用 Harris – Todaro 模型解释农村—城市移民[②]，或用推拉迁移模型解释国际移民流动。[③] 这些理论认为移民个体对原籍国和目的地国之间存在的工资差距进行了合理的成本—效益分析，寻求更好的经济机会是移民迁移的驱动因素。

至于较少的经济机会是否会导致更大的移民流动，相关的调查研究结果不一。Davenport 等人，以及 Melander 和 Öberg 的研究成果并没有发现更高水平的经济发展与难民数量有明显的关联性。[④] 但

[①] C. Dustmann & A. Okatenko, "Out – migration, Wealth Constraints, and the Quality of Local Amenities", *Journal of Development Economics*, Vol. 110, No. C, 2014, pp. 52 – 63.

[②] J. R. Harris & M. P. Todaro, "Migration, Unemployment and Development: A Two – sector Analysis", *The American Economic Review*, Vol. 60, No. 1, 1970, pp. 126 – 142.

[③] L. T. Lee, "Internally Displaced Persons and Refugees: Toward a Legal Synthesis?" *Journal of Refugee Studies*, Vol. 9, No. 1, 1996, pp. 27 – 42.

[④] C. A. Davenport, W. H. Moore & S. C. Poe, "Sometimes You just have to Leave: Domestic Threats and Forced Migration, 1964 – 1989", *International Interactions*, No. 29, 2003, pp. 27 – 55; E. Melander & M. Öberg, "Time to Go? Duration Dependence in Forced Migration", *International Interactions*, Vol. 32, No. 2, 2006, pp. 129 – 152.

Schmeidl、Moore 和 Shellman 的研究报告称，经济发展确实与更少的难民有关。① 这可能是由于数据测量的粗糙，它往往涉及一个国家的社会经济发展的总体水平和一种被称为"移民潮"的现象。这描述了移民率与国家经济发展之间的非线性关系。② 发展中国家 GDP 的增加通常会导致最初移民水平的上升，因此，在出现积极的经济发展趋势导致福利增加的情况下，移民往往不是最贫穷的人，而是那些能够获得足够资源并能够为移民提供资金的人。在对阿富汗难民的定量分析中，Loschmann 和 Siegel 发现，弱势家庭的移民意愿较低，这表明这些家庭对其移民潜力进行了现实的评估。③ 地区混合移民秘书处（Regional Mixed Migration Secretariat，RMMS）和国际移民研究所（International Migration Institute，IMI）研究表明，前往也门的索马里难民数量的减少是由于索马里资源获取困难。④ Clemens 和 H. de Haas 等人对历史和当代移民数据的跨国分析也证明"移民潮"确实存在的观点。⑤

由于国家之间存在的相对差异，致使国家之间出现双边移民流动。相关的调查分析也表明，较大的经济机会是一个重要的拉动因素。Ortega 和 Peri 调查了 1980—2005 年的移民流动，发现

---

① S. Schmeidl, "Exploring the Causes of Forced Migration: A Pooled Time – series Analysis, 1971 – 1990", *Social Science Quarterly*, No. 78, Vol. 2, 1997, pp. 284 – 308; W. H. Moore & S. M. Shellman, "Fear of Persecution: Forced Migration, 1952 – 1995", *Journal of Conflict Resolution*, Vol. 48, No. 5, 2004, pp. 723 – 745.

② P. L. Martin, "Trade and Migration: The Case of NAFTA", *Asian and Pacific Migration Journal*, Vol. 2, No. 3, 1993, pp. 329 – 367.

③ C. Loschmann & M. Siegel, "The Influence of Vulnerability on Migration Intentions in Afghanistan", *Migration and Development*, Vol. 3, No. 1, 2014, pp. 142 – 162.

④ RMMS (Regional Mixed Migration Secretariat) & IMI (International Migration Institute), *Global Migration Future: Using Scenarios to Explore Future Migration in the Horn of Africa & Yemen* (Project report), November 2012.

⑤ M. A. Clemens, *Does Development Reduce Migration?* (Working Paper 359), Washington, DC: Center for Global Development (CGDEV), 2014; H. de Haas, M. Czaika, M. – L Flahaux, et al., *International Migration: Trends, Determinants and Policy Effects* (Working Paper Series 142), Oxford: International Migration Institute Network, 2018.

原籍国和目的地国之间的收入差距是国际移民的一个重要决定因素。[1]Clark、Hatton 和 Williamson 在研究移民流向美国数据时得到同样的结论。[2] Czaika 和 Hobolth 利用一个大型跨国数据报告称，目的地的收入机会是一个重要的驱动力，甚至对于非正常的国际移民来说也是如此。[3] Neumann 和 Hermans 对解释萨赫勒地区（Sahel Region）移民的因素进行的 Meta 分析[4]（Meta – analysis）表明，更好的经济机会是一个主要的驱动力。[5] Wissink/Düvell 和 Van Eerdewijk 在研究土耳其跨境移民的意图时，以及 Schapendonk 和 Van Moppes 对于塞内加尔非正规移民的研究表明，他们的定性证据也得到类似结论，欧洲更多的经济机会是一个重要的激励因素。总的来说，其他地方有更好的经济机会，或原籍国缺乏经济机会，已被证明是农村—城市和国际移民迁移运动的重要驱动因素。但在说明是缺乏经济机会的"推力"，抑或有可能获得更大的收入收益的"拉力"促使他们移民方面，目前的研究成果在此方面并不算很有说服力。

然而，也有证据表明，即使面对暴力和冲突，人们仍然会有意识地选择迁徙或留下。在面对暴力的情况下，关于目的地经济环境对移民选择的重要性方面存在着模棱两可的结果。Zimmermann 在对索马里难民的定性研究中发现，他们不仅仅是在寻求安全，他们还

---

[1] F. Ortega & G. Peri, *The Causes and Effects of International Migrations: Evidence from OECD Countries* 1980 – 2005（NBER Working Paper 14833），Cambridge：National Bureau of Economic Research（NBER），2009.

[2] X. Clark，T. J. Hatton & J. G. Williamson，"Explaining U. S. Immigration 1971 – 1998"，*The Review of Economics and Statistics*，Vol. 89，No. 2，2007，pp. 359 – 373.

[3] M. Czaika & M. Hobolth，"Do Restrictive Asylum and Visa Policies Increase Irregular Migration into Europe?" *European Union Politics*，Vol. 17，No. 3，2016，pp. 345 – 365.

[4] Meta 分析（Meta – analysis）是用于比较和综合针对同一科学问题研究结果的统计学方法，其结论是否有意义取决于纳入研究的质量，常用于系统综述中的定量合并分析。

[5] K. Neumann & F. Hermans，"What Drives Human Migration in Sahelian Countries? A Meta – analysis"，*Population*，*Space and Place*，Vol. 23，No. 1，2017，pp. 1 – 16.

会继续前往能够提供经济机会的地方。"安全并不是他们[难民]寻求的全部,因为安全并不是他们失去的全部。"① 然而,这种说法受到了专注于难民的定量研究的质疑。Byrne 发现,虽然原籍国(叙利亚)的经济条件影响了难民流动,但目的地国(约旦)的经济机会不那么重要。② 此外,Engel 和 Ibáñez 的研究也指出,在典型的流离失所情况下,负面的收入差异或经济风险并不能阻止人们离开,因为有其他因素在主导着移民决策过程。③

(五)移民治理和政策

原籍国、过境国和目的地国或区域移民政策的改变也可能会影响移民的迁移。然而,目前的研究证据并不能直接解释。有几项研究表明,效果往往与政策的目标或预期相差甚远。加强边境管制或更严格的难民政策似乎并不影响移民的绝对人数,而是影响其所选择的移民路线,将移民者推向非正常流动。④ 事实表明,限制性的移民政策增加了外来务工人员的永久居留,同时减少了循环移民和回流移民。⑤ Czaika 和 Hobolth 对欧洲的移民政策进行了大量定量研究,发现更严格的难民和签证政策导致了更多的非法移民行为。

---

① S. E. Zimmermann, "Irregular Secondary Movements to Europe: Seeking Asylum Beyond Refuge", *Journal of Refugee Studies*, Vol. 22, No. 1, 2009, p. 93.

② M. B. Byrne, *Determinants of Forced Migration: The Varying Effects of Violence and Economic Conditions on Syrian Refugee Flight*, Baltimore, MD: Johns Hopkins University, 2016.

③ S. Engel & A. M. Ibáñez, "Displacement due to Violence in Colombia: A Household-level Analysis", *Economic Development and Cultural Change*, Vol. 55, No. 2, 2007, pp. 335 – 365.

④ M. Czaika & M. Hobolth, "Do Restrictive Asylum and Visa Policies Increase Irregular Migration into Europe?", *European Union Politics*, Vol. 17, No. 3, 2016, pp. 345 – 365; L. Mbaye, "'Barcelona or Die': Understanding Illegal Migration from Senegal", *IZA Journal of Migration and Development*, Vol. 3, No. 1, 2014, pp. 1 – 19; UNODC, *Global Study on Smuggling of Migrants* 2018, New York: United Nations (UN), 2018.

⑤ H. de Haas, "Turning the Tide? Why Development will not Stop Migration", *Development and Change*, Vol. 38, No. 5, 2007, pp. 819 – 841.

与此同时，移民政策"乐观主义者"如 Bonjour、Carling 和 Geddes 认为，总体而言，移民政策在遏制移民迁移方面是有效的。[1] 有些定性研究和越来越多的定量研究对上述说法予以了支持，如 Castels、Hatton、Karemera、Oguledo 和 Davis，Kuschminder 等人，以及 Ortega 和 Peri 等人。Czaika 和 H. de Haas 认为，虽然更多的限制性签证政策的确减少了移民流入，但同时它们也阻止了移民流出，从而激励了移民的长期定居。研究还提出了这样一个概念，即一旦超过某一临界值，其他因素，如网络或移民机构，不论移民政策如何，都支持移民的进一步迁徙流动。因此，移民迁移可以自我强化。[2] 此外，大多数研究只考虑了目的地国的移民政策，而忽略了原籍国移民政策的潜在影响。总的来说，有证据表明，移民政策的确会影响移民流动，尽管可能以意想不到的方式在生产影响。它们似乎是一个具有挑战性的工具，可以用来影响总移民人口迁移量。不同的移民结果可能是由于难以衡量移民政策的有效性或移民政策的内生性，即这些往往是由更广泛的经济或政治发展所决定的。[3]

（六）环境变化和威胁

近年来，在移民迁移的背景下，关于环境威胁的讨论日趋增多。土壤退化、干旱或洪水、降雨或温度的异常以及自然灾害已被确定

---

[1] S. Bonjour, "The Power and Morals of Policy Makers: Reassessing the Control Gap Debate", *International Migration Review*, Vol. 45, No. 1, 2011, pp. 89 – 122; J. Carling, "Migration in the Age of Involuntary Immobility: Theoretical Reflections and Cape Verdean Experiences", *Journal of Ethnic and Migration Studies*, Vol. 28, No. 1, 2002, pp. 5 – 42; A. Geddes, *The Politics of Migration and Immigration in Europe*, London: Sage Publications Ltd, 2003.

[2] C. Cummings, J. Pacitto, D. Lauro et al., *Why People Move: Understanding the Drivers and Trends of Migration to Europe*, London: Overseas Development Institute (ODI), 2015; M. Czaika & H. de Haas, "The Effectiveness of Immigration Policies", *Population and Development Review*, Vol. 39, No. 3, 2013, pp. 487 – 508.

[3] H. de Haas, *The Determinants of International Migration: Conceptualising Policy, Origin and Destination Effects* (Working Paper 32), Oxford: International Migration Institute (IMI), April 2011.

为大规模移民迁移的潜在原因,预计未来这种情形会更加严重。① 据大量的实证研究考证,气候变化形成灾害的地理分布将是不平衡的。发展中国家的人口适应能力较弱,因此气候变化形成的灾害对发展中国家的影响会更深。② 由于气候变化会直接影响到移民的其他重要驱动因素,如经济机会、生计或政治环境,因此,很难将环境变化确定为移民的直接驱动因素。③ 在许多情况下,环境变化和威胁的影响可能是间接的,虽然它们可以增加移民离开家园的动机,但同时也具有限制移民离开的能力。④ 针对短期气候风险(例如洪水或干旱)的典型适应策略是循环或季节性的劳动力迁移。这通常发生在一个国家内部,不会导致跨境的人口流动。⑤ Cattaneo 等人描述了在"缓发事件"(如土地退化或干旱)和"突发事件"(如风暴或洪涝)方面移民迁移的多样性。后者大多与被迫的、突然的内部移民迁移有关,前者由于人类反应迟缓,而更难与具体的气候事件联系起来。

---

① IPPC (Intergovernmental Panel on Climate Change), *Climate Change* 2014: *Impacts, Adaptation, and Vulnerability*: *Part A*: *Global and Sectoral Aspects*, New York: Cambridge University Press, 2014; United Nations Population Fund (UNFPA), *State of World Population* 2009: *Facing a Changing World*, *Women, Population and Climate*, Jan 2009.

② R. Mendelsohn, A. Dinar & L. Williams, "The Distributional Impact of Climate Change on Rich and Poor Countries", *Environment and Development Economics*, Vol. 11, No. 2, 2006, pp. 159 – 178; R. S. J. Tol, T. E. Downing, O. J. Kuik et al., "Distributional Aspects of Climate Change Impacts", *Global Environmental Change*, Vol. 14, No. 3, 2004, pp. 259 – 272.

③ M. Maurel & M. Tuccio, "Climate Instability, Urbanisation and International Migration", *The Journal of Development Studies*, Vol. 52, No. 5, 2016, pp. 735 – 752; C. Raleigh, L. Jordan & I. Salehyan, *Assessing the Impact of Climate Change on Migration and Conflict*, Washington, DC: The World Bank, 2010.

④ R. Black, W. N. Adger, N. W. Arnell, et al., "The Effect of Environmental Change on Human Migration", *Global Environmental Change*, No. 21 (Supplement 1), 2011, pp. 3 – 11; S. E. Findley, "Does Drought Increase Migration? A Study of Migration from Rural Mali During the 1983 – 1985 Drought", *International Migration Review*, Vol. 28, No. 3, 1994, pp. 539 – 553.

⑤ Y. Alem, M. Maurel & K. Millock, *Migration as an Adaptation Strategy to Weather Variability*: *An Instrumental Variables Probit Analysis* (Working Paper 665), Göteborg: School of Business, Economics and Law at the University of Gothenburg, Department of Economics, 2016; C. Raleigh, L. Jordan & I. Salehyan, *Assessing the Impact of Climate Change on Migration and Conflict*, Washington, DC: The World Bank, 2010.

因此，"缓发事件"形成的移民迁移常常被认为自愿迁移，也通常被认为是出于经济动机的迁移。[1]

有几项个人和家庭层面的定量研究调查了气候变化和国内移民之间的联系。[2] Barrios、Bertinelli 和 Strobl，以及 Henderson、Storeygard 和 Deichmann 观察到，在撒哈拉以南非洲，气候变化对农村人口向城市迁移有明显影响。[3] Joseph 和 Wodon 的报告认为，气候因素对也门的国内移民也有明显影响。[4]近年来，有越来越多的以国际移民流动为重点的定量研究可作为补充。[5]如 Marchiori、Maystadt 和 Schumacher 在调查撒哈拉以南非洲的降雨和温度异常时提出，这些异常现象最初导致了由国内农村涌向城市的移民增加，以及接着由于城市中心的工资锐减而导致国际移民的增加。[6] Coniglio 和 Pesce 研究了从发展中国家到经合组织（OECD）国家的移民以应对不利的气候事件，发现其对向外移民有着重大的直接和间接影响，对于农业社会

---

[1] Cristina Cattaneo, Michel Beine, Christiane J. Fröhlich, et al., "Human Migration in the Era of Climate Change", *Review of Environmental Economics and Policy*, Vol. 13, No. 2, 2019, pp. 1–22.

[2] C. L. Gray, "Environment, Land, and Rural Out-migration in the Southern Ecuadorian Andes", *World Development*, Vol. 37, No. 2, 2009, pp. 457–468; S. Henry, B. Schoumaker & C. Beauchemin, "The Impact of Rainfall on the First Out-migration: A Multi-level Event-history Analysis in Burkina Faso", *Population and Environment*, Vol. 25, No. 5, 2004, pp. 423–460.

[3] S. Barrios, L. Bertinelli & E. Strobl, "Climatic Change and Rural-urban Migration: The Case of Sub-Saharan Africa", *Journal of Urban Economics*, Vol. 60, No. 3, 2006, pp. 357–371; J. V. Henderson, A. Storeygard & U. Deichmann, "Has Climate Change Driven Urbanization in Africa?" *Journal of Development Economics*, No. 124, 2017, pp. 60–82.

[4] G. Joseph & Q. Wodon, "Is Internal Migration in Yemen Driven by Climate or Socio-economic Factors?", *Review of International Economics*, Vol. 21, No. 2, 2013, pp. 295–310.

[5] T. Afifi & K. Warner, *The Impact of Environmental Degradation on Migration Flows Across Countries* (UNU-EHS Working Paper), Bonn: United Nations University, Institute for Environment and Human Security (UNU-EHS), 2008; G. Bettin & F. Nicolli, *Does Climate Change Foster Emigration from Less Developed Countries? Evidence from Bilateral Data* (Working Paper 10), Ferrara: University of Ferrara, Department of Economics, 2012.

[6] L. Marchiori, J.-F. Maystadt & I. Schumacher, "The Impact of Weather Anomalies on Migration in Sub-Saharan Africa", *Journal of Environmental Economics and Management*, Vol. 63, No. 3, 2012, pp. 355–374.

而言更是如此。[①] Beine 和 Parsons 使用 1960—2000 年的数据调查气候因素和自然灾害,没有观察到此两种因素对国际移民的长期影响具有统计学意义。然而,他们的研究报告表明,自然灾害显著地影响了以城市化速度为代表的国内移民流动。[②] 由于随之而来的是寻求庇护者数量的大幅增加,Abel、Brottrager、Cuaresma 和 Muttarak 认为气候变化(尤其是干旱的严重程度)与冲突发生之间存有因果关系。[③]

总体而言,Marchiori、Maurel 和 Skeldon 等学者的多项研究均表明,气候变化与国际移民之间存有关联性,首先是国内城乡移民的增加和城市化进程的加快,其次是由于城市工资受到抑制而导致的跨境移民。[④]

(七)发展开发引起的迁移

诸如水坝、矿山或城市基础设施(道路、港口)或工业园区等开发项目,可能会导致大规模的人口迁移。[⑤] 虽然开发项目往往对部分当地居民有积极影响,如可提供新的就业机会和改善公共服务,但同时也可能迫使人们离开家园,为新的水坝或道路腾

[①] N. D. Coniglio & G. Pesce, "Climate Variability and International Migration: An Empirical Analysis", *Environment and Development Economics*, Vol. 20, No. 4, 2015, pp. 434 – 468.

[②] M. Beine & C. Parsons, "Climatic Factors as Determinants of International Migration", *The Scandinavian Journal of Economics*, Vol. 117, No. 2, 2015, pp. 723 – 767.

[③] G. J. Abel, M. Brottrager, J. C. Cuaresmaet al., "Climate, Conflict and Forced Migration", *Global Environmental Change*, No. 54, 2019, pp. 239 – 249.

[④] L. Marchiori, J. – F. Maystadt & I. Schumacher, "The Impact of Weather Anomalies on Migration in Sub – Saharan Africa", *Journal of Environmental Economics and Management*, Vol. 63, No. 3, 2012, pp. 355 – 374; M. Maurel & M. Tuccio, "Climate Instability, Urbanisation and International Migration", *The Journal of Development Studies*, Vol. 52, No. 5, 2016, pp. 735 – 752; R. Skeldon, "Interlinkages between Internal and International Migration and Development in the Asian Region", *Population, Space and Place*, Vol. 12, No. 1, 2006, pp. 15 – 30.

[⑤] M. M. Cernea & H. M. Mathur, *Can Compensation Prevent Impoverishment? Reforming Resettlement Through Investments and Benefit – sharing*, Oxford: Oxford University Press, 2008; P. K. Gellert & B. D. Lynch, "Mega – projects as Displacements", *International Social Science Journal*, Vol. 175, No. 55, 2003, pp. 15 – 25.

出空间。①

发展开发引起的人口迁移的显著特征是，由于开发项目，所有生活在某一地理区域内的人将永久搬迁，这通常会影响数千人，偶尔也会影响上万人。② 此外，这种人口迁移还会带来一些所谓的次要影响，譬如环境退化、动植物群遭到破坏、水位变化或土地流失等，这是开发项目的间接后果。③ 特别是原住民社区或少数民族以及小农户等弱势群体往往受到更多不利影响。④ 除了迁移人口将受到直接影响外，有时其他一些群体也难免会受到间接影响，譬如收容迁移人口的地区，或生活在该地区的社群，他们不必搬迁，但其获取资源或社交网络的机会难免会受到挤占等负面影响。⑤ 总的来说，关于发展开发引起的人口迁移的纵向证据（尤其是定量证据）很少。

四 移民迁移的驱动力研究：中观层面

除了国家层面的决定因素外，在社会、社区和家庭层面也有一些因素被证明对个人的移民愿望和决定有很大影响。虽然几十年前的一些研究已经证实了移民网络的重要性，但互联网和偷渡者的作用直到最近才引起更多关注。另外，在中观层面上，各移民驱动因

---

① T. Scudder, *The Future of Large Dams: Dealing with Social, Environmental, Institutional and Political Costs*, London: Earth-scan/James, 2005.

② M. M. Cernea, "For a New Economics of Resettlement: A Cociological Critique of the Compensation Principle", *International Social Science Journal*, Vol. 175, No. 55, 2003, pp. 37-45.

③ P. K. Gellert & B. D. Lynch, "Mega-projects as Displacements", *International Social Science Journal*, Vol. 175, No. 55, 2003, pp. 15-25.

④ S. Doutriaux, C. Geisler & G. Shively, "Competing for Coffee Space: Development-induced Displacement in the Central Highlands of Vietnam", *Rural Sociology*, Vol. 73, No. 4, 2008, pp. 528-554; H. Randell, "The Short-term Impacts of Development-induced Displacement on Wealth and Subjective Well-being in the Brazilian Amazon", *World Development*, No. 87, 2016, pp. 385-400.

⑤ C. de Wet, "Economic Development and Population Displacement: Can Everybody win?", *Economic and Political Weekly*, Vol. 50, No. 36, 2001, pp. 4637-4646.

素之间存在着相互依存关系,而它们同时与宏观和微观层面上的各个驱动因素也密切相关。

(一) 移民文化、网络和信息

移民网络通常指的是"通过亲属关系、友谊和共同的社区来源,将原籍地、目的地之间的移民、老移民和非移民联系起来的人际关系组"[1]。Gari 和 Asad 描述了移民网络如何影响移民过程的两种途径:第一种途径是社会便利性,即通过帮助移民寻求工作或住所来提供有用信息或实际援助的行为,从而降低移民的风险和成本。[2] 第二种途径是规范性影响,指的是网络同伴通过社会奖励或制裁影响潜在移民的情况。后者与移民文化的概念有关,而移民文化又与移民网络的存在紧密相连。基于"累积因果关系理论"(Theory of Cumulative Causation),来自特定国家或地区的移民增加有助于强化移民网络(譬如基于亲属关系、宗教或其他社会形式),从而产生移民和跨地区文化。随着移民迁移在某些地区变得愈发突出,移民可以成为家庭减轻风险和实现改善社会和经济成果的一种可接受和期望的策略。有家庭成员移民出去已成为家庭期望和价值体系一部分。[3]

一些定性调查研究已证明了移民网络在移民前、移民期间和移民结束整个移民过程中的重要性。[4] 移民网络通过提供信息和资源来

---

[1] J. H. Lundquist & D. S. Massey, "Politics or Economics? International Migration during the Nicaraguan Contra War", *Journal of Latin American Studies*, Vol. 37, No. 1, 2005, p. 42.

[2] F. Garip & L. A. Asad, *Mexico – US Migration in Time: From Economic to Social Mechanisms* (Working Paper 67), Oxford: International Migration Institute (IMI), 2013.

[3] L. Heering, R. van der Erf & L. van Wissen, "The Role of Family Networks and Migration Culture in the Continuation of Moroccan Emigration: A gender Perspective", *Journal of Ethnic and Migration Studies*, Vol. 30, No. 2, 2004, pp. 323 – 337.

[4] A. Palloni, D. S. Massey, M. Ceballos, et al., "Social Capital and International Migration: A test Using Information on Family Networks", *American Journal of Sociology*, Vol. 106, No. 5, 2001, pp. 1262 – 1298; J. Schapendonk, "What if Networks Move? Dynamic Social Networking in the Context of African Migration to Europe", *Population, Space and Place*, Vol. 21, No. 8, 2015, pp. 809 – 819.

降低潜在移民的流动风险和成本。① 移民网络有助于移民在移入国找到住所和工作，并为移民路线提供必要的资源。在移民前和移民期间获取信息对于降低风险至关重要。与此同时，他们将信息传回国内，反过来又为移民迁移决策提供参考。② 有些学者通过国家级数据源以及更细分的数据源进行的几项定性和定量研究发现，移民网络的确会引发更多的移民，即使在冲突局势中也是如此。③ 各种不同的反馈机制在整个移民网络中发挥作用，并得到移民文化形成的支持，是触发移民迁移活动自我延续特征的因素。这不仅适用于正常移民，也适用于非正常移民。④

尽管如此，移民为了证明迁移成功，似乎对移入国障碍的负面信息报道偏少。然而，最近出现的一些定性研究表明，也有些负面的反馈机制通过移民网络发挥作用，有时会阻止移民的迁移流动。⑤ 如在移入国的就业不适应、移入国的社会敌意、限制性移民政策或学习新语言的挑战，等等，各种关于此类移民挑战的报道可能会减

---

① C. Cummings, J. Pacitto, D. Lauro, et al., *Why People Move: Understanding the Drivers and Trends of Migration to Europe*, London: Overseas Development Institute (ODI), 2015.

② A. Ros, E. González, A. Marín, et al., *Migration and Information Flows: A New Lens for the Study of Contemporary International Migration*, Barcelona: Universitat Oberta de Catalunya (UOC), 2007.

③ F. Barthel & E. Neumayer, "Spatial Dependence in Asylum Migration", *Journal of Ethnic and Migration Studies*, Vol. 41, No. 7, 2015, pp. 1131 – 1151; C. A. Davenport, W. H. Moore & S. C. Poe, "Sometimes You just have to Leave: Domestic Threats and Forced Migration, 1964 – 1989", *International Interactions*, No. 29, 2003, pp. 27 – 55; E. Herman, "Migration as a Family Business: The Role of Personal Networks in the Mobility Phase of Migration", *International Migration*, Vol. 44, No. 4, 2006, pp. 191 – 230.

④ C. Van Mol & C. Timmerman, "Migration Aspirations and Migration Cultures: A Case Study of Ukrainian Migration Towards the European Union", *Population, Space and Place*, Vol. 24, No. 5, 2018, pp. 1 – 11.

⑤ G. Engbersen, E. Snel & A. Esteves, "Migration Mechanisms of the Middle Range: On the Concept of Reverse Cumulative Causation", in O. Bakewell, G. Engbersen, M. L. Fonseca,, et al., eds. *Beyond Networks*, London: Palgrave Macmillan, 2016, pp. 205 – 230.

少移民迁移的发生。① 此外，通过诸如互联网或社交媒体等获取其他信息来源，可使人们更加平衡和现实地了解移民迁移可能带来的结果。② 因此，移民流的规模可在这些通过网络运作的反馈机制的基础上或增或减。

有些论文研究了移民网络如何既影响移民迁移流动的规模，又影响移民迁移流动的结构；有些论文调查了移民网络如何不仅影响移民流动的规模，也影响其移民结构。多项定量研究发现，移民网络导致了教育和技能水平较低的移民的自我选择。③ 最近，研究人员也开始调查移民网络对女性和男性在移民决定方面的异质性影响，男性的移民网络似乎比女性的移民网络更大、更分散。④ 另外，家庭网络被认为能够使人们更容易留下来以及应对冲突的影响。⑤ 冲突还可以巩固原籍地的社会网络，加强社会联系。总而言之，本文所整理的文献普遍认为，移民网络和文化对移民意愿和决定有重大影响。尽管显然它们降低了成本和风险，并由此带动移民迁移活动，但其传播的包括鼓励或阻碍内容的信息所带来的影响仍有待进一步研究。

---

① E. Snel, M. Faber & G. Engbersen, "From Bridgeheads to Gate – closers: How Migrant Networks Contribute to Declining Migration from Morocco to the Netherlands", Paper presented at *the Examining Migration Dynamics – Networks and Beyond*, THEMIS International Migration Conference, 24 – 26 September, Oxford, 2016.

② N. Mai, " 'Looking for a More Modern Life…' : The Role of Italian Television in the Albanian Migration to Italy", *Westminster Papers in Communication and Culture*, Vol. 1, No. 1, 2004, pp. 3 – 22.

③ S. Bertoli, "Networks, Sorting and Self – selection of Ecuadorian Migrants", *Annals of Economics and Statistics*, No. 97 – 98, 2010, pp. 261 – 288; D. McKenzie & H. Rapoport, "Self – selection Patterns in Mexico – U. S. Migration: The Role of Migrant Networks", *The Review of Economics and Statistics*, Vol. 92, No. 4, 2010, pp. 811 – 821.

④ M. – M. Liu, "Migrant Networks and International Migration: Testing Weak Ties", *Demography*, Vol. 50, No. 4, 2013, pp. 1243 – 1277; S. Toma & S. Vause, "Gender Differences in the Role of Migrant Networks: Comparing Congolese and Senegalese Migration Flows", *International Migration Review*, Vol. 48, No. 4, 2014, pp. 972 – 997.

⑤ P. Adhikari, "The Plight of the Forgotten Ones: Civil War and Forced Migration", *International Studies Quarterly*, Vol. 56, No. 3, 2012, pp. 590 – 606.

（二）技术

技术改变了人们进入社交网络的途径及其运作方式。信息与通讯技术（ICT）既指传统上的电视、无线电和移动电话技术，也特指现今流行的社交媒体，这些技术已经塑造了移民网络的构建和维持方式。它们使人们能够与家人和朋友保持密切的联系，同时建立起有助于组织和促进移民进程的临时联系。它们作为一种通信手段，尤其是移动电话，在移民迁移路线上至关重要并通过它们共享重要信息。[1] 坊间的大量证据表明，从原籍国出发，包括途中和抵达过境国或目的地国，大多数移民在迁移过程中都使用某种形式的信息通信技术。[2] Collyer 认为，利用现代技术可能会形成长期零散的移民模式，而长途陆路旅行也让较贫穷的人也有可能将移民视为一种选择。[3]

ICT 不仅能使信息的获取和不同类型的移民网络的构建更加便捷，从而影响移民的进程，而且本身也成为移民的驱动因素。[4] 有人认为，如电视或互联网等现代技术影响着人们看待国界的方式，也加强了他们的全球互联性。[5] 他们可能会塑造一些想法，正如

---

[1] R. Dekker & G. Engbersen, "How Social Media Transform Migrant Networks and Facilitate Migration", *Global Networks*, Vol. 14, No. 4, 2014, pp. 401 - 418; M. L. Schaub, "Lines Across the Desert: Mobile Phone Use and Mobility in the Context of Trans - Saharan Migration", *Information Technology for Development*, Vol. 18, No. 2, 2012, pp. 126 - 144.

[2] M. Kirwin & J. Anderson, *Identifying the Factors Driving West African Migration* (West African Papers 17), Paris: OECD Publishing, 2018.

[3] M. Collyer, "Stranded Migrants and the Fragmented Journey", *Journal of Refugee Studies*, Vol. 23, No. 3, 2010, pp. 273 - 293.

[4] Joseph Chamie & Luca Dall'Oglio, eds., *International Migration, Development and the Information Society: Continuing the Dialogue: Legal and Policy Perspectives*, Center for Migration Studies (CMS) and International Organization for Migration (IOM), 2008.

[5] C. Timmerman, H. M. - L. De Clerck, K. Hemmerechts, et al., "Imagining Europe from the Outside: The Role of Perceptions of Human Rights in Europe in Migration Aspirations in Turkey, Morocco, Senegal and Ukraine", in N. Chaban & M. Holland, eds., *Communicating Europe in Times of Crisis, External Perceptions of the European Union*, London: Plagrave Macmillan UK, 2014, pp. 220 - 247.

Hamel 所言,"移民的行为始于思想"。① 全球媒体上的图景是形成移民愿望的重要来源,这些图景往往是基于一个偶像化的"天堂",它塑造了人们的期望。② 特别是对于那些已考虑将移民作为一种选择的人来说,这些图景会对他们最终的移民决定产生重要影响。③ 同时,一些定性研究表明,ICT 会提高人们对移民过程中困难的认识,并推动了更加平衡和细致的移民理解。④ 需要提及的是,ICT 部门本身已导致了大规模的劳动力迁移,例如工程师和计算机科学家。这种迁移往往是对具体工作机会的回应。尤其是,网上发布的招聘信息方便人们事先知晓移入国的工作机会,提供了更多的确定性。⑤

(三) 移民偷渡者

最近的研究表明,移民偷渡者往往被看作移民网络的一部分。社会网络和偷渡网络之间虽有区别,但两者在移民过程中有所重叠,呈现的关系非常复杂,并不像媒体展现的那样黑白分明。⑥ 如果要进行非正常移民,偷渡者的角色很重要,一些研究报告指出,偷渡者在移民过程中经常发挥重要作用,对路线和目的地也常产

---

① J. - Y. Hamel, *Information and Communication Technologies and Migration* (Human Development Research Paper 39/2009), New York: United Nations Development Programme (UNDP), 2009, p. 10.

② M. Kirwin & J. Anderson, *Identifying the Factors Driving West African Migration* (West African Papers 17), Paris: OECD Publishing, 2018.

③ J. Schapendonk, "Turbulent Trajectories: African Migrants on Their Way to the European Union", *Societies*, Vol. 2, No. 2, 2012, pp. 27 - 41.

④ H. A. Horst, "The Blessings and Burdens of Communication: Cell Phones in Jamaican Transnational Social Fields", *Global Networks*, Vol. 6, No. 2, 2006, pp. 143 - 159.

⑤ M. McAuliffe & K. Koser, eds., *A Long Way to go: Irregular Migration Patterns, Processes, Drivers and Decision - making*, Canberra: ANU Press, 2017, pp. 103 - 140.

⑥ G. Sanchez, "Critical Perspectives on Clandestine Migration Facilitation: An Overview of Migrant Smuggling Research", *Journal on Migration and Human Security*, Vol. 5, No. 1, 2017, pp. 9 - 27.

生影响。① 然而，关于偷渡及其与移民之间关系的实证研究甚少。② 运输全球化和通信技术的不断普及推动了偷渡服务的专业化。必须承认，依赖偷渡服务的需求也被视为一种证据，证明更严格的移民政策以及合法移民可能性的降低是如何将人们（包括寻求庇护者）推向采取非正常的移民方式。③ 对替代移民路线的需求不断增加，自然会导致了这些偷渡移民服务的供应增加。④

（四）地理和基础设施

移民迁移本身就涉及旅行，这不仅受道路或交通等基础设施的影响，而且还受某些地理特征，如山区地形的影响。无法通行的地形或被毁坏的道路是迁移的障碍，很可能影响个人的迁移决定。⑤ 然而，Schmeidl、Moor 和 Shellman 的研究表明，未观察到地形特征对难民的迁移流动有任何重大影响。⑥

---

① M. Jandl, "Irregular Migration, Human Smuggling, and the Eastern Enlargement of the EuropeanUnion", *International Migration Review*, Vol. 41, No. 2, 2007, pp. 291 – 315; K. Koser & K. Kuschminder, "Key Findings of Comparative Research on Assisted Voluntary Return and Reintegration of Migrants", *Migration Policy Practice*, Vol. 1, 2015, pp. 28 – 30.

② G. Sanchez, "Critical Perspectives on Clandestine Migration Facilitation: An Overview of Migrant Smuggling Research", *Journal on Migration and Human Security*, Vol. 5, No. 1, 2017, pp. 9 – 27.

③ J. Bhabha & M. Zard, "Smuggled or Trafficked?" *Forced Migration Review*, No. 25, 2006, pp. 6 – 8; G. Sanchez, "Critical Perspectives on Clandestine Migration Facilitation: An Overview of Migrant Smuggling Research", *Journal on Migration and Human Security*, Vol. 5, No. 1, 2017, pp. 9 – 27.

④ UNODC, *Global Study on Smuggling of Migrants* 2018, New York: United Nations (UN), 2018.

⑤ P. Adhikari, "The Plight of the Forgotten Ones: Civil War and Forced Migration", *International StudiesQuarterly*, Vol. 56, No. 3, 2012, pp. 590 – 606; S. Edwards, *The Chaos of Forced Migration: A Means of Modeling Complexity for Humanitarian Ends*, Saarbrücken: VDM Verlag, 2009.

⑥ S. Schmeidl, "Exploring the Causes of Forced Migration: A Pooled Time – series Analysis, 1971 – 1990", *Social Science Quarterly*, Vol. 78, No. 2, 1997, pp. 284 – 308; W. H. Moore & S. M. Shellman, "Refugee or Internally Displaced Person? To where Should One Flee?", *Comparative Political Studies*, No. 39, 2006, pp. 599 – 622.

尽管从更普遍的意义上讲，人口流动性和交通是密切相关的，但交通对人口流动性的影响既没有理论上的共识，也没有经验上的共识。Czaika 和 Kis‑Katos 在对印度尼西亚的个案研究中发现了移民运输成本的混合结果。在对坦桑尼亚和尼泊尔的个案研究中，发现道路系统的改善大大降低了个人移民的概率。① 虽然交通的可得性和便利性的改善降低了移民的成本，但它们也往往同时与追求更好的生活或更好的状态相联系。然而，人们一致认同距离阻碍了国际和国内流动这一事实。② 总的来说，研究证据表明，地理和基础设施在移民方面似乎没有发挥重大作用。虽然地理和基础设施是一个重要因素，但交通困难通常不会阻止人们离开家园。

五 移民迁移的驱动力研究：微观层面

微观层面的移民驱动因素只是在最近的定量研究中才予以关注。③ 虽然在一些比较成熟的研究领域，诸如研究农村—城市移民流动的领域，已有了比较详细的调查研究，但在其他研究中，大多数都没有考虑到这些移民迁移的驱动微观因素。研究认为，虽然个人特征对移民迁移很重要，但一般来说，这些特征不被视为移民迁移的主要驱动因素，而是视其为对移民决定有重大影响并导致移民自我选择的因素。

---

① M. Czaika & K. Kis‑Katos, "Civil Conflict and Displacement: Village‑level Determinants of ForcedMigration in Aceh", *Journal of Peace Research*, Vol. 46, No. 3, 2009, pp. 399‑418; M. Fafchamps & F. Shilpi, "Determinants of the Choice of Migration Destination", *Oxford Bulletin of Economics and Statistics*, Vol. 75, No. 3, 2013, pp. 388‑409.

② R. E. B. Lucas, "The Effects of Proximity and Transportation on Developing Country Population Migrations", *Journal of Economic Geography*, Vol. 3, No. 1, 2001, pp. 323‑339.

③ S. Engel & A. M. Ibáñez, "Displacement Due to Violence in Colombia: A Household‑level Analysis", *Economic Development and Cultural Change*, Vol. 55, No. 2, 2007, pp. 335‑365.

(一) 年龄

有充分的证据表明，大多数移民都处于工作年龄，这一规律特点无论是对那些在境内和跨境流动的人，抑或寻求难民地位的人，还是劳工移民都是适用的。[1] 处于工作年龄的移民最有可能成功地克服他们在移民前和移民路途中所面临的困境，而且在移入国谋生的概率最高，这往往是家庭风险分散战略的一部分。[2] 更重要的是，如果当地的机会太有限，如那些处于工作年龄的人无法养活自己与家人时，他们就会感到无比失望和绝望，而会重新考虑迁移决定。[3]

(二) 教育水平

在传统的劳动力移民方面，似乎与教育有着积极的正向关系。[4] 无法找到足够的符合其教育水平的工作是技能熟练、受过教育的移民离家的主要动机。[5] 尽管如此，各国之间教育对移民迁移的影响似乎各不相同。Van Dalen 等人发现，在加纳和埃及，受教育程度较高的人更倾向于移民，而在摩洛哥，情况正好相反。在最近涵盖世界不同地区的研究中，几位学者对受教育程度较低的个人移民做了调查。他们认为，在移民网络密集的国家，移民成本大大降低，

---

[1] IMF, *World Economic Outlook*, October 2016: *Subdued Demand: Symptoms and Remedies*, World Economic and Financial Surveys, October 4, 2016.

[2] S. Dasgupta, M. D. Moqbul Hossain, M. Huq, et al., *Facing the Hungry Tide: Climate Change, Livelihood Threats, and Household Responses in Coastal Bangladesh* (Report WPS7148), Washington, DC: World Bank Group, 2014.

[3] B. Holtemeyer, E. Schmidt, H. Ghebru, et al., "The Effect of Land Access on Youth Employment and Migration Decisions: Evidence from Rural Ethiopia", *American Journal of Agricultural Economics*, Vol. 100, No. 3, 2017, pp. 931 – 954.

[4] H. Kassar & P. Dourgnon, "The Big Crossing: Illegal Boat Migrants in the Mediterranean", *European Journal of Public Health*, No. 24 (Supplement 1), 2014, pp. 11 – 15.

[5] M. Kirwin & J. Anderson, *Identifying the Factors Driving West African Migration* (West African Papers 17), Paris: OECD Publishing, 2018.

从而导致一种"低技能移民的选择"。[1] 此外，非正常移民似乎主要是受教育程度较低的人，因为技能水平较高的人有更多的合法移民机会。[2] Grogger 和 Hanson 通过一组 OECD 国家移民出境的大型跨国数据集进行研究表明，移民出境的人受教育程度普遍更高，与此同时，他们也定居在对其技能水平有高回报的国家。[3]

（三）性别

一些描述性的研究表明，女性比男性更不太可能跨境移民，而且她们似乎对移民成本更加敏感。[4] 女性对非正常移民的风险更加厌恶，因为在移民过程中她们要比男性面临诸如暴力等方面更高的风险。[5] 除此之外，她们经常受到缺乏经济手段的限制。因此，她们常常须依靠密切的家庭网络来进行跨境移民，而男性移民则是信任朋友和更不密切的网络关系。[6]

虽然在一些国家，譬如孟加拉国和斯里兰卡，国内劳动力迁移，特别是贫困女工的移民现象相对比较普遍，但文化和社会规范可能

---

[1] S. Bertoli, "Networks, Sorting and Self–selection of Ecuadorian Migrants", *Annals of Economics andStatistics*, No. 97 – 98, 2010, pp. 261 – 288; D. McKenzie & H. Rapoport, "Self–selection Patterns in Mexico – U. S. Migration: The Role of Migrant Networks", *The Review of Economics and Statistics*, Vol. 92, No. 4, 2010, pp. 811 – 821.

[2] L. Mbaye, "'Barcelona or Die': Understanding Illegal Migration from Senegal", *IZA Journal of Migration and Development*, Vol. 3, No. 1, 2014, pp. 1 – 19.

[3] J. Grogger & G. H. Hanson, "Income Maximization and the Selection and Sorting of International Migrants", *Journal of Development Economics*, Vol. 95, No. 1, 2011, pp. 42 – 57.

[4] M. Beine & S. Salomone, *Networks Effects in International Migration: Education Versus Gender* (Discussion Paper 22), Louvain – la – Neuve: Institut de Recherches Économiques et Sociales (IRES) de l'Universiteé catholique de Louvain, 2010.

[5] K. M. Donato & E. Patterson, "Women and Men on the Move: Undocumented Border Crossing", in J. Durand & D. S. Massey, eds. *Crossing the Border: Research from the Mexican Migration Project*, New York, NY: Russell Sage Foundation, 2004, pp. 111 – 130.

[6] S. Toma & S. Vause, "Gender Differences in the Role of Migrant Networks: Comparing Congolese and Senegalese Migration Flows", *International Migration Review*, Vol. 48, No. 4, 2014, pp. 972 – 997.

会阻碍她们从农村迁往城市以及跨境移民。[1] 女性和男性离家的决定似乎受到不同因素的驱动。男性更多地受到个人、经济因素的驱动，但妇女移民的动机往往是为了帮扶家庭或出于家庭团聚，但有时也为了逃避基于性别的暴力或歧视。[2] 几项研究提到另一个驱动因素是基于性别的结构性不平等。[3]

（四）风险规避与个性特征

众所周知，经济、人口和社会学因素对于解释移民意向和决定的差异很重要。但个性特征的差异也可能与移民迁移的异质性有很大关系。在心理学研究中，风险规避和个性特征会影响个人的移民决策过程，这是个不争的事实。[4] 移民是一个重大的决定，对个人的生活以及家庭甚至社区都有明显的影响。虽然以前的研究证实了风险规避对于典型性劳动力迁移（正规移民）的重要性，但直到最近，学者们开始研究它对非正常移民的作用。证据表明，在高收入国家以及中低收入国家，各类移民的风险规避都比较低。[5] 他们知

---

[1] A. Fleury, *Understanding Women and Migration: A Literature Review* (Working Paper 8), Washington, DC: Global Knowledge Partnership on Migration and Development (KNOMAD), 2016.

[2] L. Heering, R. van der Erf & L. van Wissen, "The Role of Family Networks and Migration Culture in the Continuation of Moroccan Emigration: A Gender Perspective", *Journal of Ethnic and Migration Studies*, Vol. 30, No. 2, 2004, pp. 323 – 337; H. P. van Dalen, G. Groenewold & J. J. Schoorl, "Out of Africa: WhatDrives the Pressure to Emigrate?", *Journal of Population Economics*, Vol. 18, No. 4, 2005, pp. 741 – 778.

[3] A. S. Erulkar, T. – A. Mekbib, N. Simie, et al., "Migration and Vulnerability Among Adolescents in Slum Areas of Addis Ababa, Ethiopia", *Journal of Youth Studies*, Vol. 9, No. 3, 2006, pp. 361 – 374; G. Ferrant, M. Tuccio, E. Loiseau, et al., *The Role of Discriminatory Social Institutions in Female South – South Migration*, Paris: Organisation for Economic Co – operation and Development (OECD), 2014.

[4] A. R. Beyer, B. Fasolo, P. A. de Graeff, et al., "Risk Attitudes and Personality Traits Predict Perceptions of Benefits and Risks for Medicinal Products: A Field Study of European Medical Assessors", *Value in Health*, Vol. 18, No. 1, 2015, pp. 91 – 99.

[5] L. Mbaye, "'Barcelona or Die': Understanding Illegal Migration from Senegal", *IZA Journal of Migration and Development*, Vol. 3, No. 1, 2014, pp. 1 – 19; M. Wissink, F. Düvell & A. van Eerdewijk, "Dynamic Migration Intentions and the Impact of Socio – institutional Environments: A Transit Migration Hub in Turkey", *Journal of Ethnic and Migration Studies*, Vol. 39, No. 7, 2013, pp. 1087 – 1105.

晓在移民过程中所涉及的风险，但依然做出了积极移民的决定。同时，移民的时间偏好①似乎低于非移民的时间偏好。② 然而，由于缺乏可靠的数据支撑，关于时间和风险偏好的经验证据仍然匮乏。理论上的考虑仍然不充分，有必要将这些因素纳入移民驱动理论。

近来，人们对"移民心理学"（Migration Psychology）领域的兴趣日益浓厚。已有研究试图探讨不同的人格特质对移民决策的影响。Canache、Hayes、Mondak 和 Wals 利用美洲的大型跨国数据集研究了开放型和外倾型人格特征对移民意向的影响，这两种个性特征对移民意向均有一定的积极影响。③ Silventoinen 等人通过对芬兰和瑞典之间的移民研究，也证实了上述观点。Fouarge、Özer 和 Seegers 以德国学生为对象，研究了"五大"个性特征与个人移民意向之间的关系。此外，他们还观察到了开放型和外倾型人格特征对移民意向的积极影响，而随和型、尽责型和情绪稳定型人格特征则与移民意向呈负相关。④ 此外，还有研究发现，在印度男性中，寻求感觉和结识新朋友的偏好与其移民行为呈正相关。⑤

有些研究还显示了与其他个人特征有关的异质性影响，如种族、婚姻状况和家庭规模等。⑥然而，关于它们对移民意向和决定的影响，

---

① "时间偏好"（Time Preference）是微观经济学中的一个术语，指的是个人对消费某种物品的相对评价。高时间偏好的人意味着要比时间偏好较低的人更愿意尽早得到该物品。

② C. Goldbach & A. Schlüter, "Risk Aversion, Time Preferences, and Out-migration: Experimental Evidence from Ghana and Indonesia", *Journal of Economic Behavior & Organization*, Vol. 150, No. C, 2018, pp. 132-148.

③ D. Canache, M. Hayes, J. J. Mondak, et al., "Openness, Extraversion and the Intention to Emigrate", *Journal of Research in Personality*, Vol. 47, No. 4, 2013, pp. 351-355.

④ D. Fouarge, M. N. Özer & P. Seegers, *Personality Traits and Migration Intention: Who Bears the Cost of Migration?*, Maastricht: Maastricht University, 2016.

⑤ D. B. Winchie & D. W. Carment, "Intention to Migrate: A Psychological Analysis", *Journal of Applied Social Psychology*, Vol. 18, No. 9, 1988, pp. 727-736.

⑥ P. Bohra-Mishra & D. S. Massey, "Processes of Internal and International Migration from Chitwan, Nepal", *International Migration Review*, Vol. 43, No. 3, 2009, pp. 621-651; M. R. Rosenzweig & O. Stark, "Consumption Smoothing, Migration, and Marriage: Evidence from Rural India", *Journal of Political Economy*, Vol. 97, No. 4, 1989, pp. 905-926.

相关的更具体的证据非常有限的,特别是在关于强制移民的研究领域,它往往只被用作附加的解释变量,未得到进一步讨论。

六 结论与展望

总而言之,了解影响移民迁移决定的各驱动因素之间的相互作用与相互依存关系,比较移民迁移驱动因素对移民类型的相对重要性和潜在等级都是有趣研究方向,值得进一步关注。

(一) 主要结论

1. 移民迁移驱动力研究需要多重维度与跨学科和视野的多元研究范式

本综述的理论分析框架采用了一种有益的研究范式,确认了塑造移民环境的各种层面决定因素的多样性。为了解释移民迁移决定的复杂性,本文认为应承认自愿移民和强制移民之间存在着软边界(Soft Boundary)。这也适用于新的理论方法的发展,这种方法可以避免人们陷入严格遵循移民类别的二分法的"误区",而是应考虑移民迁移驱动因素的全面范畴。新的劳动力迁移经济学(New Economics of Labor Migration,NELM)理论考虑到了这种跨家庭或社会群体的相互依赖性,并指出了今后研究可能做出的选择。将移民研究进一步纳入其他领域,如社会或文化心理学和行为经济学,可以对人们的移民意愿和决策进行更深入的探究。

2. 移民迁移决定是多种驱动因素相互作用与影响的结果

为了简化复杂的移民决策过程,H. de Haas 曾提出如下观点,"只要在原籍地区的愿望增长速度快于当地机会,这就会激励人们移民迁移……"[1] 尽管影响移民决定因素的重要性因移民或难民而异,

---

[1] H. de Haas, M. Czaika, M. - L. Flahaux, et al., *International Migration:Trends, Determinants and Policy Effects* (Working Paper Series 142), Oxford:International Migration Institute Network, 2018, p. 21.

但他们有着共同的"对更美好生活的渴望"①，这表明宏观层面的因素主导着移民意愿。因此，本文认为宏观层面的驱动因素起主导作用，而中观层面和微观层面的驱动因素往往被视为中介。本文献综述表明，许多因素可以决定一个人的移民意愿及决定。虽然所有这些驱动因素都会影响移民意愿，但必须承认，移民意愿不会自动形成移民意图，也不会导致最终的移民运动，因为这些都取决于个人能力。② 只有具备适当的能力和机会，人们才能实现移民的迁移。③ 他们只有获得社会（其他人）、经济（物质）和人力资本（知识和技能），才能实现他们的移民愿望。④ 只有考虑到上述综合因素，才能解释移民现实中所见的个别差异。能力和愿望在各社会之间的分布并不均衡，而且会随时间和地点而变化。因为它们受到三个不同级别的驱动因素的影响，而这些驱动因素并不是恒定不变的。⑤ 这些都是本文中提出的多种因素相互作用的结果，包括其个人和家庭特征（年龄、技能水平、财富等）、移民网络规模、获得技术和交通工具的机会，以及各自的政治、社会和经济环境。

3. 某些驱动因素对移民迁移决定的影响要比其他因素更为显著

尽管仍然缺少对各种移民类型中因素的影响强度进行系统的比较，但本文献综述表明，某些驱动因素对移民迁移决定的影响要比其他决定因素更为显著。譬如，对于所有的移民类型，无论直接抑

---

① C. Özden & M. Wagner, *Moving for Prosperity*, Washington, DC: World Bank, 2018, p. 9.

② H. de Haas, *The Determinants of International Migration: Conceptualising Policy, Origin and Destination Effects*, Vol. 32, Oxford: International Migration Institute (IMI), 2011.

③ H. de Haas, M. Czaika, M. - L. Flahaux, et al., *International Migration: Trends, Determinants and Policy Effects* (Working Paper Series 142), Oxford: International Migration Institute Network, 2018.

④ H. de Haas, "Migration and Development: A Theoretical Perspective", *International Migration Review*, Vol. 44, No. 1, 2010, pp. 227 - 264.

⑤ C. Van Mol, E. Snel, K. Hemmerechts, et al., "Migration Aspirations and Migration Cultures: A Case Study of Ukrainian Migration Towards the European Union", *Population, Space and Place*, Vol. 24, No. 5, 2018, pp. 1 - 11.

或间接的经济因素以及环境变化和威胁似乎都很重要，即使它们似乎会根据事件的特点带动不同类型的移民活动。移民管理制度似乎不影响移民或难民的总数，但又确实影响到了移民和难民的路线选择、入境合法性，以及偷渡网络的使用。技术和网络在所有移民决策中也起到重要作用。

（二）研究展望

通过以上文献综述，我们不难发现，在移民迁移驱动力的定性与定量研究方面，仍有许多亟须深入探讨的研究空间：一是，虽然有大量的文献证据表明暴力与冲突对移民做出迁移决定极为重要，但关于暴力与其他潜在因素的相互依存关系及其相对重要性的文献仍匮乏。二是，虽然学者们都认可缺乏政治自由和侵犯人权会增加移民逃离家园，但相关文献大多使用国家一级的综合定量数据，缺乏调查侵犯人权和缺乏政治自由对家庭层面或个人层面移民的影响，特别是对合法归类难民以外的群体的影响的研究。三是，虽然有些研究使用跨国数据调查来证明制度水平对移民模式的作用，但几乎没有任何个人层面的证据能够更直接地与人们的移民迁移愿望和决策联系起来，这将是一个有意义的研究领域，可探讨与调查移民的各种不同宏观层次的移民迁移驱动因素的等级，并为境内外的移民迁移建立一个早期预警系统。四是，虽然经济环境对移民迁移的普遍重要性不存争议，但仍然缺乏经验证据证明与导致人们离开家园的其他驱动因素间的相互依赖性。五是，虽然现有研究已表明气候变化与国际移民之间存有关联性，然而，在调查环境变化和国际移民之间直接关系的个人层面的研究方面仍然代表性不足。六是，虽然已有大量关于国际移民的移民决定与ICT使用之间关系的坊间证据，但对此的实证研究依然很少。而且ICT与其他驱动因素之间的相互关系，例如不同类型移民之间的ICT不同使用方法，或者ICT对移民网络的影响、以及ICT在冲突局势或形成经济愿望中的应用，都是潜在的有意义的研究空白。七是，正如 Sanchez 所指出的，大多数偷渡活动都依赖于某种通信技术①，但鉴于偷渡和贩运之间存在不太清晰的界线②，偷渡网络与技术与其他移民驱动因素之间的相互关系也值得深入探讨。八是，虽然关于年龄、性别、人格特质、技能水平在移民迁移中的作用，已经有了可靠的证据链基础，但年龄在冲突与非冲突环境中的作用，或不同距离的选择效应；性别与移民的其他驱动因素之间的相互作用，性别对移民迁移影响在冲突和非冲突环境中是否有不同的重要性；与那些有经济压力的人相比，技能水平在有人权侵犯的环境中是否发挥不同的作用；人格特质对发展中国家或地区的移民出入境的潜在影响，人格特质在非正常移民中扮演什么角色等方面仍有较大的研究空间。

---

① G. Sanchez, "Critical Perspectives on Clandestine Migration Facilitation: An Overview of Migrant Smuggling Research", *Journal on Migration and Human Security*, Vol. 5, No. 1, 2017, pp. 9 – 27.

② 一般而言，从法律上说，偷渡是指偷渡者与被偷渡者之间的一种自愿交易，而贩运则是指在没有必要征得受害者同意的情况下使用某种形式的武力。然而，这种二分法是否适用于现实世界的环境，是有争议的。参见 J. Bhabha & M. Zard, "Smuggled or Trafficked?", *Forced Migration Review*, No. 25, 2006, pp. 6 – 8.

中东研究

以色列固体废弃物处理的举措及其启示*

孔　妍　张济海**

摘　要：近些年来，固体废弃物问题受到世界各国的关注。以色列作为较早处理固体废弃物的国家，在医疗废弃物、建筑废弃物、危险废弃物和日常废弃物等领域已经有了初步的探索与实践。以色列从垃圾清洁模式到固体废弃物填埋模式，再到固体废弃物回收模式，在真正意义上实现了将固体废弃物转变为新资源的目标。以色列在固体废弃物处理方面科学技术的高度密集性，行政与经济手段相互配合下的高效化处理以及以色列人对垃圾问题的深入认识等都成为其固体废弃物处理的宝贵经验。

关键词：以色列；固体废弃物；环境保护；社会治理

随着人类社会进入工业文明阶段，城市化不断推进，固体废弃物处理问题在城市发展过程中逐渐成为社会治理的一项关键议题，由于固体废弃物本身会对水源、土地、空气造成污染，因此，固体废弃物处理需要得到迫切、有效的解决方案。对于领土狭小、人口快速增长的以色列，同样也面临着固体废弃物处理的诸多现实问题。

---

* 本文为教育部高校国别和区域研究年度课题"埃及、沙特阿拉伯、以色列生态环境问题的成因、治理及其对我国生态文明建设的启示"（2021 - N41）、教育部国别和区域备案中心——郑州大学埃及研究中心建设的阶段性成果。

** 孔妍，郑州大学历史学院副教授；张济海，郑州大学历史学院世界史专业硕士生。

根据经济合作与发展组织（OECD）① 的数据显示，以色列人平均每年产生垃圾已经超过 650 公斤，而经合组织的其他国家平均垃圾生产量约为 500 公斤。② 因此，以色列面临日益增多的固体废弃物处理和回收的巨大挑战。

一 以色列对固体废弃物处理的做法

以色列作为中东地区的强国，在固体废弃处理方面采取了较具特色的措施。对于广大发展中国家而言，尤其是对于固体废弃物处理并不成熟的国家，以色列的做法具备一定的借鉴意义。一方面，对于以色列来说，具有相对明确的固体废弃物处理的法律法规作为保障。20 世纪末至 21 世纪初，以色列开始重视城市固体废弃物处理，在以色列环境保护部的主导下，出台了一系列法案，以色列通过学习欧洲发达国家的治理经验，采用了生产者责任延伸（又称为扩展的生产者责任，Extended Producer Responsibility，EPR）③ 的理念，以色列依照此原则分别在 2010 年和 2012 年相继推出了《饮料容器押金法》（1999）的修正案和《电气电子设备和电池环境管理法》④ 等法案，取得了卓有成效的治理效果。另一方面，普通民众

---

① 经济合作与发展组织（Organization for Economic Cooperation and Development，OECD）简称经合组织，是全球 38 个市场经济国家组成的政府间国际组织，总部设在法国巴黎犬舍城堡。

② 根据经济合作与发展组织（OECD）网站统计数据，https://data.oecd.org/waste/municipal-waste.htm. 上网时间：2022 年 12 月 5 日。

③ 经合组织（OECD）将"生产者责任延伸机制"定义为要求生产者对产品负责任延伸到产品生命周期中消费后阶段的一种环境政策措施。在实践中，生产者责任延伸意味着生产者承担收集或回收旧货，并为最终回收的分类和处理承担责任。在 20 世纪 80 年代早期，该政策理念开始出现在少数几个欧洲国家，尤其是自 1994 年颁布《欧共体包装和包装废弃物指令》（Directive 94/62/EC of 20 December 1994 on packaging and packaging waste）（简称《欧共体包装指令》）以来，它在欧共体国家进一步得以传播。

④ Talia Fried, *It's not Just Garbage—It's Waste: Conceptualizing the Social, Historical and Epistemic Grounds of Municipal Solid Waste Treatment in Israel*, Doctor's thesis, The Senate of Bar Ilan University in Ramat Gan, 2020, p. 5.

积极参与固体废弃物处理活动。普通民众作为固体废弃物的主要产生者，以生产者责任延伸原则制定出相应的固体废弃物的管理措施则可以切实应对这一困境，在固体废弃物从产生到被处理的过程中，以色列民众积极参与固体废弃物处理的各项活动，在完成固体废弃物处理方面发挥了一定的作用。

（一）医疗废弃物处理

随着近几年新冠疫情的蔓延，世界上的很多家庭将一些药物作为常备性储存物资，当药物过期后，大多数过期或未使用的药物被扔进垃圾桶或冲入污水，对水资源甚至饮用水产生了污染，从而对生态环境带来一些不易察觉的消极影响。由于一些药物含有特殊的成分，在废水处理厂中几乎无法去除，而90%以上的废水在处理厂进行处理后用于农业。[1] 因此，药物残留物污染了农业灌溉的净化废水。除了污染农业用水外，药物化合物还可能污染水库和含水层，甚至污染饮用水。

尽管以色列还没有关于处理家庭医疗废物的相关立法，但是以色列卫生部已经意识到这一问题，并采取了相关行动。2003年，以色列"健康之友"（Friends for Health）[2] 组织成立，其宗旨是帮助有需要的病人和残疾人。该组织的主要任务之一是回收药物，他们从患者及其家人手中收集未使用的药物，并将这些药物转交给有需要的病人。该程序被正式加入药剂师条例，作为药剂师条例的立法修正案的一部分。[3] 2011年，以色列卫生部发布了一份通知，药房免费接收任何人未使用的药物，同时要求药房将收集的药物转移到药

---

[1] Zohar Barnett-Itzhaki and Tamar Berman, "Household Medical Waste Disposal Policy in Israel", *Israel Journal of Health Policy Research*, Vol. 5, No. 48, 2016, p. 2.

[2] 自2003年成立以来，健康之友（Friends for Health）的目标是改善和修复人们所处的世界。在以色列开展了收集未使用的药物然后免费分发的项目，并且改善了以色列人的生活。该组织宣称其志愿者团队共同致力于改变和改变成千上万人的生活。

[3] Zohar Barnett-Itzhaki and Tamar Berman, "Household Medical Waste Disposal Policy in Israel", *Israel Journal of Health Policy Research*, Vol. 5, No. 48, 2016, p. 6.

物废物中心。① 尽管有了初步的措施，但是以色列药房的药物退还率仍相对较低，如在耶路撒冷的回收率仅10.7%，海法的回收率为18.6%，佩塔—提克瓦的回收率为17.7%，特拉维夫雅法的回收率为14.8%。② 但是，以色列正在寻求改进，以色列政府正在设定一套综合的医疗废弃物处理机制来应对药物退还等问题。

对于大部分家庭而言，药物往往是一种储备品，尤其是现代制药业的重大发展，以及各种人群获得西药的机会增加，促进了全世界药物消费的增加。③ 同时，药品作为生活必需品，过期后废弃的医疗药品的不妥当处置对生态环境带来了负面影响。虽然以色列废弃药品的回收率不高，但是以色列政府对该问题非常重视，并对回收医疗废弃物进行了初步尝试，以色列政府和民间组织相互配合，为回收医疗废弃物开展了一系列活动。此外，近些年来，以色列民众开始形成主动回收医疗废弃物的意识，民众的参与减少了政府和社会组织执行医疗废弃物回收的压力。

（二）建筑废弃物处理

建筑业是世界上污染最严重的行业之一，尤其是在城市化进程发展相对较快的国家。建筑业的固体废弃物数量基数庞大，建筑和拆除废物所带来的生态环境破坏尤为严重，建筑废弃物污染问题引起了大部分国家的重视。以色列的建筑垃圾约占固体废物总量的60%，主要由混凝土、钢筋、钢型材、砌块、瓷砖、木材、塑料材料、砾石和土壤等组成④，以色列每年建筑垃圾量超过700

---

① The Ministry of Health Israel, December 26, 2011, p.2, http://www.health.gov.il/hozer/sbn16_2011.pdf, 上网时间：2021年12月19日。

② Zohar Barnett-Itzhaki and Tamar Berman, "Household Medical Waste Disposal Policy in Israel", *Israel Journal of Health Policy Research*, Vol.5, No.48, 2016, p.6.

③ Purushotham Naidu, "Causality Assessment: A Brief Insight into Practices in Pharmaceutical Industry", *Perspectives in Clinical Research*, Vol.4, No.4, 2013, p.233.

④ Amnon Katz and Hadassa Baum, "A Novel Methodology to Estimate the Evolution of Construction Waste in Construction Sites", *Waste Management*, Vol.31, No.2, 2011, p.353.

万吨[①]。与少数几个建筑和拆除废物回收率较高的欧洲国家不同，以色列的建筑废弃物回收率较低。以色列只有3个建筑和拆除废物的回收厂，却有22个垃圾填埋场[②]，因此，以色列非常重视处理建筑废弃物。精益生产技术是以色列处理建筑废弃物使用的一项技术，精益生产旨在通过消除废弃物来改善建筑施工，也通过降低温室气体排放量和减少其他废弃物改善生态环境。应用精益生产的建筑项目对建筑行业的固体废弃物处理带来了变革性影响。

以色列的精益生产主要是以5S精益施工技术和准时制（Just - in - time，JIT）方式为核心。5S精益施工技术是一种整理工作场所的方法，这个名字由五个英文单词组成，分别为分类（Sort）、排序（Set in Order）、整洁（Shine）、标准化（Standardize）和维持（Sustain）。在建筑精益生产的过程中，分类是指对工作区域中的所有物件进行分类，并确定工作中所需的部分；排序则代表在此阶段，所有材料和设备都按照计划和顺序进行施工，尤其适用于仓库存储区域；整洁是指清洁工作场所，包括放置垃圾箱和建立评估个人工作的系统；标准化是要求工作场所的操作按照标准的方式进行规范的操作；维持则是需要工人持续达到标准，每周检查以确保是根据相应的标准进行施工。准时制是指满足客户直接要求的所需数量和质量的一种生产商品的方法，所有材料都将准时安装，而不会因等待或存储而出现任何延误。以分类、排序、整洁、标准化和维持为主的5S精益生产的成效十分显著，有效避免材料浪费，从源头上减少固体废弃物的产生，施工现场干净有序，工人不再清洁建筑工地，也不再需要将建筑废弃物运送到垃圾填埋场，从而减少建筑废弃物

[①] Hadas Gabay, Isaac Meir, Moshe Schwartz, et al., "Cost - benefit Analysis of Green Buildings: An Israeli Office Buildings Case Study", *Energy and Buildings*, Vol. 76, 2014, p. 559.

[②] Musab Jamal Maraqa, Tomer Fishman and Rafael Sacks, "Reducing Construction and Demolition Waste through Lean Production: Observations from Tel - Aviv, Israel", *9th International Conference on Sustainable Solid Waste Management*, 2021, pp. 1 - 2.

转化为温室气体的数量。①

建筑废弃物与现代的其他废弃物一样，是人类城市化高速发展的产物。城市废弃物的特点是数量庞大且种类繁多，但是具备较高的可控性。以色列的精益生产措施成效十分明显，从源头上控制了建筑废弃物的产生，即通过恰当的管理机制尽可能减少不必要的建筑材料冗余。因此，以色列独具特色的精益生产措施值得在广大发展中国家进行推广。

（三）危险废弃物处理

世界各国对危险废弃物不专业的处理方式导致自然环境遭到了严重破坏，同时也对人类健康造成了长期风险。这些危险废弃物的主要来源是石化（乙烯、聚合物）、电子、制药、农业（化肥、农药）、金属加工和冶金、化学（氯气、烧碱）、合成材料、油漆和清漆等，因此，该问题在工业制造业发达的国家尤为明显。以色列密切关注危险废弃物的处理方式。

据估计，以色列每年会产生超过一百万吨的有害物质（不包括燃料），主要集中在海法湾、拉马特霍瓦夫、佩塔提克瓦和阿什杜德等工业区，以色列每天约有 3500 吨有害物质通过公路运输。② 1994 年 12 月 4 日，以色列批准了《控制危险废物越境转移及其处置巴塞尔公约》，从那时起，以色列的危险废弃物法规要求所有危险废弃物都必须在危险废物处置和处理中心拉马特—霍瓦夫（Ramat - Hovav）进行集中的妥善处理。拉马特—霍瓦夫是以色列国家级处理中心，自该中心启用以来，在拉马特—霍瓦夫处理危险废弃物的企业数量

---

① Musab Jamal Maraqa, Tomer Fishman and Rafael Sacks, "Reducing Construction and Demolition Waste Through Lean Production: Observations from Tel - Aviv, Israel", *9th International Conference on Sustainable Solid Waste Management*, 2021, p. 7.

② Yoram Zimmels, Felix Kirzhner and Torsten Zeller, "Underground Disposal of Hazardous Waste in Israel - Design Principles and Conceptual Approach", *Tunnelling and Underground Space Technology*, Vol. 21, No. 1, 2006, p. 69.

从 1990 年的 178 家增加到 1997 年的 413 家；截至 1999 年，以色列危险废物的数量增加到 266103 吨；至 2005 年，每年约有 63000 吨危险废弃物在拉马特—霍瓦夫处理。① 此外，以色列正在考虑在内盖夫沙漠再建立一个危险废弃物处理中心，危险废弃物处理中心的设立需要具备良好的地质屏障和地质力学稳定性的条件，以色列正在积极寻找更为妥善的地区来作为危险废弃物处置点。由于最适合危险废弃物地下处置点的地质构造是盐岩，而以色列的盐岩层仅出现在死海地区，但是该地区是地震多发区，因此，死海地区并不适合作为危险废弃物处置地点。从以色列当前和未来的角度来看，地下危险废物处置点提供了一个既能满足安全又能满足环保需求的解决方案。②

综上所述，以色列作为一个发达国家，工业水平在世界上处于相对领先的水平，其在处理危险废弃物方面具有一定的专业性，这种专业性不仅体现为技术手段的先进性，还体现为危险废弃物处置地点的专业考量。不同于普通的固体废弃物，危险废弃物不仅需要得到及时的转运，而且需要防止外泄带来的风险，因此，在处理危险废弃物的过程中需要考虑的技术因素更为复杂。

（四）日常废弃物处理

"白色污染"经常被环境保护组织所提及，"白色污染"最主要的来源是饮料瓶的随意丢弃，由于各式各样的饮料已经成为大众最普遍的消费产品，饮料容器的合理处置在许多国家已经有了完善的回收体系。不同于大部分固体废弃物，饮料容器的回收不仅直接减少了难以降解垃圾的数量，而且不需耗费太多成本就可再利用，能

---

① Yoram Zimmels, Felix Kirzhner and Torsten Zeller, "Underground Disposal of Hazardous Waste in Israel – Design Principles and Conceptual Approach", *Tunnelling and Underground Space Technology*, Vol. 21, No. 1, 2006, pp. 69 – 70.

② Yoram Zimmels, Felix Kirzhner and Torsten Zeller, "Underground Disposal of Hazardous Waste in Israel – Design Principles and Conceptual Approach", *Tunnelling and Underground Space Technology*, Vol. 21, No. 1, 2006, p. 77.

够大幅减少生产资源的浪费。以色列饮料容器的回收作为日常废弃物的处理是极具典型性的案例。

2001年，以色列《饮料容器押金—退款法》生效。该法将两种类型的经济激励措施相结合，一方面是购买饮料容器需要征税，另一方面是向退回容器的人提供补贴，通过环保的方式回收处理容器，从而防止污染。根据该法律，饮料生产商向消费者收取一定金额的押金，这一金额会并入饮料价格，零售商必须接受退回的容器，并偿还押金金额。零售商再将容器退还给饮料生产商，从而将押金取回。

以色列实行的《饮料容器押金—退款法》为饮料容器设定了强制性的回收目标，每个生产商都必须达到回收率。自生效以来，该法律一直受到公众的监督，也产生了某些争论。有些人反对这项法律，理由是它在经济上没有收益，另外一些人则希望能够涉及更多类型的容器。[①] 更具争议的是，该法律仅适用于体积小于1.5升的容器，有人认为这一范围比较狭隘，该法需要囊括更多体积规格的容器。该法还允许成立回收公司，为饮料生产商提供满足法律要求的服务。ELA回收公司[②]为所有主要饮料供应商提供服务。该公司从零售商、私人收藏家和公众手中收集容器，通过退还押金以换取容器，然后按照类型对回收的容器进行分类，并将其出售给回收工厂。

以色列《饮料容器押金—退款法》的独特之处在于，一方面，押金—退款成为一种激励措施，只要消费者选择回收饮料容器，就有机会避免因购买容器而缴税，即通过将容器进行回收以换取押金金额。另一方面，如果消费者事先决定可能不会退回容器，由于押金金额提高了饮料价格，从而有助于减少消费。从社会经济性角度

[①] Doron Lavee, "A Cost - benefit Analysis of a Deposit - refund Program for Beverage Containers in Israel. Waste Management", *Waste Management*, Vol. 30, No. 2, 2010, p. 338.

[②] ELA Recycling Corporation 是以色列饮料制造商所有的私营非营利组织，其目标是根据以色列法律促进、协调和资助瓶子和饮料容器的选择性收集、分类和回收。

来看，只要押金金额等于或低于所造成环境危害的外部成本，这项计划的可行性就能够得到保证。同时，如果饮料的消费者不在乎税款，选择将容器作为常规废物处理，其他人可能会选择收集和回收容器，以换取押金金额。

因此，以色列饮料容器押金—退款模式最值得借鉴的是生产者付费的方式，这意味着生产商或是垃圾生产源头的社会实体要对废弃物负责，具体表现就是生产商在完成回收指标后可以确保利润，消费者可以通过主动回收废弃物以减少购买饮料的实际成本，甚至可以通过回收额外的容器获得收益。以色列政府尽可能再利用该类型废弃物来减少资源的消耗。以色列依照本国的实际情况，实行了押金—退款机制，虽然面对一些争议，但是总体效果良好。饮料容器作为日常废弃物的典型代表，由于回收中涉及多个利益相关方，需要政府、生产者、零售商和普通消费者的一致行动才能够完成既定目标，实现更大范围、更高效率的回收目标。

二 以色列固体废弃物处理模式及其特点

通过以色列固体废弃物的处理可以看出，医疗废弃物、建筑废弃物、危险废弃物以及日常废弃物的处理都具有以色列特色。以色列固体废弃物处理模式主要以清洁模式、填埋模式和回收模式为主，其固体废弃物回收模式的产生与完善引领了一种趋势，即如何更好地重复利用固体废弃物，使其摇身一变成为一种"新资源"，最重要的是在当今能够使工业时代的产品也能够做到另一种意义上的"物尽其用"。

（一）垃圾清洁模式：简单被动的处理方式

在以色列建国之前，垃圾处理是地方性事务，由英国政府下属的市政当局和地方议会的卫生部门专门负责，但是垃圾收集与处理问题一直都不被重视。1934年，垃圾处理问题对公共健康产生了威胁，以色列政府出台了《市政公司条例》（Municipal Corporations Ordinance），1940年又出台了《公共卫生条例》（Public Health Ordinance）。①《公共卫生条例》共有73节和2个附件，文件明确了卫生部和环境部应对各种公共卫生和环境滋扰的权力，为监管以色列公共卫生方面做出规定并制定程序。② 20世纪30年代中期，以色列地方政府通过了反污染的法令。例如，谢法阿姆（Shefa - Amr）③ 于1936年通过了"保持街道清洁和防止乱扔垃圾"的规定，禁止任何人在街上投掷或乱扔垃圾，如果有人不遵守规定，则将被罚款5英镑。④ 1930—1940年，海法和特拉维夫等多个城市通过了《反污染细则》，该细则包含了清除垃圾的规定，具体规定了家庭和企业主必须提供足够数量的垃圾容器，用于存放产生的干垃圾，且需要按规定将干垃圾交给市政工人进行处理，此类容器由市政清扫服务机构收集、清除和处置。⑤

在两次世界大战之间，超过三分之一的巴勒斯坦犹太移民定居在特拉维夫，该城市的人口也从1922年的15000人激增到1939年的13万人⑥，这一时期城市垃圾处理的规模和技术不够成熟，由垃圾带来的生态环境问题对该地区的公共卫生系统造成了严重损害，影

---

① David Schorr, "A Prolonged Recessional: The Continuing Influence of British Rule on Israeli Environmental law", Char Miller, Dan Orenstein and Alon Tal, eds., *Between Ruin and Restoration: Chapters in Israel's Environmental History*, Pittsburgh: University of Pittsburgh Press, 2009, p. 3.

② Public Health Ordinance 1940, Ministry of Environmental Protection Israel, July 18, 2018, https://www.gov.il/en/departments/legalInfo/public_health_ordinance_1940, 上网时间：2022年12月22日。

③ 谢法阿姆（Shfar'am）是以色列北部区的一个阿拉伯城市。

④ Palestine Gazette, *Municipal Corporations Ordinance, 1934: By - laws Made by the Municipal Council of Shefa 'Amr under Section 99*, Supplement 2, No. 591, May 7, 1936, p. 325.

⑤ Palestine Gazette, *Municipal Corporations Ordinance, 1934: By - laws Made by the Municipal Council of Shefa 'Amr under Section 99*, Supplement 2, No. 591, May 7, 1936, p. 325.

⑥ Maoz Azaryahu, *Tel Aviv: Mythography of a City. Syracuse*, New York: Syracuse University Press, 2020, p. 33.

响了当地居民的身体健康。1926年，特拉维夫的卫生部门成立，此时该部门还是一个相对较小的部门，主要负责监督垃圾收集并定期向市议会提交清洁报告。20世纪20年代后期，该部门雇用了67名环卫工人，直至20世纪30年代末该部门雇用了大约300名工人，其中大部分是犹太移民。[1] 这一时期，特拉维夫的垃圾处理状况并不理想，一是由于缺乏运输垃圾的容器和相关工作人员，也缺少关于处理固体废弃物的法令；二是人们缺乏对固体废弃物的正确认识。直到1943年，特拉维夫的所有地区才提供每日垃圾收集服务，垃圾收集工作也得到了明显改善，这不仅仅是良好卫生习惯得到了普及的结果，还受益于更多基础卫生设施的改善。[2]

以色列建国后，随着城市垃圾处理设备和相关技术的不断完善，固体废弃物处理的能力也不断提高。以色列地方政府事务的监督权由英国高级专员转交至以色列内政部，与垃圾处理相关的法律法规得到了延续，其主要内容是根据英国人引入的《消除公害法》（The Abatement of Nuisances law）强制执行。该法律没有直接解决垃圾处理问题，而是对"打扰附近路人的噪声""气味"或"空气污染"做出了规定。虽然该法律现在看来可能微不足道，但他却被看作以色列第一部环境保护的明确法律。[3] 20世纪90年代，《消除公害法》依然发挥减少固体废弃物的作用，它规定了禁止露天焚烧和随意倾倒垃圾等条例。

1973年，以色列环境保护部成立后，乌里·马里诺夫（Uri

---

[1] Anat Helman, *Young Tel Aviv: A Tale of Two Cities*, Massachusetts: Brandeis University Press, 2010, p. 25.

[2] Talia Fried, *It's not just Garbage—It's Waste: Conceptualizing the Social, Historical and Epistemic Grounds of Municipal Solid Waste Treatment in Israel*, Doctor's thesis, The Senate of Bar Ilan University in Ramat Gan, 2020, p. 73.

[3] David Schorr, "A Prolonged Recessional: The Continuing Influence of British Rule on Israeli Environmental law", Char Miller, Dan Orenstein and Alon Tal, eds., *Between Ruin and Restoration: Chapters in Israel's Environmental History*, Pittsburgh: University of Pittsburgh Press, December 23, 2009, p. 2.

Marinov）担任以色列环境保护部负责人，这一时期以色列的环境保护政策对今天的以色列环保政策也具有很大影响。该部门成立之初，以色列卫生部专门负责垃圾处理问题，地方政府、警察部门或民事法庭并不涉及垃圾处理问题，垃圾投诉因"缺乏公众利益"而常常被忽视。在这种情况下，马里诺夫为解决固体废弃物处理问题采取了一系列措施。1984年，以色列环境部推出了《清洁法》（The Maintenance of Cleanliness Law），该法禁止不当处理废弃物，并将生活垃圾明确标识为"垃圾"或"污垢"，包括食物残渣、任何类型的包装、破损的设备、动物尸体等都纳入垃圾的范畴。此外，该法还包括要求公共交通车辆标注乱扔垃圾的标志，饮料瓶上需要标识扔到指定垃圾箱的信息等。[①]《清洁法》还规定建立一个可自由支配清洁基金的基金会，该基金的名称一直保留至今天。清洁基金的收入最初来自对污染者的罚款和饮料瓶税，2007年之后，该基金主要依靠垃圾填埋税。[②] 清洁资金资助了反对乱扔垃圾的公共教育计划以及垃圾回收计划。

以色列清洁模式具有两个明显的特征，一是模式的简单化。清洁模式并没有对垃圾进行分类处理，也没有复杂的处理方式，其根本目的仅仅是将垃圾从城市中移除。虽然以色列较早出台了减少垃圾产生相关的法律法规，但是这些法律法规所发挥的作用比较有限，以色列清洁模式也相对简单。二是应对的被动性。以色列在长期的垃圾清洁的过程中，仅仅只是被动应对垃圾处理问题，以色列固体废弃物处理的方式是通过基础设施来转运垃圾，当基础设施不能满足清洁需求时，垃圾问题就凸显了。但是，以色列

[①] Talia Fried, *It's not just Garbage—It's Waste: Conceptualizing the Social, Historical and Epistemic Grounds of Municipal Solid Waste Treatment in Israel*, Doctor's Thesis, The Senate of Bar Ilan University in Ramat Gan, 2020, p. 84.

[②] Talia Fried, *It's not just Garbage—It's Waste: Conceptualizing the Social, Historical and Epistemic Grounds of Municipal Solid Waste Treatment in Israel*, Doctor's Thesis, The Senate of Bar Ilan University in Ramat Gan, 2020, p. 85.

在法律层面规范了公众行为，为日后固体废弃物的回收模式打下了基础，普通民众开始认识到自身的参与对固体废物处理产生了不可忽视的作用。

（二）固体废弃物填埋模式：承上启下的过渡尝试

以色列建国前的城市规模和人口基数都相对不大，随着建国后犹太移民的不断涌入，以色列工业生产规模不断扩大，简单的清洁模式已经不再能够满足城市固体废弃物处理的需要。20世纪80年代后期，以色列大约96%的城市垃圾进入500个左右不受监管的垃圾场。[①] 以色列大多数垃圾场都有管理问题，许多垃圾场已经达到或即将达到饱和状态，而新建的垃圾场受制于审批程序一再拖延，大部分地区都没有批准新垃圾场的详细计划，超过三分之二的以色列人口仍然没有全面解决固体废弃物处理的问题。[②] 此外，垃圾填埋场还引发了一系列环境问题，例如地下水和土壤污染、空气污染、市容败坏、土地过度消耗等。

以色列认识到问题的严重性后，1993年，以色列政府做出了一项重大决定，以色列环境保护部与内政部一道采取了行动，强制关闭以色列不受管制的垃圾场，取而代之的是更为先进的中央垃圾填埋场，规定将废弃物在规定时间内运往新建立的垃圾填埋场，地方政府会提供财政援助。实际上，这一决定根植于1989年批准的《国家固体废弃物处理大纲计划》（National outline scheme for solid waste disposal，NOSWD）。该计划的目的是通过运营几个大型垃圾填埋场，最大限度地减少环境污染。1994年5月，以色列国家规划和建筑委员会又批准了《国家固体废弃物处理大纲计划》修正案。该修正案规定改造杜丹（Dudaim）、塔利亚（Talya）、阿

---

① Nissim Ilan, Shohat Tamy and Inbar Yossi, "From Dumping to Sanitary Landfills – solid Waste Management in Israel", *Waste Management*, Vol. 25, No. 3, 2005, p. 323.

② Nissim Ilan, Shohat Tamy and Inbar Yossi, "From Dumping to Sanitary Landfills – solid Waste Management in Israel", *Waste Management*, Vol. 25, No. 3, 2005, p. 324.

什杜德（Ashdod）和埃夫隆（Evron）的现有垃圾填埋场，将其变为中央垃圾填埋场，为了处理特拉维夫市区的固体废弃物，特别在奥伦（Oron）增加一个中央垃圾填埋场，为了加快实施修订后的总体规划，所有新建中心站点都被纳入国家详细规划，并附有环境影响报告书。[1]

在以色列总体规划中出现的所有垃圾填埋场，都必须符合环境保护部在其营业执照中规定的条件，以符合最新的标准，否则，垃圾填埋场将被关闭。总体规划的初衷是基于以色列国土划分为不同的固体废弃物收集区，每个收集区由一个固体废弃物处理场提供服务。根据计划，环境保护部负责关闭和修复非法倾倒场，并确保将以色列的所有固体废物排放到授权的垃圾填埋场，在不达标的垃圾场关闭后，当地市政府获得了将废物运送到受监管的垃圾场的财政援助。截至2005年，根据国家政策，已向107个地方政府提供了财政支持，新授权的垃圾填埋场为以色列大约一半的人口提供服务，总额超过8000万美元，环境保护部和内政部已经关闭和改善了500个非法垃圾场中的大约一半，以及每天接收生活垃圾的77个大型场址（最后一个场址于2003年6月30日关闭），并在关闭后根据新的环境标准改造了10个场址。[2] 最具意义的是，毗邻本古里安国际机场、自1953年开启的臭名昭著的希里亚（Hiriya）垃圾填埋场[3]彻底地被关闭了，这标志着以色列固体废弃物处理的一个新时代的开始，一个以综合废弃物管理为标志的时代。

以色列垃圾填埋模式是清洁模式的进一步发展，它开创了以色

---

[1] Nissim Ilan, Shohat Tamy and Inbar Yossi, "From Dumping to Sanitary Landfills – solid Waste Management in Israel", *Waste Management*, Vol. 25, No. 3, 2005, p. 324.

[2] Nissim Ilan, Shohat Tamy and Inbar Yossi, "From Dumping to Sanitary Landfills – solid Waste Management in Israel", *Waste Management*, Vol. 25, No. 3, 2005, p. 326.

[3] 以色列希里亚（Hiriya）垃圾场在1952—1998年运作，2002年，以色列政府决定修复这个地点，将这个垃圾场改造为一个大型公园来纪念以色列垃圾处理所取得的成果，当时任以色列总理的阿里尔·沙龙支持此项计划。

列固体废弃物集中高效处理的先河，为后期的回收模式打下了基础，因此，以色列垃圾填埋模式起到了承上启下的作用。随着以色列垃圾数量激增和复杂化，清洁模式已不再适合以色列固体废弃物处理。虽然以色列国土面积不大，人口密度却相对较高，分散各地的垃圾填埋场常常造成以色列土地的浪费。以色列垃圾填埋模式能够提高固体废弃物的处理效率，专门的垃圾场为特定的城市提供服务，大大提高了土地利用率，减少了清洁模式的简单化处理带来的弊病。

（三）固体废弃物回收模式：主动的革命

以色列垃圾填埋模式开始建立一套行之有效的废弃物处理制度和方法，减少了垃圾对生态环境造成的不利影响，同时也抑制了病菌的传播，改善了居民的健康水平，在此情况下，以色列固体废弃物回收制度也应运而生。与此前的传统垃圾不同，现代以来某些垃圾不再需要完全被清理，因此，以色列部分垃圾可以通过科学技术重新变成工业原材料，还可能带来更多的用途。以色列将所有的垃圾进一步分成各种具体的类型，分为危险废弃物垃圾、可回收利用垃圾和不可回收利用垃圾，这就形成了以色列垃圾分类制度。

第一，以色列在建国之初形成了固体废弃物回收制度的雏形。1950年，以色列成立了一个专门处理废弃物的临时机构，负责收集纸张、金属、动物毛发和骨头等废弃物。该部门还通过了一项法令，规定除了某些会危及他人的健康或安全的纺织品废料之外，禁止非法销毁纺织品废料。此外，以色列注重纸张回收，并将1945年1月24日宣布为"造纸日"。尽管以色列的固体废弃物回收制度很早就建立起来了，但是以色列的固体废弃物回收工作大多不为公众所知，回收的行为大都发生在商业实体和工厂中，除了纸张回收之外，家庭垃圾的分类和回收在20世纪80年代之前几乎不存在。1974年，以色列在工业领域中回收了锡罐82%、印刷品68%、木屑66%以及金属产品和木质容器50%等。[1]

第二,20世纪90年代初以色列针对固体废弃物制定了相应的法律。进入21世纪后,以色列掀起了回收革命。1993—2006年以色列掀起了第一波回收浪潮。以色列左翼政治家约西·萨里德(Yossi Sarid)于1992年年底接替乌里·马里诺夫担任环境保护部部长,他在伊扎克·拉宾(Yitzhak Rabin)的左翼工党政府下任职。约西·萨里德宣布1993—1994年为以色列环境年,在任职期间内约西·萨里德最重要的成就是通过了《回收废物的收集和处置法》(Collection and Disposal of Waste for Recycling),该法授权地方政府为废弃物回收中心和人行道垃圾箱分配空间,并制定了必要的章程以规划收集过程。[2] 这成为日后以色列城市废弃物回收的主要法律。1998年,以色列推出了一项法律修正案《废弃物处理回收义务法》(Obligation of Waste Disposal for Recycling),该法律修正案要求地方政府逐步达到回收目标,最终回收城市生活垃圾达到25%,并报告每年产生和回收固体废弃物的类型和数量。[3] 1999年,以色列颁布了《国家容器法案》即《饮料容器押金—退款计划》,这项计划对以色列饮料瓶的回收发挥了巨大的作用。

2007年持续至今是以色列回收革命的第二波浪潮。这波浪潮的发起者是吉拉德·埃尔丹(Gilad Erdan),他于2009—2013年担任以色列环境保护部部长。这一阶段的起点是征收垃圾填埋场税,这是以色列加入经合组织(OECD)需要满足的相应条件。垃圾填

---

[1] Talia Fried, *It's not just Garbage—It's Waste: Conceptualizing the Social, Historical and Epistemic Grounds of Municipal Solid Waste Treatment in Israel*, Doctor's Thesis, The Senate of Bar Ilan University in Ramat Gan, 2020, p. 190.

[2] Talia Fried, *It's not just Garbage—It's Waste: Conceptualizing the Social, Historical and Epistemic Grounds of Municipal Solid Waste Treatment in Israel*, Doctor's thesis, The Senate of Bar Ilan University in Ramat Gan, 2020, p. 192.

[3] Talia Fried, *It's not just Garbage—It's Waste: Conceptualizing the Social, Historical and Epistemic Grounds of Municipal Solid Waste Treatment in Israel*, Doctor's thesis, The Senate of Bar Ilan University in Ramat Gan, 2020, p. 192.

埋场税的征收为以色列环境保护部提供了清洁基金，主要用于基础设施建设、环境教育和修复项目等。"回收革命"这个词不仅是以色列环境保护部部长吉拉德·埃尔丹的常用词，也是以色列环境保护部进行环境宣传的核心词。以色列进行固体废弃物回收革命的核心政策是对湿垃圾和干垃圾的源头进行分离，该计划从2011年开始在全国范围内推广，干湿两大分类体系是将废弃物分为可做堆肥材料的湿类垃圾和干的固体废弃物部分，干湿垃圾分类是以色列固体废弃物处理成本最低的选择。以厨房垃圾为主的潮湿的有机材料约占以色列城市固体垃圾的50%。[1] 以色列在进行固体废弃物回收革命的过程中，非常注重欧洲国家的态度与模式，这也使得回收政策的执行往往成为以色列期望获得欧洲国家认同的手段之一。

总的来看，以色列固体废弃物的回收模式比填埋模式和清洁模式更具创新性，回收模式主要有两个特点，一是建立了固体废弃物分类体系；二是将固体废弃物转变为一种新资源。实际上，在回收模式诞生之前，废弃物统称为垃圾，由于在此之前不需要对垃圾进行区分化管理，所以很难将垃圾变废为宝。以色列固体废弃物回收模式的产生意味着很多垃圾将会被重新利用，不能重新利用的垃圾才需要进行填埋或是进行最原始的无害化处理。回收模式作为以色列固体废弃物处理的核心，通过干湿分类体系，以色列更加主动地筛选垃圾，而不再是被动地应对垃圾问题，重新将垃圾加工利用，将其变废为宝。以色列在固体废弃物处理方面一直在学习欧洲先进的经验，但是受到废弃放置地紧张及其处理费用较大等客观因素的影响，以色列正在摸索一套适合本国废弃物处理的最佳方式。

---

[1] Ofira Ayalon, Yoram Avnimelech, Mordechai Shechter, "Issues in Designing an Effective Solid Waste Policy: the Israeli Experience", *The Market and the Environment*, 1998, p. 2.

三 以色列固体废弃物处理的经验

虽然以色列固体废弃物处理水平并不属于世界先进之列，但是其在固体废弃物处理方面所取得的成效具有可借鉴之处。从长远来看，以色列成立了固体废弃物处理的相关机构，制定了相关的政策，实行了《废弃物循环收集与处理法》等法律法规，极其深化了以色列民众的环保意识，这在一定程度上推动了以色列固体废弃物处理的发展。

（一）以色列在固体废弃物处理方面善于利用高科技优势

以色列固体废弃物的回收模式是现阶段最为有效的手段，值得注意的是，回收需要多方参与，并且对技术水平的要求并不是非常高。例如饮料瓶回收后只需要简单的清洁与加工就可以被重复使用，而一些金属材料的回收也只需要重新融和加工就可以被再利用，重复利用的方式为生态环境带来明显成效。对于不可回收的固体废弃物，以色列善于利用高科技优势，使用独特的处理手段，带来了良好的环境收益。

以色列在处理危险废弃物方面运用了新型的焚烧方法，充分利用了高科技的优势。危险废弃物的处理稍有不慎，微量元素可能会对生态环境带来巨大的灾难性影响。一般情况下，传统的不可回收的固体废弃物会被送到填埋场，而危险废弃物具有腐蚀性和毒性，短期而言，人体摄入、吸入危险废弃物会引起毒害，或发生燃烧、爆炸等危险性事件；长期而言，人体重复接触危险废弃物会导致中毒、致癌、致畸性和致突变等。此外，焚烧危险废弃物的过程中会产生大量的有害气体或有机化合物。因此，以色列并没有继续沿用传统的固体废弃物焚烧技术，而是开发了新型的焚烧技术。通过结合等离子熔化和高温试剂气化（High - Temperature Agent Gasification，Hi - TAG）这两项技术，以色列开发出等离子气化熔化（Plasma Gasification Melting，PGM）技术，以色列环境能源资源有限公司（Environmental Energy Resources Ltd，EER）[①]建立了一个具有一定规模的等离子气化熔化工厂，并进行了一系列试运行，[②]根据测试结果表明，等离子气化熔化技术的空气和蒸汽气化的冷气效率（Cold-Gas Efficiency，CGE）[③]可以达到约60%，能源效率远高于空气气化。[④]因此，以色列在固体废弃物处理方面的高科技举措对工业发展、绿色生态环保建设起到了积极作用。

以色列的科技水平和科研能力都是处于世界前列的，与欧美国家长期保持着良好的外交关系，因此，以色列在固体废弃物处理方面不仅依靠自身的技术创新，还引进了欧美国家先进的废弃物处理技术，综合利用技术手段，实现了绿色节能、资源高效利用。

（二）以色列行政与经济手段相结合下的固体废弃物的高效化处理

以色列国土面积较小，人口相对集中，其各项有关生态环境的行政法规是保障环境效率的必要手段。同时，以色列的固体废弃处理模式中，经济效益也是被纳入考量的一项关键因素，这也是以色列回收制度的特征之一。

一方面，以色列运用行政手段来保障回收模式的运行。例如，以色列押金—退款计划针对每一项特定的固体废弃物，制定了有效的处理计划，并设定了相应的完成指标，对回收机制中的主体需要

---

① 以色列环境能源资源有限公司（Environmental Energy Resources Ltd，EER）是一家致力于开发等离子气化熔化技术（Plasma Gasification Melting，PGM）的环境技术公司，该技术是一种处理和处置城市固体废物的有效方法。

② Qinglin Zhang, Dikla Fenigshtein, Weihong Yang, et al.，"Gasification of Municipal Solid Waste in the Plasma Gasification Melting Process", *Applied Energy*, Vol. 90, No. 1, 2012, p. 2.

③ 冷气效率（CGE）用于表示气化过程的能源效率。

④ Qinglin Zhang, Dikla Fenigshtein, Weihong Yang, et al.，"Gasification of Municipal Solid Waste in the Plasma Gasification Melting Process", *Applied Energy*, Vol. 90, No. 1, 2012, p. 6.

进行评估。但是以色列的行政手段实际上也存在着不足之处，例如对未能实现最终目标的厂商没有做出相应的处理办法，回收制度的商业化导致垄断现象严重，以色列环境保护部要求的方案在各地方机构不能及时批准，甚至存在拖延等问题。在医疗废弃物回收方面，由于缺乏法规制度保障，使得回收完成率一直处于偏低的状态，尽管民间社会做出了一定程度的努力，但是医疗废弃物的回收依然存在一些问题。

另一方面，以色列运用经济手段保证回收模式的可持续性。可持续不只是将废弃物放入回收站，而是能够将废弃物重新变回可供使用的材料。价格在回收模式中是一项关键性因素。实际上，以色列大多的回收制度都具有一定的经济性，根据2000—2004年的一项研究表明，通过对以色列79个城市的调查，这些城市产生了超过60%的城市固体废弃物，经济分析表明，城市有效地采用回收制度，预期可以减少垃圾量的产生，从而在整体垃圾管理成本方面平均降低11%。[①] 总的来说，以色列的行政手段和经济手段相结合提高了固体废弃物处理水平。

（三）以色列人对垃圾问题的深入认识

通过以色列固体废弃物处理案例可以得出，一方面，以色列回收模式的高效率使垃圾从单纯的废物变成了另一种可以被有效利用的资源；另一方面，以色列民众充分参与废弃物治理，按照谁污染、谁付费的原则，以色列建立起了行之有效的各类固体废弃物的回收制度，使得固体废弃物问题成为以色列民众关心的话题。

以色列在固体废弃物处理模式的演变中，普通民众的意识经历了由被动向主动的转变。早期以色列人对于固体废弃物的认识仅停留在垃圾这一概念，地方出台相关规定也是出于减少公共场所出现

[①] Doron Lavee, "Is Municipal Solid Waste Recycling Economically Efficient?", *Environmental Management*, Vol. 40, No. 6, 2007, p. 939.

垃圾的频率，以更好地集中垃圾为清洁处理提供便利，因此在早期的以色列人心目中，正如法律中的定义一样，垃圾是作为一种公害，这种公害同病菌、害虫一样需要在城市中防止对人们带来危害，所以对固体废弃物的态度一律都是避而远之。而随着垃圾问题的复杂化，一味地回避也导致土地资源紧张的以色列无法对垃圾场的泛滥视而不见，伴随着以色列在处理技术上的改进，以色列人开始对垃圾的态度有了新的转变，开始发掘固体废弃物中能够被二次利用的部分，并对剩下的固体废弃物进行更为细分的专业处理，在这一过程中，垃圾不再是问题的制造者，以色列人成了垃圾的统治者，主动采取各项措施来减小垃圾对社会的危害，并且让部分垃圾能够成为一种资源，创造出新的社会价值。以色列人真正改变的是在垃圾分类、回收的环节中，普通民众自愿加入垃圾分类、回收与处理的行列，而这也是实现更高水平的垃圾治理的必要条件。

四 结 论

以色列在固体废弃物处理方面经历了三个不同的阶段，从初步的尝试再到较为成熟的执行，使得以色列具有了独具特性的固体废弃物处理模式，但是从长远来看，以色列固体废弃物处理还将面临诸多困难。尽管以色列具备技术和经济优势，并建立了更为完善的法律制度体系，但是解决固体废弃物问题需要充分的公众参与。

以色列的固体废弃物问题伴随着城市化和现代化的进程发展至今，固体废弃物处理的历史也成为以色列城市化发展史中的一个缩影。面对日趋复杂的生态环境，以色列在未来应当发挥自身的创新优势，以先进的科技为导向处理固体废弃物问题，为全球固体废弃物处理提供一种"以色列模式"，为其他中东国家乃至广大发展中国家应对固体废弃物问题提供新的借鉴。以色列固体废弃物处理问题几乎贯穿了整个国家的历史进程，从以色列建国到现在，以色列已经历了七十余年处理固体废弃的艰难过程。纵观以色列固体废弃物处理的历史进程，其成功的经验在于强有力的政府支持作为保障，严谨扎实的理论研究作为基础，高质量的科技创新作为突破手段，非政府组织及其社会各阶层的广泛参与作为支持力量，以色列真正走出了一条具有以色列特色的可持续发展之路。固体废弃物处理问题是全球共同面对的难题，各个国家应当广泛展开国际合作，相互借鉴经验，携手推进全球生态环境治理。

学界名家

怀念恩师著名越南史专家戴可来先生

于向东

著名越南史专家、郑州大学世界史重点学科奠基人、我读硕士研究生阶段的恩师戴可来（1935—2015）先生离开我们，转眼已八个年头。八年来物换星移，岁月飞逝，但先生在为人与学业上的惇惇教诲、工作与生活中的音容笑貌仍宛如昨日，历历在目。先生属师长辈，与我却是莫逆之交，灵犀相通。我们既有师生情分，也是同业同事，共同为郑州大学世界史学科建设发展和本科教学与研究生培养工作不懈努力。今日看到郑州大学世界史学科在张倩红教授带领下蓬勃发展，诸位同人开拓奋进，求索不止，包括越南研究后继有人，颇有山阳闻笛之感，深切怀念先生当年的开拓贡献，充满着对未来的殷切期望。

先生于2001年退休后，身体健康状况尚可。2015年正值春节期间却突然传来了先生辞世的噩耗。记得2015年2月22日，大年初四早上，我突然接到先生长子戴东的电话，说其父昨晚突然发病昏迷，已在郑州大学一附院重症监护室救治。我立即赶到医院。戴东和戴军兄弟二人，还有戴军的爱人和我原来带的研究生李新平都已在那里焦急守候，殷切盼望能从监护室传出先生苏醒的好消息。

因监护室只在下午才允许一名家属进行短暂探视，我只好托朋友联系到监护室的主任，向他打听先生病情，并拜托他尽力救治。从主任和戴军那里我才得知，先生是子夜突发脑干栓塞并很快昏迷，戴军及时拨叫了"120"急救车，送医抢救；但先生已是80岁高龄，身体抵抗能力弱，后果很不乐观。

下午和第二天我与爱人和孩子几次来到医院，和戴氏兄弟，还有王琛教授一家人，一起守候在拥挤不堪、杂乱无章的监护室门口等候音信。但医生说，患者一直深度昏迷，几无知觉和反应，并嘱家属，病人状况难料，要提前准备后事。可我们都还企盼上天护佑，先生当能洪福齐天，转危为安。

2月23日，大年初五，我刚从医院返回家中不久，晚上21：00点多，戴东打来电话，泣告其父刚刚辞世。放下电话，我简直不敢相信听到的事情。就在年前，腊月二十五晚上，我们越南研究所几位师生在张福记餐馆相聚，还专门请了先生过来。那天先生精神矍铄，言谈甚欢。随后我春节返回汝南家乡，正月初一曾给先生打电话拜年。初三傍晚抵郑，到家又给先生打了通电话，再次请安拜年，同时转达先生挚友、越南全国史学会主席、河内国家大学东方学系潘辉黎（Phan Huy Lê，1934—2018）教授刚刚通过电子邮件发来的春节问候。我在公派越南留学和被外交部借调驻越南大使馆研究室工作期间，常去还剑湖附近的旺德路12号潘府，与潘教授交往甚多，就越史问题探讨交流。2008年，我结束使馆工作任期回国后，与潘教授每年春节也都会通过电子邮件互致问候。先生对电子邮件使用不熟悉，与潘教授的联系常由我转达。先生得到潘教授音信很是高兴，嘱咐我尽快回复邮件，向潘教授表示感谢和节日问候。先生还问起5月份我负责承办的中国东南亚研究会理事会换届大会暨学术年会筹备情况如何，会议经费是否有着落。我告诉先生会议正式通知很快就发出，会议所需经费已无问题，请他宽心，先生连连说那就好。通话中感觉先生精神状态颇为兴奋，声音响亮。实在无法预到，几日前还健在如常的先生，今竟已驾鹤仙逝，抛下他最为牵挂、常年患病的老伴范师母正莲，撒手人寰，离我们而去。先生和我们转眼间遂成阴阳相隔、古今之别！泰山其颓，哲人其萎，天"佑"英才，何忍夺吾师！

先生治学除涉及世界古代史、民族学等领域外，长期专攻越南史，是国内外很有影响的越南史专家。他长期担任郑州大学越南研究所所长和世界史省级重点学科带头人，还兼任中国东南亚研究会副会长、中国世界古代史学会副会长、中国中外关系史学会副会长、《中国东南亚研究会通讯》主编、河南省社科联副主席等职。先生去世后，北京大学、中央民族大学、中山大学、厦门大学、云南大学等国内高校和众多东南亚研究机构，北京、福建、广东、广西、云南、香港等地许多知名学者，旅居国外的澳洲李塔娜教授、美国孙来臣教授、泰国杨保筠教授等很多学人发来唁电唁函，悼念先生，慰问其家属，为我国的越南和东南亚研究的重大损失表示惋惜。潘辉黎教授闻讯即于2月24日通过发给我的电子邮件表示深切哀悼："惊悉戴可来教授昨晚去世，我感到十分突然和悲痛。感谢于向东教授的及时通报。得知大年初三即戴可来教授过世前两天，您已向戴可来教授转达了我的春节问候，我非常感动。戴可来教授是一位资深学者，在史学研究领域作出了杰出贡献，是一位我非常敬重的知识渊博的越南学家。请于教授向戴教授的家属和郑州大学越南研究所及中国的史学工作者，转达我本人和越南史学界最深切的悼念。"

我与先生相识相交，始于1982年元月郑州大学历史系，彼时我刚毕业留校任教，分配到先生所在的世界古代中世纪史教研室工作，教研室主任是罗景唐老先生，还有李剑声、尚家祥、司武臣等老师。在我备课过程中，教研室安排我随先生当助教。先生为历史系、政治系82级等年级学生授课。期末考试，先生让我出题、制订答案要点，判卷打分。所以，我既是先生的同事也是学生，平时备课随时请益求教。在先生指导下，我们合作撰写了《中外历史名人传略》中的恺撒、阿育王等几个人物传略，由河南人民出版社出版。先生和罗主任对我十分关心，帮忙联系安排我去北京师范大学历史学系世界古代中世纪教研室进修，得以向李雅书、刘家和、孔祥民等教授请教，学习阅读了齐思和、马克垚教授关于欧洲中世纪经济社会史的专著，并随研究生杨共乐、姜守明等一起听朱寰教授来校所做的系列专题讲课，还与他们一起随马香雪老师学习了一年的拉丁语。

1988年，我在《郑州大学学报》发表的论文《农村公社与西欧封建社会》，也得到先生指点，后被中国人民大学复印报刊资料转载。

20世纪80年代初改革开放伊始，科学界一片欣欣向荣，国内的东南亚研究重新焕发生机，成立不久的全国性学术研究社团——中国东南亚研究会蓬勃发展。先生遂与郑州大学历史系几位学者商量组建专门的印度支那史研究室。除先生治越南史外，还有从世界近现代史教学与研究领域转过来、分别研究老挝史和柬埔寨史的景振国教授、陈显泗教授，以及研究非洲史兼及东南亚史的许永璋教授等几位老师。中国东南亚研究会70年代末成立，即把编辑出版《中国东南亚研究会通讯》任务交付郑州大学承担，由先生担任主编。当时，印度支那史研究室人手不多，繁忙中还要承担《中国东南亚研究会通讯》的编辑、校对和出版发行工作。我因教学任务需要，在世界古代中世纪史领域下了一些功夫，同时又初涉越南史，对东南亚研究颇有兴趣，也参与《中国东南亚研究会通讯》具体编辑发行工作。后来因人事变动，景振国老师患病过世，陈显泗老师调动去往南京政治学院，先生遂与我商量，并经学校批准，于1995年将印度支那史研究室调整为当时国内唯一专门的越南研究机构——郑州大学越南研究所，先生担任所长，我为副所长。长期以来，郑州大学成为国内越南研究的"重镇"之一，产生较大影响。

先生于1935年出生，成长于人杰地灵的南阳镇平，曾就读于蔡家坡扶轮中学，聪慧好学，家教甚严，其父是工程师，曾在铁路和煤炭机构供职。1954年，先生考入北京大学历史学系，与后来留校任教的梁志明教授为同窗好友。1959年，先生毕业后被分配到中央民族学院（现中央民族大学）历史学系和民族研究所工作。先生对在中央民族学院工作包括"五七"干校和"文化大革命"时期的经历记忆深刻，后来还时常向我们谈起与费孝通、林耀华、吴文藻等著名学者一起工作、生活的诸多趣闻。20世纪70年代后期粉碎"四人帮"后，为解决家庭分居的问题，先生从中央民族学院调回河南，加入郑州大学工作。直至去世，先生把其后半生的年华和精力贡献给了郑州大学的史学研究与人才培养事业。回到家乡后，先生曾在郑州大学马列部工作很短时间，随即转历史系（曾改称文博学院，现为历史学院）任教，长期担任系主任，以及其后文博学院、历史学院院长。

在北京大学5年求学期间，先生曾师从东语系陈玉龙教授学习越南语和越南史，并短时间随邵循正教授读过一段研究生。受当时政治形势变化影响，不得不中断学业。但先生得到燕园诸多名师指点，深受传统学风熏染，加上天资聪颖，博闻强识，打下坚实基础，深得学术研究之奥旨。

先生治学精神与方法，直接影响了一批又一批的研究生弟子，至今仍值得我们学习与弘扬。郑州大学世界史（地区·国别史研究）学科于20世纪80年代前期较早获得硕士学位授权点。1982年，景振国老师先行招收了研究生，我本科的同学申旭、郭保刚、陈康考取，但因景老师去世，他们转入先生名下毕业。1985年，我和李国强、陈英杰考取先生正式招收的第一届研究生，专攻越南史。在先生的指导下，我完成了约7万字的《黎贵惇与〈抚边杂录〉研究》硕士学位论文，陈玉龙教授阅后称"可见北大精神，颇有戴风"。后来90年代，我又与先生一起指导研究生。再后来我自己招收硕士和博士研究生，也请先生帮助指导学生。在长期追随先生研习越南史和世界古代史，共同开展教学、科研和学科建设工作，从事中越关系与南海问题研究的过程中，我深切感受到先生治学学风朴实严谨，厚积薄发，不尚空谈，文风稳健，文笔犀利，讲课与写作逻辑性特强，开设的世界上古史、越南史、越南史料学等课程，深受学生欢迎。

先生治学注重学术传统的发扬，注重译述的再创作，也重视理论方法的运用。一是强调史料为治史之基础，无征不信，尤其看重中国与越南古代史料的发掘与运用的功夫。我和李国强等学弟入学后，先生要求我们从"二十五史"记载中的有关越南基本史料和越南的《大越史记全书》《钦定越史通鉴纲目》等史籍下功夫，练抄功，撮大要，准确把握史料内容，理出基本历史线索，以求打下扎实基础。先生自己曾把《钦定越史通鉴纲目》中的数百个地名注释逐条抄出，详加整理，为我们完成撰写《中外交通史地名辞典》（姚楠、章巽主编，未出版）越南部分的词条，提供了很大便利。先生与杨保筠教授合作点校的《岭南摭怪等史料三种》，为学界的研究利用提供了诸多便利，也为我们整理史料做出了榜样。

二是强调学好外语，是掌握研究对象国所必需的语言工具。先生要求，研究越南史不仅要可以运用英语资料，还要能够熟练运用越南语资料。为帮助我们打好越南语基础，先生亲自联系洛阳外国语学院，让我们在那里接受了几个月的强化学习。不久后，我就在《中国东南亚研究会通讯》上发表了《丁部领及其统一祖国的事业》（Nguyễn Danh Phiêt，阮名阀著）、《〈抚边杂录〉及其译本》（Đào Duy Anh，陶维英著）等译文，深得先生赞赏。

三是学以致用，以扎实的学术研究自觉服务于国家利益和战略需求。先生在越南史、中越关系史、中越陆地边界和南海问题研究等方面成就卓著，曾在《光明日报》《红旗》杂志发表研究成果，产生较大影响，为学界所普遍认可，也曾受到外交部多次表扬，被评为"有特殊贡献"国家级专家，享受国务院政府津贴。

四是重视译著的"信、达、雅"，把翻译视为一种呕心沥血的学术再创作。译著译文不仅可以及时了解国外学界最新成果动态，也是与国外学界联系与交流的重要沟通桥梁，还可以校正原著者的失误。越南语中汉越词常常对应好几个汉字，现代越语著述中的历史地名、人名的翻译比较困难，先生强调一定要查核原始文献的记载，才能准确无误。不仅要查"25史"，还要查私家著述，查政书、类书、丛书、志书和辑佚书等。

五是重视理论运用，坚持以唯物史观基本思想观点为指导去认识历史问题，分析越南历史不同发展阶段的社会性质、社会结构、各种历史问题，如村社长期存在、社会等级制度、版图疆域形成、农民起义评价等。认识中越关系史发展，特别是"宗藩关系"的现象与本质，强调中越两国人民的友好相处、两国的睦邻友好是中越关系的主流趋势，以扎实的研究成果回应越南史学界一些学者的错误说法。

20世纪70年代，先生受有关部门委托，翻译越南著名史学家陶维英的《越南历代疆域》。当时，他还在中央民族学院民族研究所任教，与南海史地研究著名学者陈佳荣教授一起工作。在艰难的工作生活条件下，先生高质量地完成该书的中文翻译工作。2014年10月，陈教授自港来郑，参加中国中外关系史学会的学术研讨会，我请出先生，与故友和耿昇、万明教授夫妇诸位名家，以及中山大学、厦门大学和暨南大学几个年轻的朋友一起聚餐叙谈。先生与陈教授一起，兴致勃勃地回忆起他们在中央民族学院教书、在湖北干校劳作的岁月生活。陈教授谈到他在中央民族学院与先生在一个办公室，亲眼见证了先生在盛夏汗流浃背的情况下进行《越南历代疆域》的翻译工作。此译著由商务印书馆出版，限于当时环境，不能直接署上译者姓名，至今仍以"钟民岩"行世。

先生的学术以越南史译著见长，除《越南历代疆域》外，后来，他又翻译了越南史学和军事史有关部门联合编写的《越南民族历史上的几次战略决战》（世界知识出版社）、陈重金（Trần Trọng Kim）的《越南通史》（商务印书馆）等。译述并非简单转述，高质量的译著是一种艰辛的再创作，倾注了译者的大量心血，显现出译者的学术水平和表达风格。先生译著以注释考证为特色，同时体现在行文字句之间的学术功力、信达雅的理解和表述上，广为人称道。尤其是《越南历代疆域》和《越南通史》两部译著，可谓不藉秋风声自远，碑于人心，赞于人口，自有公论。我国东南亚研究著名学者、翻译家姚楠先生等学者多有赞誉，日本、越南学者也有很好的评价。我于20世纪90年代中越关系正常化不久去越南留学，在汉喃研究院遇到两位日本学者，他们对先生的译著给以赞赏的评价。可以说，这两本书已成为越南史译著中的经典，为治越南史的学者所必读。《越南历代疆域》和《越南通史》两部译著均获得"姚楠翻译奖"

二等奖，也是对先生学术贡献的某种肯定。

除译著外，先生也发表了大量关于越南史、中越关系史的论著。他在20世纪八九十年代，为《中国大百科全书》外国历史卷和《东南亚历史词典》等专业辞书，撰写了颇具功力的越南史部分词条，反映出当时国内的越南史研究水平。他早年发表的《宋代早期的中越关系》，晚年发表的《对越南古代历史和文化的若干新认识》和《略论古代中国和越南之间的宗藩关系》都产生较大影响。他的多篇论文和赴越考察报告，收录在我们二人合著的2006年出版的《越南历史与现状研究》（香港社会科学出版社有限公司）一书中。先生对越南古代史用功甚多，多有起莘发明。1997年，为参加在河内召开的第一届越南学国际会议，我执笔撰写了《越南早期传说与上古史迹》，对雄王传说及其历史遗迹进行梳理，在先生已有观点的基础上，又提出一些看法，颇受赞扬。先生做了一些补充润色，遂以我们两人署名，提交会议组委会并应邀赴河内出席会议，并由我做了发言。当时，先生与越南学者一般交流我可以为其翻译，但与越南学者深入的探讨，还要靠李塔娜教授帮助。我们的论文已收入《会议纪要》，但由于对雄王时期的一些历史问题的不同看法，会议组织者在后来正式出版论文集时，要求我们另换一篇。这样，我和先生共同撰写、已在《华侨华人历史研究》发表过的《蔡廷兰海南杂著所记越南华侨华人》（1997年第1期）一文再次提交并被会议论文集收录。先生后来提及此事总会说道，古史研究我们的观点还是要坚持，越南学者把民族感情带进来了。2003年7月，我去胡志明市参加第二届越南学国际会议，和日本著名越南史学者樱井由躬雄、桃木至郎教授交流，他们还问起先生情况，对先生的译著和研究多有赞许，对越南学者对待古史和中越关系问题的民族意识、民族主义情绪也有所评论。

南海问题和中越陆地边界是先生和我共同研究的重点之一。在此领域，先生收获了丰硕成果。正是在此领域的研究经历，他和谭其骧教授就越南史和中越边界问题有过一些相互讨论，尺素相通，切磋交流。只是这些书信，不知今天是否还能找寻，葛剑雄教授也曾予以关注。先生参与了外交部召集的相关研究工作，和其他专家一同查阅史籍，潜心稽考，在陆地边界划界问题上，锱铢必较，寸土必争，而相关成果，并不能发表。后来，李国强在先生指导下，深得先生治学精髓，完成明代中越陆地边界勿阳洞、勿恶洞二洞考，并被推荐到刚建立不久的中国社科院边疆史地研究中心工作，很快成为研究南海史的骨干力量，让先生深感慰藉。当时，中国社科院边疆史地研究中心工作条件很差，在东厂胡同内民盟招待所一幢楼房的地下室占有整整一层，先生和我出差，也住在那里，和李国强一起煮面条。

先生研究边界问题，和北京的吴丰培、梁志明、郭永芳、陈佳荣诸位教授，厦大的韩振华、吴凤斌教授，广西的萧德浩等学者多有交流。正是在南海史地的研究过程中，先生和韩振华教授结下深厚的情谊。20世纪80年代前期，韩教授早期的博士生学位论文答辩，是由先生和其他老师一起在韩先生病榻前进行的。80年代中期我读研究生时，去厦大查资料，遵先生嘱，还专门去厦门故宫路14号宅院拜访韩教授。1988年夏，中国东南亚学会和中外关系史学会研讨会同时在北戴河召开，韩教授身兼两会会长，与先生同住一室。韩教授看过我的硕士论文后，向先生和我郑重提出，让我去厦大跟他读博士深造。但由于种种原因，我未能兑现两位先生的厚爱。这也是后来已过不惑之年的我，为了圆梦，为了兑现对两位先生的承诺，再来厦大完成博士学业的动因。

20世纪70年代后期和80年代，中越关系非正常化，呈现出交恶状态，中越关系、南海问题研究一度成为"显学"。和一些应景学者不同，先生有着深厚积累和扎实基础，在《红旗》杂志发表的文章《为地区霸权主义服务的伪史学》，有力地驳斥了越南史学界利用历史问题反华的谬论；在《光明日报》发表了《漏洞百出　欲盖弥彰——评越南有关西沙、南沙群岛归属问题的两个白皮书的异同》一文。这两篇长文观点鲜明，史料充实，论证深入，切中要害，在国内和越南产生很大反响。越南主流媒体曾攻击先生是"北京的御用文人"。直到中越关系正常化不久，1994 年，国家公派我去河内综合大学留学，在汉喃研究院主办的《汉喃研究》杂志发表学术论文后，还有人找到编辑部"抗议"，说我是戴可来的学生，戴可来是"反越分子"，你们为何发表他的文章。

知己知彼方能制胜。在南海问题的研究中，先生独辟蹊径，保持特色，非常重视对越南所谓历史论据的考证与反驳。当时在中越关于南海问题论战中，越南经常把它的一本 18 世纪成书的古籍《抚边杂录》作为"重要典据"之一，先生希望我能对此书进行深入研究。利用韩振华教授从法国远东学院带回并赠予先生的《抚边杂录》缩微胶片，经过两个多月的机上阅读抄录，我确定了硕士学位论文题目，完成了对《抚边杂录》的写作过程、版本流传、基本内容、史料价值及其作者黎贵惇的系统研究。后我又对书中关于越南中部近海岛屿、海门沙洲的记载进行了专门研究，撰成《〈抚边杂录〉与所谓黄沙、长沙问题》一文，提交 1988 年年底在北京大学召开的全国第一届边疆史地研讨会。后经先生略有润色，我们共同署名，由有关部门推荐，最终发表于《国际问题研究》1989 年第 3 期。我在文中写到，越南在 20 世纪 70 年代以来不断强调《抚边杂录》的历史地理史料价值，"是别有用心的"，先生则改为"包藏着侵占我国神圣领土的祸心"的，增强了文章尖锐的批判性。这篇论文击中越南所谓论据的要害，受到一些人的攻讦，至今他们仍耿耿于怀。后来，该文收入吕一燃老师主编的《南海诸岛：地理、历史、主权》一书中。2014 年该书再版时，吕老师还专门致电征求我和先生的修改意见。

20 世纪 80 年代后期，先生参与了国家有关南海问题的科技攻关重大课题研究工作，撰写了驳斥越南使用的关于南海诸岛部分群岛主权归属所谓"历史地理论据"的部分，对于越南古籍中的一些记载，进行了较为全面系统深入的分析，此可视为先生关于南海史地研究的总结之作。其中第三部分关于《抚边杂录》记载的辨析，吸收了我提出的观点。先生在该文中通过深入考证，明确指出越南古籍中的"黄沙""长沙"，不是我国的西沙、南沙群岛。此文部分内容后来收入黑龙江教育出版社出版的《中国边疆史地论集》。早年先生还和有关部门合作，由他担任主编，我和施维国等人共同参与翻译整理出版了《越南关于西南沙群岛主权归属资料汇编》《越中关于黄沙、长沙两群岛争端》等译著，为国内了解相关动态，批驳越方观点提供了方便。再后来，先生指导的研究生张明亮专攻南海问题，他们于2001年合作发表了《中法重庆协议与西、南沙群岛问题》一文，也为学界称道。

先生过世之前的几年，年事已高，专注修养，少有研究了，但仍在为有关部门提供咨询服务，指导前来拜访的年轻人进行南海问题研究。他对弟子的些许成就都会颇加赞赏，为我在《历史研究》发表的关于阮朝"外洋公务"的长文，专门在《东南亚纵横》杂志发表了评论，认为是越南海洋史研究的新突破、新进展。先生多次自豪地向人夸赞说，现在国内研究南海问题，我的学生北有李国强、中部有于向东、南有张明亮，我满足矣。我主持的越南研究所，2012年12月成为武汉大学牵头的国家领土主权与海洋权益协同创新中心6个核心协同单位之一，我担任该中心副主任、郑州大学分中心主任。2014年，该创新中心获得国家正式认定批准。这也是与先生长期经营越南研究所、研究南海问题打下深厚基础分不开的。

先生健在时，偶尔也谈到自己治学的一些遗憾。一是我们一起在20世纪80年代后期承担了姚楠、章巽先生主编的《中外交通史地名辞典》越南部分的词条撰写，大约上百条，或长或短，有数万字。这些词条由中国社科院世界历史研究所李克明老师负责组稿、催稿，由我于1989年春节完成初稿，先生进行修改，然后提交，但始终未见付梓。姚楠教授过世时，悼词中还曾提到该辞典出版一事，以后不知是否还会有面世的可能。二是80年代中期，先生主持承担国家社科项目《越南史》的编写工作，让我也参与一些工作，但由于是各地很多位学者共同参与，合作进展进度不一，特别是很多学术问题无新的史料发现，难于取得新的突破，先生又不愿降低标准，草草出版，所以这部越南史一直未能面世，部分书稿也不知是否还有保存。

除越南史外，先生的教学和研究领域，还涉及民族史、世界古代史等。先生曾参与当年的民族调查，经常给学生谈起在民族地区的艰苦体验，撰写的《撒拉族简史》，后来获得了奖励，还曾撰写了越南民族史的一些论文，对摩依人进行研究。先生曾担任中国世界古代史研究会副会长，1983年负责承办了很有影响的全国世界古代史年会。那时，我参与具体会务工作，也是在那次会议上得以首次领略林志纯（日知）、吴于廑、胡钟达诸位大家风采。先生撰写的《亚述帝国》，作为外国历史小丛书之一，由商务印书馆出版。此书的写作，先生颇为认真严谨，一丝不苟，尽力弄清楚一些细节。记得书稿完成后，交付出版前，我去北师大进修，先生让我带上书稿和其中的几十个问题，在京查核有关资料，并就近去请教李雅书、刘家和诸位教授。

先生长期从事世界古代中世纪史教学工作，他所承担讲授的《世界上古史》课程，以严谨的逻辑、深刻的内涵、清晰的条理和丰富的知识，深受学生欢迎。特别是他重视马克思、恩格斯经典作家的理论，把唯物史观、民族学的理论和知识融入古代史教学。当年我随先生当助教时，先生曾说过，青年教师开始上课，要记着两句话，一是我站在这个讲台上，这个课堂就是我的，我怎么讲你们就怎么听；二是课堂如战场，每次讲课就如同上一次战场。强调了讲者的自信与认真备课。这些经验之谈，使我深受教益。不久，我第一次试讲世界中世纪史，就得先生和教研室同事赞许。后来我去北京师范大学进修前，把我撰写的中世纪史讲义文稿交给先生，被吸收进教研室编写的《世界古代中世纪史》教材。再后来，作为文博学院院长，先生与学校领导一起，到湖南师范大学延请刚退休的孙秉莹先生来校任教，为学生开设一直阙如的《西方史学史》课程，并让我随孙先生学习，此后我长期讲授受到学生普遍欢迎的此门基础课程。

先生对有困难的学生和青年学者学术上提携，生活上也会给予很多关心。我的学术进步、家庭生活都和先生和师母的关心分不开。历史系很多年轻人的成长和学术研究，也都得到先生的指教。先生长期担任学校和省里的高级职称评审委员会委员，不少年轻学者都会向他寻求帮助和指导，他总是热心相助。同时，先生和师母对学生的关怀更是无微不至。2月29日历史学院为先生举行遗体告别仪式时，其中从全国各地赶来的先生指导的硕士研究生、我和先生合带的研究生，还有我指导的硕士和博士研究生共计有八十多名。我的师弟安东、施维国因公务繁忙，未能赶上告别仪式；但安东在此前专程去家中吊唁，看望师母，施维国也委托我表达了深切哀悼。告别仪式后，除一部分人先离开外，我在先生原来给我们上课的郑州大学南校区历史学院三楼会议室召开了追思会，有六十多人参加。李国强动情地回忆起当年他在学校被热水瓶烫伤，伤势严重，师母给他端来刚煮好热腾腾的饺子的感人情景。

可以告慰先生的是郑州大学世界史学科正在张倩红教授带领下，在保持越南史研究传统的同时，开辟以以色列、埃及研究为重点的西亚中东方向，取得了丰硕的成果。越南史的诸位弟子也拼搏进取，不忘先生教诲，在各行各业取得显著成绩，先生事业后继有人。越南研究正在向东南亚、亚洲研究拓展。李国强南海研究成果斐然，现肩负中国历史研究院和中国边疆研究所的领导重任；安东担任地方领导造福一方，公暇之余、退食之后，仍关心支持越南史研究；施维国成为跨国企业家，为中越友好特别是两国经贸关系发展有诸多贡献；张明亮长期坚持跟踪南海问题，研究成果产生广泛影响；庞卫东博士主持完成两项国家社科项目，调入郑州大学工作，加强了东南亚研究力量。我的博士生成思佳顺利留校工作，在越南史研究领域崭露头角；我本人主持了国家社科基金特别委托项目，和大家一起奋斗，作为原郑州大学世界史学科带头人，国家领土主权与海洋权益郑州大学分中心主任，为获得世界史一级学科博士授权点、博士后流动站、河南省第七批、第八批重点学科，为武汉大学胡德坤教授牵头的国家领土主权与海洋权益"2011"协同创新中心被国家正式批准建设，付出了辛勤劳动，也收获了成功的喜悦。

  2015年6月3日，先生下葬于黄河岸边的邙山陵园墓地，戴东、戴军和几位亲属举行了简朴的祭悼仪式。按照家属意愿，未通知更多人，我和王琛、禄德安几位同人参加。那天我们带来了几束鲜花和先生喜欢喝的白酒，又一次为先生斟上几杯。

  过后，我去看望师母，戴东和戴军一直未曾告诉她先生的离世，她还是像以往一样，走路颤巍巍，声音响亮，多次说你们戴老师出国考察去了，要很长时间才会回来。看着她那诚挚而有些木然的神态，我难以抑制眼眶中的泪水。我在心中念道，老天何其不公，何忍夺我师！何忍留下吾师和师母阴阳相隔的无尽期盼！

  斯人已逝，精神不灭，风范长存！

学术信息

第23届国际历史科学大会在波兰波兹南举行

闫 涛[*]

第23届国际历史科学大会[①]于2022年8月21日至27日在波兰波兹南顺利召开。本届大会是1933年第7届国际历史科学大会在波兰华沙成功举办近一个世纪后，再次在波兰举行。其时，受制于全球新冠肺炎疫情的影响，大会被迫两次调整举办时间，原定于2020年的大会延期至2022年。同时，大会的参会规模与上届大会相比有了较为明显的缩减。本届大会汇聚了来自各大洲约1000名专家学者[②]，大约60%的学者到场参加，其余的学者则在线参加。[③] 除了波兰学者之外，其他参会学者主要来自意大利、美国等国家。主持或参与了相关场次的中国学者有北京大学的高毅教授、浙江大学的吕

---

[*] 闫涛：河南大学以色列研究中心博士研究生。

[①] 国际历史科学大会（International Congress of Historical Sciences）是由国际历史科学委员会（International Committee of Historical Sciences）所组织的国际性历史研究会议，是世界历史学科领域内规模最大、范围最广、影响最深的历史学国际会议，也是全世界历史学家的重要会议，被誉为"史学界的奥林匹克"。国际历史科学大会创始于1900年，每5年举办一届，除了第一、二次世界大战期间停办外，迄今为止已成功举办23届。其中，美国、加拿大、澳大利亚和中国（山东济南第22届）各举办过一届，其余19届均在欧洲举办。

[②] 除新冠疫情影响外，俄乌冲突也影响了参会人数的规模，俄罗斯学者的参会受到其他国家学者的抵制。

[③] 由于本届会议是线上与线下相结合的方式，大会举办方开设了专门的网址，提供了会议流程、各会场会议号、文件下载和会场指示图等信息。本文相关的议程、议题等信息均来源于 https：//ichs2020poznan.pl/en/to-download/。

一民教授、山东大学的刘家峰教授、中国历史研究院的张旭鹏教授和台湾地区的王明珂教授等。本届大会设有主旨演讲、专题讨论、圆桌会议和联席会议等环节。同时还进行了国际历史科学委员会——山东大学历史青年奖（ICHS - Shandong University Young Historian Award）海报展示评议[1]和各国际附属组织会议[2]讨论。最终，大会举行了各种形式100多场学术会议，收到了涵盖历史学各个时期和各个领域共计550多篇论文，会议圆满落幕。

一　大会主旨演讲

大会开幕式由波兹南亚当·密茨凯维奇大学的埃娃·雅尔马科斯卡—科拉努斯（Ewa Jarmakowska - Kolanus）主持。开幕式伊始，波兹南亚当·密茨凯维奇大学校长博古米拉·卡涅夫斯卡（Bogumiła Kaniewska）、波兰科学院历史科学委员会主席托马斯·施拉姆（Tomasz Schramm）、大波兰省省长马雷克·沃兹尼亚克（Marek Woźniak）、波兹南副市长马里乌什·维希涅夫斯基（Mariusz Wiśniewski）、国际历史科学委员会名誉主席安德里亚·贾尔迪纳（Andrea Giardina）和国际历史科学委员会主席凯瑟琳·霍雷尔（Catherine Horel）先后进行开幕致辞。

随后，国际历史科学委员会主席凯瑟琳·霍雷尔主持了开幕式演讲。第一场演讲是由尼日利亚拉格斯大学历史与战略研究系教授奥卢丰凯·阿德博雅（Olufunke Adeboye）所做的《非洲历史要走向何方？》（Where is History Going in Africa?）。她追溯了非洲的历史进程，从传统与现代的角度讲述了非洲的历史实践，探寻了非洲史学的渊源并分析了非洲史学面临的多重危机。她指出对历史研究的关

---

[1] 海报会议议题信息参见"Program", XXIII International Congress of Historical Sciences, Poznań 2020/2022, pp. 99 - 101。

[2] 国际附属组织会议议题信息参见"Program", XXIII International Congress of Historical Sciences, Poznań 2020/2022, pp. 104 - 134。

注不应仅限于高等教育机构，也应该关注小学和高中。非洲历史学家应该拓宽视野为全球讨论做出更多贡献。历史学家应该提升教学技能，拥抱数字化，以最大限度进行知识生产。她认为非洲历史研究的前景是光明的，需要历史学家发挥创造性，采取更为实用、创新的方法深入分析历史与现状。①

第二场演讲是由芝加哥大学历史系教授迪佩什·查克拉巴蒂（Dipesh chakrabarty）所做的《资本主义、劳作和地球史的基础》（Capitalism, Work, and the Ground for Planetary Histories）。他分析了资本主义下的劳动历史与地球问题之间的联系，讲述了工人和资本家之间的斗争故事，以及工人个体劳动转化为机械劳动的过程。他指出，持有人类中心主义的人认为地球是500年的产物，最初是欧洲帝国主义的产物，然后是欧洲扩张，资本主义工业化的兴起，技术是这一进程的主要推动力量，它极大地改变了这个星球的面貌。然而因为当我们真正地去考量地球的时间和空间维度时，人类便失去了中心地位。他认为历史研究需要走出单纯以人类为中心的视角，在某些时刻将"人类去中心化"（De-centering Human），以地球为视角去考察人与自然、环境的关系。②

第三场演讲是由波兹南亚当·密茨凯维奇大学历史系教授埃娃·多曼斯卡（Ewa Domańska）所做的《从持续危机中审视思历史》（Wondering about History in Times of Permanent Crisis）。她指出探索历史对研究和支持人类适应能力的潜力至关重要。通过研究战争、生态灾难、恐怖主义和移民时期的人类状况和有限经验，历史会成为一种知识形式，能够展示各种生存策略和具体、成功的应变事例。如果我们想解决重大问题，不仅应该包括各种地方传统知识，还应

---

① Olufunke Adeboye, "Where is History Going in Africa?" in "Opening Ceremony", XXIII International Congress of Historical Sciences, Poznań 2020/2022, pp. 5-23.

② Dipesh chakrabarty, "Capitalism, Work, and the Ground for Planetary Histories" in "Opening Ceremony", XXIII International Congress of Historical Sciences, Poznań 2020/2022, pp. 29-37.

该包括参与知识产生的各种非人类实体。她认为我们应该重新学习如何尊重动物、植物、河流和山脉，把它们当作礼物。现在，我们应当准备好传递从幸存者的证词和战争回忆录中学到的知识——如何适应、如何战斗、如何寻找食物、如何建设避难所、如何提供医疗急救，最重要的是如何保持人性。①

二 会议的主题和议题

本届大会分为三大主题②，"记忆—考古—认同：远古时代身份认同的建构"（Memory – Archeology – Identity：The Construction of Identity on the Antiquities）、"交互演进：动物与人类历史"（Intertwined Pathways：Animals and Human Histories）、"走向平衡的历史知识：比较视角中的国家和民族——调查、叙述和阐释的范式"（Towards a Balanced Historical Knowledge：State and Nation in a Comparative Perspective – Paradigms of Investigation，Narratives，Explications）。对于第一个主题，会议讨论认为通过借鉴过往以建构身份认同是一种深刻的人类机制，这可能是世界上所有文化的特征或特性，即便记忆或者遗忘的方式存在较大差异。这个过程中考古学起到了至关重要的作用，因为记忆往往集中在物质性的纪念碑上。第二个主题，会议讨论认为人类与动物的历史是互相交织的历史，探索这种交互的历史对于丰富人的历史具有重要意义。第三个主题，会议讨论认为全球化的趋势促使史学家对"西方如何崛起"这一问题进行了再思考。历史研究中以西欧和美国为主的现象深刻地揭示了历史知识的不平衡性。为了改变这种现状需要追溯这种不平等的根源，重视被忽视地区的历史，尝试构建新的历史知识。本届大会三大主题议

---

① Ewa Domańska，"Wondering about History in Times of Permanent Crisis" in "Opening Ceremony"，XXIII International Congress of Historical Sciences，Poznań 2020/2022，pp. 39 – 48.

② "Program"，XXIII International Congress of Historical Sciences，Poznań 2020/2022，pp. 27 – 31.

题见表 1、表 2、表 3。

表 1	专题讨论议题①
1. 平息希腊罗马世界的内战（Appeasing the Civil Wars in the Greco – Roman World）
2. 勇气与独裁:20 世纪的异见和控制文化（Courage and Dictatorships:Cultures of Dissent, Cultures of Control in the 20th Century）
3. 古代近东和地中海的宫廷与朝臣（Court and Courtiers in the Ancient Near East and Mediterranean）
4. 令人不安的遗产:(后)冲突群中的象征性边界和去边界（Uncomfortable Heritage. Symbolic Bordering and De – bordering in(Post)Conflict Constellations）
5. 历史的未来:立足当代、反思过去、预测未来（Historical Futures:Apprehensions of the Past and Anticipated Futures in the Contemporary World）
6. 古代世界的帝国、制度建设与社会管理（Empire, System Building and Society Administration in Ancient World）
7. 性别工作,性别斗争:长时段比较视野下职业女性的行动主义（Gendered Work, Gendered Struggles:Working Women's Activism in Long – term and Comparative Perspective）
8. 圣女和受护佑的统治者:东方和西方的观点(4—6 世纪)（Holy Virgins and Blessed Rulers:Eastern and Western Perspectives(4th – 6th Centuries)
9. 是否存在一种概念和历史的科学史（Is a Conceptual and Historian History of Science Possible(12th – 17th Century)?
10. 政治和社会个词的历史（L'histoire du mot dans le vocabulaire politique et social）
11. 二战后跨国议会的历史演变:局限与展望（Les Parlements transnationaux dans leur évolution historique après la Deuxième Guerre mondiale:limites et perspectives）
12. 生于恐怖与之共存（Living for Terror, Living with Terrorism）
13. 人与自然:毁灭与创造之间（Man and Nature. Between Destruction and Creation）
14. 热带医学的知识、技术、研究网络与二战后东亚和东南亚的政治史（Medical Knowledge, Technology, Research Networks of Tropical Medicine and the Political History of East Asia and Southeast Asia after the WW2）
15. 现代城镇真实和想象空间中的中古城市生活（Medieval Urbanism in a Real and Imaginary Space of a Present – day Town）

---

① "Program", XXIII International Congress of Historical Sciences, Poznań 2020/2022, pp. 33 – 57.

续表

16. 移民和社会政治革新:历史案例比较研究(Migration and Socio-political Innovation. Comparing Historical Case Studies)

17. 当代美洲想象的重构——互联历史方法(Modern imaginaries(re)built in Contemporary Americas – Connected Histories Approaches)

18. 媒体历史、数字历史和历史时间性(Media History, Digital History and Historical Temporalities)

19. 人类生物多样性发展史上的新动向(New Trends in the History of Human Biological Diversity)

20. 共享的空间,冲突的记忆? 跨宗教的记忆之地(Shared Spaces, Conflicting Memories? Interreligious lieux de mémoire)

20. 长时段视角下的国家形成与经济发展(State Formation and Economic Development in the Long-term Perspective)

21. 议会和教会:文本、思想和实践之间的制度史(The Councils and the Churches: History of an Institution between Texts, Ideas and Practices)

22. 越洋跨海:伊比利亚美洲帝国与商品、人员和思想的流通(Through the Ocean: the Ibero-American Empires and the Circulation of Goods, People and Ideas)

23. 个人共产主义:战后东欧和中欧党国结构中的个人主体性和能动性(Personal Communisms: Individual Subjectivity and Agency within the Party-State Structures of the Post-war East and Central Europe)

表2	圆桌会议议题[①]

1. 边界与边疆:几个世纪以来斯拉夫人的文化与社会(Borders and Borderlands: the Slavdom over the Centuries – Culture and Society)

2. 纪律严明的异议:公共领域以外的政治承认和谈判形式。中世纪和近代早期欧洲的一些案例研究(11至17世纪)(Disciplined Dissent: Political Recognition and Forms of Negotiation Beyond the Public Sphere. Some Case Studies in Medieval and Early Modern Europe(11th to 17th Centuries))

3. 帝国军队中的王朝忠诚、多国忠诚和民族忠诚(18—21世纪)(Dynastic Loyalties, Multinational Loyalties, and National Loyalties within Imperial Armies(18-21 Centuries))

---

① "Program", XXIII International Congress of Historical Sciences, Poznań 2020/2022, pp. 60-79.

续表

4. 碰撞与共存:全球史理论和方法的革新与发展(Encounters and Concurrences: New Theoretical and Methodological Developments in Global History)
5. 足球迷、历史和政治(Football Fandom, History and Politics)
6. 从性别作为一个有用的范畴到反性别主义(From Gender as an Useful Category to Anti–Genderism)
7. 大屠杀和种族灭绝研究的创新方法:理论观点和展望(Innovative Approaches to Holocaust & Genocide Studies: Theoretical Perspectives and Prospectives)
8. 古代文明和欧洲以外的高等教育形式(Les formes d'enseignements Supérieurs Dans Les Civilisations Anciennes ou Hors d'Europe)
9. 18—20世纪欧洲贵族精英与工业的发展(Les élites nobiliaires et la promotion de l'industrie en Europe des XVIIIe–XXe siècles)
10. 对过去自由表达的限制(Limits to Free Expression about the Past)
11. 穿越欧洲的河流:历史面向和当代设想(Liquid Roads through Europe. Historical Aspects and Contemporary Projections)
12. 法国以外的记忆场所的概念(La notion des lieux de memoire au–delà de la France)
13. 中世纪历史与第一次世界大战:史学和政治学(Medieval History and the Great War: Historiography and Politic)
14. 二战后时期的人口迁移(Population Displacement in the Post–World War II Era)
15. 多元文化与共存:中世纪地中海的族裔和宗教(Multiculturalism and Coexistence: Ethnicities and Religions in the Medieval Mediterranean)
16. 重新评估历史方法论:历史知识中经验的价值(Reassessing Historical Methodology: the Value of Experience in Historical Knowledge)
17. 自然灾害期间和之后抢救、保存历史文献和资料(Rescuing and Preserving Historical Documents and Materials during and after Natural Disasters)
18. 罗马教廷与19和20世纪的革命(The Holy See and the Revolutions of the 19th and 20th Centuries)
19. 妇女与全球移民(The Woman and Global Migration)
20. 是什么让公共历史真正国际化?(What Makes Public History Truly International?)

表3	联席会议议题①
1. 福利政治史的新方法(New Approaches to the Political History of Welfare)	
2. 战争中的平民:一战东线战场中的妇女、儿童、难民和战俘(Civilians in the War. Women, Children, Refugees and Prisoners of War on the Eastern Front)	
3. 19世纪之交以来的宗教与全球化(Religions and Globalisation since the Turn of the 19th Century)	
4. 家庭记忆与过去的代际传承(Family Memory and Intergenerational Transmission of the Past)	
5. 历史与真相:审判的进行(Histoire et vérité:la fabrique du procès)	
6. 第二帝国、评估和史学重建(Le Second Empire, bilan et renouveau historiographique)	
7. 历史教育史上的现代化与现代性(Modernity and Modernization in the History of History Education)	
8. 全球视野下的革命民族主义(Revolutionary Nationalism in a Global Perspective)	
9. 东亚和欧洲史学方法论的渊源(Sources of Historiographical Methodology in East Asia and Europe)	
10. (继亲家庭:五个世纪以来(16—20世纪)家庭的形成和重塑)Stepfamilies:the Making and Remaking of Families over Five Centuries(16th – 20th Centuries)	

　　大会的晚间会议设有"全球六十年代"（The Global Sixties）和"正在形成的人类全球史"（A Global History of Humankind in the Making）两个议题。② 大会通过线上与线下相结合的方式对上述议题及其相关议题进行交流、讨论，为全球的史学界贡献了百余场精彩纷呈的学术盛宴。以上议题反映出当前历史学领域的史学流派呈现出

---

　　① "Program", XXIII International Congress of Historical Sciences, Poznań 2020/2022, pp. 82 – 92.
　　② "Program", XXIII International Congress of Historical Sciences, Poznań 2020/2022, pp. 96 – 97.

不断交叉、融合的趋向。①

三 颁发国际科学大会历史奖

在波兹南大会闭幕前夕，大会第三次颁发国际科学大会历史奖。它表彰通过研究、出版物或教学在历史领域脱颖而出，并为历史知识的发展做出重大贡献的历史学家。本届获奖者是桑杰·苏布拉曼亚姆（Sanjay Subrahmany），他是美国加州大学洛杉矶分校教授，讲授的主要课程有中世纪和现代早期南亚和印度洋史、欧洲扩张史、早期现代帝国的比较史等。他精通印地语和乌尔都语、波斯语、英语、法语、葡萄牙语、西班牙语、意大利语、德语和荷兰语，这使他能够广泛地接触到原始文献，并为他的历史研究提供了扎实的语言学基础。他对当代历史学领域最重要的贡献之一是对微观历史的全球维度解读，他认为当前学术界仍然存在认识论的断裂，还需要历史学不断地革新。颁奖典礼上他做了题目为《为什么需要互联历史的一些思考》（Why Connected Histories? Some Reflections）的汇报。他认为，"互联历史"（Connected Histories）的理论不是用一种总体化的历史去代替另一种总体化的历史，也不是通过高度的抽象总括出历史全貌，而是用一种创新化的档案和文本方式去描绘、掌握历史研究对象的各方面。②

2022 年 8 月 27 日，第 23 届波兹南国际历史科学大会组委会联合主席托马斯·施拉姆教授宣布会议正式闭幕。同时，宣布以色列历史学会正式成为第 24 届国际历史科学大会主办方，下届大会将于 2026 年在耶路撒冷举办。

---

① 王晴佳：《史学流派的消失和融合：第 23 届国际历史科学大会侧记》，澎湃新闻，2022 年 9 月 24 日，https://www.thepaper.cn/news Detail - forwood_ 20027626。

② Sanjay Subrahmany, "Why Connected Histories? Some Reflections" in "Award Ceremony", XXIII International Congress of Historical Sciences, Poznań 2020/2022, pp. 13 - 33.

研究综述与书评

以色列的亚洲研究

段 际*

摘 要：20世纪50年代后以色列的亚洲研究在东方学基础上发展起来，70年代后开始形成以中、日、印三国研究为主的学术体系，20世纪末21世纪初以来扩展到韩国和印尼研究。近年来研究不断升温，学术交流愈加频繁，取得了丰富成果，逐步形成了以高校及科研机构为主的学术布局，有助于以色列与亚洲国家关系的友好发展。以色列的亚洲研究重视基础知识体系构建，在研究方法上坚持跨学科、区域和国别研究法，在研究内容上集中于中、日、韩、印等国家近现代史研究，且文史哲等各领域均有涉猎。

关键词：以色列的亚洲研究；汉学；印度研究；日韩研究

The Israel's Asian Studies

Duan ji

Abstract: After the 1950s, Asian Studies in Israel developed on the basis of Oriental studies, and it began to form its own academic system based on the study of China, Japan and India after the 1970s. Since the end of the 20th century and the beginning of the 21st century, it has expanded to Korean and Indonesian studies. In recent years, Asian Stud-

---

* 段际：郑州大学2021级硕士研究生。

ies in Israel increased gradually, academic exchanges have become more frequent, and rich results have been achieved, gradually forming an academic layout dominated by universities and scientific research institutions, which was conducive to the development of friendly relations between Israel and Asian countries. Israel's Asian Studies attached great importance to the construction of fundamental knowledge systems. In terms of research methodology, it uses interdisciplinary, country and area research methods. It focuses on the studies of modern history of China, Japan, Korea, India and other countries, and has been involved in various fields such as literature, history, philosophy and so on.

Keywords: Asian Studies in Israel; Sinology; Indian studies; Japanese and Korean Studies

以色列的亚洲研究是在东方学研究基础上发展起来的。以色列的东方学研究于20世纪20年代在约瑟夫·霍洛维茨（Josef Horovitz, 1874—1931）等人的带领下兴起，主要集中于中东和伊斯兰研究，继承了德国东方学研究重视伊斯兰教和古典阿拉伯语研究的特点。30年代后近现代史成为学者关注的重点。至50年代，以色列东方学扩展到对中国等偏远亚洲国家的研究，但相比中东研究，以色列对偏远亚洲国家的研究居于次要位置。从高校的学科建设来看，中东和伊斯兰研究通常与偏远亚洲国家的研究相互独立（后者一般被称为亚洲研究），例如特拉维夫大学设立的东亚研究系、阿拉伯和伊斯兰研究系、中东和非洲史系。因此，文章中亚洲研究的范围多指除西亚以外的其他亚洲国家和地区，涉及东亚、南亚、东南亚、中亚研究等，其中以中国、日本、韩国和印度研究为主。以色列亚洲研究以希伯来大学、特拉维夫大学和海法大学为重镇，设置了专门的亚洲研究系（或东亚研究系），建立了5所主要的科研机构，聚集了教职员工百余人，现有教授23人，拥有博士学位者79人，虽然起步时间晚于通史（一般侧重于欧美史研究）、中东和伊斯兰、犹太研究，但在师资方面整体分布较为均匀，且近年来以色列的亚洲研究不断发展，取得了丰硕的研究成果。

一 以色列亚洲研究的布局

20世纪50年代后以色列亚洲研究的教学工作主要依托高校展开，并随着"向东看"潮流的影响，涌现了一批从事亚洲研究的科研机构和学术团体，推动了以色列亚洲研究的不断发展及以色列与亚洲国家的互动。

（一）开展教学工作

希伯来大学、特拉维夫大学和海法大学是开展亚洲相关教学活动，培养专业师资队伍的主阵地。希伯来大学处于以色列亚洲研究的领先地位，1958年"以色列东亚研究之父"史扶邻（Harold Zvi - Schiffrin）在希伯来大学讲授与中国相关的课程，以色列的中国近现代史教研由此展开。[①] 1968年，中日学系成立，后增加印、韩、印尼研究，改称"亚洲研究系"。[②] 该系以语言[③]为核心，提供主题广泛的结构化课程。2007年以色列第一个亚洲图书馆成立，目前拥有1万多种藏书[④]，是以色列推进亚洲研究的一个重要里程碑。特拉维夫大学的亚洲研究起步于20世纪90年代东亚研究所的建立，研究趋于系统化，集中在中、印、日、韩等国历史及现代转

---

① 高依宁、邓燕平：《以色列的中国学研究》，载张倩红主编《以色列蓝皮书：以色列的发展报告（2020）》，社会科学文献出版社2020年版，第219—236页。

② "קצת היסטוריה"（一些历史），Department of Asian Studies, the Hebrew University of Jerusalem, (2022), https：//asia. huji. ac. il/book/%D7%A7%D7%A6%D7%AA-%D7%94%D7%99%D7%A1%D7%98%D7%95%D7%A8%D7%99%D7%94-0, 2022-11-18.

③ 语言研究具体涉及中文、日语、韩语、印地语、梵语和印度尼西亚语。

④ "הספרייההאסיאתית"（亚洲图书馆），University of Haifa, https：//asia. huji. ac. il/book/%D7%94%D7%A1%D7%A4%D7%A8%D7%99%D7%94-%D7%94%D7%90%D7%A1%D7%99%D7%99%D7%AA%D7%99%D7%AA, 2022-12-14.

型方面。而建系时间最短的海法大学亚洲研究系成立于21世纪初，以现当代亚洲研究为核心，提供亚洲研究与经济学、政治学、环境学、传播学结合的双学位课程，并出版了《亚非研究——以色列东方学会会刊》。

此外，各类设施与学术活动推动着高校亚洲研究的开放与交流。首先，学校资源建设数字化趋势加快，通过建立数据库、录入资料，推动成果信息化管理，有助于为学术研究提供线上平台与开展线上教研，如海法大学将研究生毕业论文纳入数字馆藏，并提供多个相关数据库，包括亚洲研究电子期刊、汉籍电子文献资料库、香港大学学位论文检索①等。其次，在活动方面，自2015年起希伯来大学和海法大学联合开办"亚洲圈"计划（Asia Sphere Program）②；2020年初，特拉维夫大学与台湾图书馆（NCL）合作成立台湾——以色列汉学中心（Taiwan‑Israel Sinology center），是中国台湾在中东赞助的第一个此类设施，预计将拥有214种汉学相关出版物和数字资源。③

总之，以色列高校围绕教学工作，为培养亚洲研究人才奠定了基础。

（二）建立科研机构

研究机构通过整合资源，关注热点，促进以色列亚洲研究学术体系和智库构建逐步从单一走向多元，具体设置情况见表1。

---

① "אוספים דיגיטליים"（数字馆藏），University of Haifa, https：//haifa‑primo. hosted. exlibrisgroup. com/primo‑explore/dbsearch? query = contains，dbcategory，&tab = jsearch_slot&sortby = title&vid = HAU&offset = 0&databases = category，Faculty%20of%20Humanities%E2%94%80Asian%20Studies，2022‑12‑15.

② "The Asian Sphere：Trans‑Cultural Flows Program"，The Hebrew University of Jerusalem and the University of Haifa，（2021—2022），https：//eacenter. huji. ac. il/sites/default/files/sandbox/files/asian_sphere_2021‑22_call_for_applicants._phd. pdf，p. 1.

③ Huang Tzu‑ti，"Taiwan‑Israel Sinology Center Opens at Tel Aviv University"，Taiwan News，2020‑01‑09，https：//www. taiwannews. com. tw/en/news/3853504，2022‑12‑14.

表 1　以色列高水平大学关于亚洲研究机构设置情况

学校	年份(年)	机构
希伯来大学	1965	哈里·杜鲁门促进和平研究所 The Harry S. Truman Research Institute for the Advancement of Peace
	2006	路易斯·弗里贝格东亚研究所 The Louis Frieberg Center for East Asian Studies
	2014	孔子学院 Confucius Institute
特拉维夫大学	2004	丹尼尔·亚伯拉罕国际和区域研究中心 The S. Daniel Abraham Center for International and Regional Studies
	2007	孔子学院 Confucius Institute

资料来源：根据各校官网汇总（2022-11-18）。

由此可知，以色列亚洲研究通常属于区域研究的一部分，在中国研究方面单独设立孔子学院，试图构建一个中国知识中心，负责在以色列国内传播中国语言文化。而路易斯·弗里贝格东亚研究所常与高校、孔子学院合作邀请国内外教师开展研讨会，打造学术交流平台，如 2022 年普林斯顿大学艾米·博罗瓦（Amy Borovoy）的《超越现代化：战后美国社会科学中的日本社会想象》、罗特姆·盖瓦（Rotem Geva）的《印度和巴勒斯坦——以色列：比较历史与分治的跨国性》，2021 年尤锐（Yuri Pines）的《中国第一次革命？整个国家的诞生（公元前 4—3 世纪)》[1] 等议题。

20 世纪末 21 世纪初以来，以色列逐渐重视不同学科间交叉融合与亚洲研究的全球视角，一些机构努力将国别和区域研究纳入广泛的全球事务。如丹尼尔·亚伯拉罕国际和区域研究中心以推动跨学科合作及全球性问题的探究为目标，重点研究世界各地区种族和宗教间冲突。[2]

---

[1] "Faculty Seminar Series", Department of Asian Studies, Hebrew University of Jerusalem, (2022), https://en.asia.huji.ac.il/asian-department-2022-2023-seminar-series-0, 2022-11-20.

[2] "About The Center", The S. Daniel Abraham Center for International and Regional Studies, Tel Aviv University, https://en-dacenter.tau.ac.il/about, 2022-11-21.

(三）组建学术团体

除高校及科研机构外，其他学术团体也在汇集国内学者、促进学术交流与合作方面发挥重要职能。

在亚洲研究方面，2009 年以色列亚洲中心（Israel-Asia Center）成立，丽贝卡·泽弗特（Rebecca Zeffert）任创始人，曾开展"以色列——亚洲传统产业中断"（2020）、"以色列——印度尼西亚的未来"（2023）[①] 等项目，还成立了亚洲领袖奖学金为亚洲学生提供赴以留学的途径，促进亚洲国家与以色列长期战略伙伴关系的建立[②]。关于东亚研究，2011 年年初成立的中以学术交流促进协会（SIGNAL）在魏凯丽（Carice Witte）等人带领下，以学术研究为基础，寻求中以长期学术联盟的建立，以及在教育、战略、文化和经济方面的紧密合作。[③] 此外，为顺应以色列对日本研究日益增长的趋势，2012 年 2 月以色列日本研究协会（IAJS）成立，鼓励日语教学，以加强以色列日本研究的国际学术地位、保护学术自由为目标，积极与国外学术机构合作。[④]

综合类研究机构有以色列科学与人文科学院，1961 年正式获批后成为以色列自然与人文科学学术的国际联络点[⑤]，以色列的学术研究在政府规划引导下逐渐制度化。1990 年 4 月，学院在北京正式成立了科学代表处，旨在加强中以双方科技文化交流与合作。该研究院下还设置诸多子机构，如涉及东亚史研究的历史学科委员会（History Discipline Committee）。

---

① "MISSION", Israel-Asia Center, https：//israelasiacenter.org/mission/, 2022-12-10.

② 薛华领：《沙漠清泉：一个中国人眼中的以色列》，东方出版社 2019 年版，第 258 页。

③ "ABOUT", SIGNAL-Sino-Israel Global Network & Academic Leadership, https：//sino-israel.org/about/, 2022-11-21.

④ "Welcome to the Israeli Association for Japanese Studies Website", The Israeli Association for Japanese Studies, https：//wwww.japan-studies.org/#, 2022-11-23.

⑤ "About the Israel Academy", The Israel Academy of Sciences and Humanities, https：//www.academy.ac.il/english.aspx, 2022-11-23.

上述学术组织之间存在广泛而密切的联系，是推动以色列亚洲研究专业化和国际化的主力军。

二 以色列的汉学研究

以色列汉学受欧美犹太汉学影响，关注历史文化研究，近年来随着中以关系深入发展，现当代中国史研究成为重点。具有代表性的学者有以色列汉学奠基人史扶邻、中国现代史研究专家谢爱伦（Aron Shai）、研究思想文化史的伊爱莲（Irene Eber，1929—2019）、研究中国军事政治的埃利斯·琼菲（Ellis Joffe，1934—2010）、研究近代中国的伊扎克·希霍（Yitzhak Shichor）、研究中国传统政治思想的尤锐、研究中国传统哲学的欧永福（Yoav Ariel）、研究中国宗教和文学的夏维明（Meir Shahar）、研究中国传统思想文化的柯阿米拉（Amira Katz-Goehr）等。研究主要集中在以下几方面。

首先，历史研究是对中国常识性探究的前提。相比不被西方学者重视的中国古代政治思想在以色列受到尤锐教授关注，其代表作《展望永恒的帝国：战国时代的中国政治思想》①，选取战国思想家论述的君主、士人、民众等更贴近中国学者视角的内容，探究中国传统王朝体制长久延续的根源。②

其次，文化研究受许多学者青睐，从传统文化到现代流行文化，均有不少成果涌现。如伊爱莲教授的《中国人和犹太人：文化的碰撞》③，运用跨文化视角探究两个民族、两种思想之间的相互作用；

---

① ［以］尤锐：《展望永恒帝国：战国时代的中国政治思想》，孙英刚译，上海古籍出版社2013年版。

② 罗新慧：《战国思想与中国古代大一统王朝——以色列汉学家尤锐教授的思想史解读》，《史学史研究》2018年第4期。

③ Irene Eber, *Chinese and Jews: Encounters between Cultures*, Oregon: Vallentine Mitchell & Co. Ltd, 2007.

夏维明教授的《济颠：中国宗教与民间文学》①，以济公为切入点探究中国传统宗教与社会结构的关系、小说和大众传媒在塑造宗教信仰中的作用。他的另一本书《少林寺：历史宗教与武术》，追溯了中国武术的发展脉络，认为武术是一个多层面的自我身心培养系统。②研究当代中国文化的尼姆罗德·巴拉诺维奇（Nimrod Baranovitch）教授，出版了代表作《中国新声音：流行音乐、民族、性别和政治，1978—1997年》③，后于2004—2007年主持了学术课题"北京少数民族作家和艺术家在重塑中国多民族文化中的作用"。④

再次，中国近现代史是以色列汉学研究的重点。史扶邻教授从事孙中山和近代中国政治研究，撰写了《孙中山与中国革命的起源》《孙中山：勉为其难的革命家》等多部专著。章开沅先生曾评价他既说明了孙中山领袖地位的形成过程和对革命的作用，又避免了"孙中心"的倾向。⑤另外还有约拉姆·埃夫隆（Yoram Evron）的新作《改革时代的中国军事采购：新方向的设定》⑥，探讨了现代中国政治和军事领导人对军事采购政策的调整。

此外，中以关系研究是促进两国商贸、科技等合作的迫切之需，尤其是"一带一路"倡议提出以来，对该政策的解读成为热点。专门从事"一带一路"倡议下中国对海港行业直接投资研

---

① Meir Sha-har, *Crazy Ji: Chinese Religion and Popular Literature*, Harvard-Yenching Institute Monograph Series48, Cambridge: Harvard University Asia Center, 1998.
② [以] 夏维明：《少林寺：历史宗教与武术》，赵殿红译，宗教文化出版社2016年版。
③ Nimrod Baranovitch, *China's New Voices: Popular Music, Ethnicity, Gender and Politics, 1978-1997*, University of California Press, 2003.
④ Nimrod Baranovitch, Curriculum Vitae and List of Publications, https://asia.haifa.ac.il/images/Nimrod_Baranovitch_cv_for_University_webpage_3.1.21.pdf, p. 1., 2022-11-28.
⑤ [以] 史扶邻：《孙中山与中国革命的起源》，丘权政等译，中国社会科学出版社1981年版，第12页。
⑥ Yoram Evron, *China's Military Procurement in the Reform Era: The Setting of New Directions*, Routledge, 2016.

究的埃胡德·戈嫩（Ehud Gonen），撰写了《中国"一带一路"倡议背景下以色列政府对外直接投资审查决定述评》①等多篇文章。

近三十年来，翻译成果逐渐增多，主要集中于古典文献、哲学和文学领域。如尤锐主持翻译了《商君书》及战国竹简中的典籍《系年》②。欧永福翻译了《老子道德经》（1981）、《孔丛子》（1989）、《道之书》（2007）等译本。③ 在文学方面，1997年浦安迪（Andrew Plak）翻译了《大学》，是以色列比亚利克出版机构的"四书"首部，至2009年"四书"译本全部出版。④ 另外，柯阿米拉翻译出版了大量汉语经典，包括和浦安迪合译的《红楼梦》（希伯来文）、鲁迅小说集《边城》《骆驼祥子》、冯梦龙的"三言"、《聊斋志异》等译本。⑤

最后，中国犹太人研究既是以色列建立与中国联系的方式之一，又与学者个人命运密切相关。如伊爱莲的著作《上海之声：二战时期来华犹太流亡者的心声》，通过收集犹太难民的信件、日记等史料再现其艰难心路历程，在作者看来，这是她身为大屠杀幸存者的责任。⑥

---

① Ehud Gonen, "Review of the Israeli Government's Decision on Foreign Direct Investment Screening a Gainst the Background of China's Belt and Road Initiative", in Shaul Chorev, ed. *Maritime Strategic Evaluation for Israel* 2019—2020, 2020, pp. 1 - 20.

② Yuri Pines, *Zhou History Unearthed：The Bamboo Manuscript Xinian and Early Chinese Historiography*, New York：Columbia University Press, 2020；戴拥军、尤锐：《经由典籍翻译研究中国传统政治思想——以色列著名汉学家尤锐教授访谈》，《国际汉学》2022年第3期。

③ ［以］欧永福：《我想我的前世是中国人》，《光明日报》2013年8月5日第8版。

④ 齐宏伟、杜心源、杨巧著，钱林森、周宁编：《中外文学交流史：中国—希腊、希伯来卷》，山东教育出版社2015年版，第241页。

⑤ *List of Delegates of the 2017 Sino - Foreign Literature Translation & Publishing Workshop*, Chinaculture. org, 2017 - 08 - 17, http：//en. chinaculture. org/2017 - 08/17/content_1055838. htm, 2022 - 11 -29.

⑥ ［以］伊爱莲编：《上海之声 二战时期来华犹太流亡者的心声》，宋立宏等译，浙江人民出版社2022年版。

三 以色列的日韩研究

　　以色列对日本史的综合考察热潮始于 20 世纪 60 年代末，相关学者包括以色列日本研究领域创始人本—阿米·希洛尼（Ben-Ami Shilony）和亚伯拉罕·奥尔特曼（Avraham Altman，1922—2016）、研究日本宗教文化的伊利特·阿维尔布（Irit Averbuch）、最早研究现代日本的埃胡德·哈拉里（Ehud Harari）、从事日本社会史研究的奥夫拉·戈德斯坦—吉多尼（Ofra Goldstein-Gidoni）、日本戏剧和电影研究专家兹维卡·塞尔珀（Zvika Serper）等。20 世纪末以色列高校对韩国的研究在雅科夫·科恩（Yaakov Cohen）的努力推动下兴起，研究规模相对较小且多由青年学者组成，包括研究朝鲜和韩国现代史的艾伦·莱夫科维茨（Alon Levkowitz）、研究韩国历史和宗教的盖伊·沙巴博（Guy Shababo）、研究韩国经济和社会学的伊琳娜·莱恩（Irina Lyan）、研究韩国萨满教的利奥拉·萨法蒂（Liora Sarfati）等。研究侧重现当代日韩史，具体体现在以下几方面。

　　在历史层面，日本天皇制、近代史上的战争和军国主义引起学界兴趣。如本—阿米·希洛尼教授 2005 年出版《天皇之谜》，探究天皇制与日本王朝延续性之间的关系，与《天皇经济学》《现代日本天皇》[①] 等著作全面分析了日本天皇制。海法大学亚洲研究系创始人罗特姆·康纳教授（Rotem Kowner）从事日本现代史和海军史研究，编辑了著作《日俄战争历史词典》《日俄战争的影响》[②] 等。而专门研究近代史的盖伊·波多勒（Guy Podoler），曾出版著

[①] Ben-Ami Shillony, *Enigma of the Emperors*, Kent: Global Oriental, 2005; *tenno heika no keizaigaku* (The Economics of the Emperor), Tokyo: Kubunsha, 1982; ed., *The Emperors of Modern Japan*, Leiden: Brill, 2008.

[②] Rotem Kowner, *Historical Dictionary of the Russo-Japanese War*, The Scarecrow Press, 2006; eds. *The Impact of the Russo-Japanese War*, London: Routledge, 2007.

作《现代日本的战争与军国主义：历史与认同问题》①，从军国主义对战后日本"记忆"和"身份"的影响审视20世纪日本对战争的态度。

相比日本，以色列对韩国史的研究聚焦于殖民史和后殖民史方面。盖伊·波多勒的著作《纪念碑、记忆和认同：构建韩国殖民史》②，从记忆史探索后殖民时代韩国对殖民史的重建。另外，伊琳娜·莱恩的文章《工业间谍再审视：东道国与外国跨国公司的法律纠纷和后殖民时期的形象》、艾伦·莱夫科维茨的著作《韩国：历史和政治》③ 等分别从经济、政治层面分析韩国历史。

体现多学科融合的文化研究是以色列学界关注的重点。20世纪90年代中期以来，由于日本地理位置偏远，学界对"日本之外的日本"（Japan Outside Japan）研究兴趣浓厚，如本·阿里、吉哈德·安吉斯的研究④，主要关注日本国家以外的日本人及更为普遍的全球化主题。⑤ 此外，还有伊利特·阿维尔布的《众神起舞：山伏神乐的仪式舞蹈研究》、亚伯拉罕·奥尔特曼的《现代日本：历史、文学和社会层面》《日本和中国艺术中的人与自然》⑥ 等。关于韩国

---

① Guy Podoler, *War and Militarism in Modern Japan: Issues of History and Identity*, Global Oriental Ltd, 2009.

② Guy Podoler, *Monuments, Memory, and Identity: Constructing the Colonial Past in South Korea*, Peter Lang Publishing, 2011.

③ Irina Lyan and Michal Frenkel, *Industrial Espionage Revisited: Host Country – Foreign MNC Legal Disputes and the Postcolonial Imagery*, Organization, 2020; Alon Levkowitz, *Korea: History and Politics*, Tel Aviv University Press, 2003.

④ Eyal Ben – Ari and John Clammer, *Japan in Singapore: Cultural Occurrences and Cultural Flows*, London: Routledge: 2000; Harumi Befu and Sylvie Guichard – Anguis, *Globalizing Japan: Ethnography of the Japanese Presence in Asia, Europe, and America*, London: Routledge, 2001.

⑤ Ofra Goldstein – Gidoni, "Producers of 'Japan' in Israel: Cultural Appropriation in a Non – Colonial Context", *Ethnos: Journal of Anthropology*, Vol. 68, No. 3, 2003, p. 366.

⑥ Irit Averbuch, *The Gods Come Dancing: A Study of the Ritual Dance of Yamabushi Kagura*, Cornell Univ East Asia Program, 1995; Avraham Altman, *Modern Japan: Aspects of History, Literature and Society*, Allen and Unwin, 1975; Avraham Altman, *Man and Nature in Chinese and Japanese Art*, Jerusalem: the Berman Hall, 1993.

文化研究，2015年韩国研究论坛（Korean Studies Forum）成立，是希伯来大学的韩国研究中心，专门从事韩国历史文化和政治领域的比较研究。① 相关成果有伊琳娜·莱恩的文章《粉丝企业：韩流在以色列的粉丝圈、代理商和营销》②，探究了韩流文化及其产业对以色列的影响；利奥拉·萨法蒂的《当代韩国萨满教：从宗教仪式到数字化》③，通过民族志研究，分析萨满教在商业化、现代媒体环境中逐渐本土化的过程。

在与以色列关系研究方面，相关成果有本—阿米·希洛尼的《日本和以色列：抵住压力的关系》《日本和以色列：一种特殊关系》④ 等文章。本—阿米·希洛尼还对两个民族进行比较研究，他的著作《犹太人和日本人：成功的局外人》⑤ 聚焦于两个民族的地理异质性与文化同质性，试图找出两个具有历史延续性的民族的相似之处。

四　以色列的印度研究

20世纪70年代，以色列高校开始教授印度史。印度学家大卫·舒尔曼教授（David Shulman）是以色列印度研究领域的创始人，主要研究南印度文化、宗教等，曾出版《南印度神话与诗歌

---

① "About Us", Korean Studies Forum in Israel, https：//ksf. co. il/about - us, 2023 - 01 - 11.

② Nissim Otmazgin and Irina Lyan, "Fan Entrepreneurship: Fandom, Agency, and the Marketing of Hallyu in Israel", in keith Howard and Nissim Otmazgin eds. , *Transcultural Fandom and Globalization of Hallyu*, Korea University Press, 2019, pp. 155 - 179.

③ Liora Sarfati, *Contemporary Korean Shamanism: From Ritual to Digital*, Indiana University Press, 2021.

④ Ben - Ami Shillony, "Japan and Israel: The Relationship that Withstood Pressures" in *Ben - Ami Shillony - Collected Writings*, Routledge, 2000; "Japan and Israel: A Special Relationship", *Japan and the Middle East in Alliance Politics*, 1986.

⑤ Ben - Ami Shillony, *The Jews & the Japanese: The Successful Outsiders*, Tuttle Pub, 1992.

中的国王与小丑》《泰米尔语：传记》《泰卢固语古典诗歌》[①] 等著作。此后从事印度研究的学者包括研究印度和西藏密宗的耶尔·本托（Yael Bentor）、研究古典和前现代印度文学的伊拉尼特·洛维·沙查姆（Ilanit Loewy Shacham）、研究当代印度宗教和流行文化的罗尼·帕西亚克（Ronie Parciack）等。研究主要集中在以下几方面。

以色列学者较为关注印度次大陆文化研究，如 2014 年大卫·舒尔曼与伊加尔·布朗纳（Yigal Bronner）等人合作撰写《创新和转折点：走向古典宫廷诗的文学史》[②]，2019 年两人又合作出版了首部用希伯来语书写的通史著作《放眼印度》[③]，内容涵盖从史前时代到 21 世纪印度次大陆的历史。

印度作为多宗教国家，宗教研究是文化研究的重点，主要涉及印度教、佛教、伊斯兰教。研究现代印度的奥妮特·沙尼（Ornit Shani）的专著《地方自治主义、种姓和印度教民族主义：古吉拉特邦的暴力》[④]，认为古吉拉特邦印度教民族主义的兴起与印度教徒和穆斯林之间反复发生的暴力冲突有关。从事喜马拉雅宗教研究的埃胡德·霍尔柏林（Ehud Halperin）的《喜马拉雅女神的众多面孔》[⑤]，探析了印度喜马拉雅女神哈迪姆巴崇拜及仪式。而研究印度佛教和婆罗门传统的罗伊·特佐哈尔（Roy Tzohar）的

[①] David Shulman, *The King and the Clown in South Indian Myth and Poetry*, Princeton University Press, 1989; *Tamil: A Biography*, An Imprint of Harvard University Press, 2016; *Classical Telugu Poetry*, University of California Press, 2020.

[②] Yigal Bronner, David Shulman and Gary Tubb, *Innovations and Turning Points: Toward a History of Kavya Literature*, India: Oxford University Press, 2014.

[③] Yigal Bronner and David Shulman, *An Eye to India* (in Hebrew), Jerusalem: Magnes and Yediot Sfarim, 2019.

[④] Ornit Shani, *Communalism, Caste and Hindu Nationalism: The Violence in Gujarat*, Cambridge University Press, 2007.

[⑤] Ehud Halperin, *The Many Faces of a Himalayan Goddess*, Oxford University Press, 2019.

《瑜伽行派佛教隐喻理论》①，涉及瑜伽行派的语言和经验哲学，获得了2018年沼田智秀图书奖。此外，研究伊斯兰教的伊扎克·魏兹曼（Itzchak Weismann）发表的《现代伊斯兰复兴主义的印度根源》②一文，认为印度次大陆是现代伊斯兰复兴主义的发源地之一。

在政治层面，学者们较为关注印度民主制度研究。具有代表性的是奥妮特·沙尼的《印度如何成为民主国家：公民身份和普选权的形成》，研究印度民主的制度化过程及印度人民如何成为民主公民权的推动力③。她的新作《印度宪法汇编》④，是一部关于印度宪法制定史的重要著作。

在印以关系方面，为纪念两国建交三十周年，特拉维夫大学拉南·雷因教授（Raanan Rein）与普拉密特·帕尔—乔杜里研究员（Pramit Pal-Chaudhuri）共同编辑出版《值得信赖的伙伴：印以建交30年》⑤论文集，分别从国防、政策、农业和太空等合作层面探讨两国关系的发展。

总之，以色列亚洲研究经过多年发展，机构不断完善，队伍逐渐壮大，成果相应增多，已初具规模。一方面，以色列的亚洲研究基础性和实用性强，整体研究质量不断提升；在研究内容和视野上，以促进与亚洲国家友好往来为导向，尤其强调中、日、韩、印等国现当代研究，除传统的语言、历史和宗教研究外，还重视学术研究的全球视野，并通过国际化的学术交流，积极寻找并建立与亚洲国

---

① Roy Tzohar, *A Buddhist Yogācāra Theory of Metaphor*, Oxford University Press, 2018.
② Itzchak Weismann, "Indian Roots of Modern Islamic Revivalism", *Journal of South Asia and Middle Eastern Studies*, 2013.
③ Ornit Shani, *How India Became Democratic: Citizenship and the Making of the Universal Franchise*, Cambridge University Press, 2017.
④ Ornit Shani, *How India Became Democratic*, Cambridge University Press, 2018; *Assembling the Indian Constitution*, Cambridge University Press, 2023.
⑤ Pramit Pal-Chaudhuri and Raanan Rein, eds., *Trusted Partners: 30 Years of India Israel Diplomatic Relations*, New Delhi, 2022.

家的历史联系和共同利益基础；在研究方法上，具有明显的学科融合特点。但另一方面以色列的亚洲研究也存在一定局限性，受西方学术话语和国内政治现实的影响，加之缺乏足够的研究资金，以色列对中亚和东南亚的研究留白较多，一个成熟的亚洲研究体系尚处于不断建构中。

犹太文明的驱动力与创造力

——读《文明兴衰与犹太民族：文明互鉴的视角》

刘 遵[*]

犹太民族自古以来就是一个多灾多难的民族，第一圣殿被毁，大量犹太人被掳至巴比伦。第二圣殿被毁，王国灭亡，犹太人被迫开始了近两千年的"大流散"。从中世纪的宗教驱逐到种族灭绝，创伤记忆成为犹太精神的主旋律。但难能可贵的是，犹太民族流而不散，犹太文明毁而不灭。20 世纪下半叶，犹太民族从大屠杀的灰烬中凤凰再生，进入了文明发展的新阶段。在这样的语境下，"受难与辉煌"依然是当今犹太叙事的主基调，如何长久地保持文明的创造力，使其兴而不衰，也成为当代犹太学者的使命。以色列犹太民族政策委员会高级研究员沙洛姆·萨洛蒙·瓦尔德（Shalom Salomon Wald）博士的力作《文明兴衰与犹太民族：文明互鉴的视角》[①]（*Rise and Decline of Civilizations*：*Lessons for the Jewish People*），以犹太文明为切入点与落脚点，通过对比分析 23 位历史学家的文明观，探寻了文明兴衰的内在驱动力与历史条件。瓦尔德关于 21 世纪犹太文明发展提出的诸多建议，对于当今世界的文明研究与交流互鉴具有普遍性的启示意义。

---

[*] 刘遵：郑州大学历史学院硕士研究生。
[①] ［以］沙洛姆·萨洛蒙·瓦尔德：《文明兴衰与犹太民族：文明互鉴的角度》，卢彦名译，宋立宏校，浙江人民出版社 2022 年版。

一 作者其人

瓦尔德于 1936 年在意大利米兰出生,自幼在瑞士巴塞尔长大。在巴塞尔生活期间,他从事社会科学、历史和宗教的研究,通过对历史社会学家阿尔弗雷德·韦伯的出色研究,瓦尔德于 1962 年获得博士学位。两年后,他加入了位于巴黎的经济合作与发展组织(Organization for Economic Cooperation and Development, OECD),该组织是西方世界最大的智库和政治咨询机构。在 OECD 工作期间,他聚焦于教育、科技政策,以及能源政策研究,一直工作至 2001 年退休。2002 年,他加入了以色列犹太民族政策委员会,担任高级研究员。该研究所是一个独立非营利性机构,旨在促进犹太文明和全世界犹太民族的繁荣,它每年出版一本《犹太民族年度形势和动态评估》以及各种具体的政策报告,主要涵盖以色列与美国等国家的外部关系,以色列的外部安全威胁与内部发展趋势,世界范围内的反犹太主义等内容。瓦尔德在该研究所转向中国和印度与犹太/以色列关系、以色列科技政策以及犹太文明史研究,《文明兴衰与犹太民族》正是他在这一时期的研究成果,他在这些领域已经出版了两项研究报告,分别为《中国与犹太民族——新时代中的古文明》(2004,中文版 2014)、《犹太民族与科技》(2005),以及《十字路口的犹太文明:历史兴衰的教训》(2010)。近年来,瓦尔德关注中美新型国际关系下以色列的发展路径,先后撰写了两篇文章:《中国的崛起、美国的反对及其对以色列的启示》(2020)、《中国,美国人的挑战:对以色列和犹太民族的启示》(2021)。瓦尔德也曾多次应邀访问中国,最近一次是 2019 年 5 月来北京参加亚洲文明对话大会。

二 历史学视野中的文明兴衰

瓦尔德认为,文明是世界历史上最大和最持久的实体,文明经常比国家和帝国更为持久。跨越历史的长河去判断文明发展的兴起、繁荣与衰落趋势并非易事。因为同一个文明的发展中存在相互矛盾的趋势，不同时代对于兴起与衰落的标准认识存在差异，不同的解读方式会导致对文明发展认识的"视觉失真"（Optical Distortion）；但这并不是说，文明的兴衰不可推断、无法预测。瓦尔德指出，在全球化时代，文明发展也处在十字路口，对文明的重视已远远超出学术范围，引起政府和公众的普遍关注。基于这样的认识，瓦尔德带领读者经历了一场独特的文明之旅，与修昔底德（Thucydides）、司马迁等古典历史学家，以及20世纪文明形态史观代表人物斯宾格勒（Spengler）、阿诺德·汤因比（Arnold Toynbee）等23位著名历史学家进行了一场跨越时空的对话，论道文明，叩问兴衰。"书中的各种观点反映了历代最活跃的思想家的面貌。他们不仅叙述了各自时代的事件，而且试图洞察这些事件所体现出的模式和秩序，由此可以作为我们更好地了解世界的指南，并可能为未来提供更清晰的洞察力。"（佩雷斯总统序，第1页。）

瓦尔德特别关注了阿拉伯历史学家伊本·赫勒敦（Ibn Khaldun），后者依据伊斯兰文献总结出一套相比前人更为系统化、概括化的文明发展模式。赫勒敦以理性化的方法分析文明的起源，他认为文明的核心是"群体情感"，这种情感促进了皇室权威的建立，而宗教、战争、学术、科学等也是维系一个伟大文明的重要因素。不仅如此，赫勒敦认为文明发展是有周期性的，兴衰更迭是文明发展的常态。而文明的衰落总是内在原因导致的，常常来自社会的不公正、学术与科学的衰落、风俗习惯的改变等因素。（第52—59页）

20世纪著名文明史家汤因比对于文明的兴起和衰落都有独特的研究，他认为文明的兴起是一个民族面对外部或者内部挑战的持续回应，少数有创造力的人物和派别驱动社会的发展，从而使文明繁荣发展。文明的崩溃则是因曾经"创造性"的领导少数派堕落腐化，依靠武力压迫人民。当文明中矛盾的行为和情感模式出现时，文明可能产生分裂甚至解体。（第93—99页）瓦尔德多次引用汤因比有关兴衰的论断，并着力从犹太文明的发展历程中去验证其观点。瓦尔德也认同法国历史学家、年鉴学派代表人物费尔南·布罗代尔（Fernand Braudel）用长时段理论来分析文明现象，后者强调长时段所积累的基本社会经济结构决定着政治、军事、文化以及文明的走向，认为文明兴衰研究要非常关注"数量"的变化，尤其是地质、地理、气候、人口、领土的大小以及贸易、移民的情况，等等。（第104—108页）

综合呈现了历史学家对于文明兴衰的不同观点后，瓦尔德总结梳理了三个互相独立的关于文明兴起的宏观理论范式。首先是"挑战与应战"理论，该理论认为文明兴起于对自然地理或人类刺激的集体反应。其次是"机会之窗"理论，即当一个地区没有强大的外部力量时，文明获得兴起的"机会之窗"，关闭这个"机会之窗"则会扼杀一个文明。最后是"全球兴衰趋势"理论，瓦尔德认为，在同一个"世界体系"内，会有一个普遍的驱动力推动文明向相似性的方向发展，而顺应世界趋势的文明能够繁荣发展。（第149—160页）

在瓦尔德看来，文化与历史记忆对塑造一个繁荣时代至关重要。首先，一些历史上的黄金时代依赖于后世历史记忆的构建。例如文艺复兴，对于14世纪的多数意大利人来说，当时城邦之间战争频繁、暴力频发，日常生活并不让人羡慕。但对于后世来说，经过知识分子建构的14世纪却是一个思想繁荣、文化鼎盛的时代，两种认识的差异证明了繁荣时代的定义受不同历史时期意识形态的深刻影响。其次，瓦尔德认为，历史上的繁荣时代都是文化创造力强大的时代，而文化创造力受政治与军事力量、经济财富与皇室赞助、大部分人口的高水平教育、跨文化接触、地理集中、相对的宗教宽容与宽容以及妇女权利等因素影响。因此，能够通过上述几个要素推动文化创造力发展，是繁荣时代的必备条件。（第161—176页）

至于文明如何衰落，瓦尔德则综合吸纳了几位历史学家的认识形成了自己的看法。他赞同爱德华·吉本（Edward Gibbon）提出的，没有一个单一原因可以解释一个多方面、广泛和持久的文明的衰落与灭亡的观点。但同时他否定了斯宾格勒等人认为的"已死文明都因自我毁灭而灭亡"的看法，认为外部因素也是文明衰落的重要原因。瓦尔德不仅从世界历史中找到许多例证，他也从本民族的犹太历史找到了相关论据——大部分犹太人不止一次被外部而非内部的敌人摧毁，如罗马摧毁第二圣殿、1290年英格兰驱逐犹太人、1492年西班牙驱逐犹太人，等等，都是外部的力量终结了犹太民族或团体的繁荣。(第177—182页)

三 犹太文明的驱动力

通过对历史学家有关文明兴衰理论的分析，瓦尔德从12个方面总结出犹太文明发展的重要驱动力，这些驱动力涵盖政治、经济、文化、社会、生态以及国际关系等多方面，它们以复杂的方式联系在一起，共同影响犹太文明的发展。

(一) 犹太教

宗教是维护犹太民族边界的仪式，使犹太民族和其他民族得以区分开。另外，犹太教能帮助犹太人记忆历史，一些宗教节日、《托拉》等宗教典籍都帮助犹太人构建集体记忆，从而更好地实现集体认同。除此之外，犹太教还具有很好的社会伦理功能，指导犹太人维护社会正义，热心慈善事业，等等。

(二) 群体凝聚力

团结的犹太社群是犹太人在上千年的流散中保持民族认同的重要原因，犹太人通过情感纽带联系起来，这种联系并不能用语言或者领土等理性因素所解释。瓦尔德认为，教育、心理、进化和生物等因素可以形成特定的"默契共识"，这对于犹太文明的延续具有重要意义。

（三）教育与科技

重视教育的传统保证宗教文本和习俗在一代代犹太人之间延续下去。不仅如此，良好的教育使犹太人自古以来在科学界和思想界人才辈出，到了近代，在世界范围内科学迅速发展的背景下，犹太人在科学技术领域的成就也实现爆炸性的增长，他们帮助美国和德国在近代崛起。同时，犹太复国主义者所创立的教育和科研机构，也为建国后面临重重挑战的以色列提供强有力的科技支持。

（四）语言

瓦尔德认为，在古代时期，希伯来语随着犹太民族的离散而逐渐衰落。但是在14—16世纪，东欧和中东地区犹太族群的发展催生出意第绪语和拉迪诺语两种犹太移民语言，这在维护犹太人身份和激发新的文化创造力方面发挥了巨大作用。19世纪初的犹太启蒙运动复兴了希伯来语，在之后的犹太复国主义运动中，希伯来语在犹太民族身份认同上发挥了重要的作用。

（五）政治精英

政治精英与领导力在犹太历史上发挥着双重的作用，一方面，犹太历史上的主要灾难几乎都与犹太领导人的缺席、软弱、倒霉或者无能有关；另一方面，一些犹太领导人能够在民族或者精神危机和转型时刻，做出对严峻挑战的创造性和变革性反应，尼希米（Nehemiah）、以撒·阿巴伯内尔（Isaac Abrabanel）、本·古里安（Ben‐Gurion）等人都是杰出的代表。

（六）人口数量

瓦尔德认为，人口学在确定犹太人的历史和力量等方面发挥了重要作用，虽然历史上犹太人历经漂泊，几经沉浮，但在犹太文明发展的多个阶段中，犹太人口数量在大多情况下能够实现防卫和保命、保持文化和宗教创造力、维持政治影响和权力。因此犹太文明得以在重重磨难中幸存下来。

（七）经济基础

瓦尔德认为，经济是犹太史中的一个重要因素，如果不了解犹太历史中的经济背景，就无法充分理解犹太史。9—11世纪，犹太人在阿尔卑斯山北部地区发展长途贸易，莱茵兰地区和高卢地区的犹太人积累了大量财富，犹太学术随之发展，阿什肯纳兹犹太教由此兴起。17世纪开始，欧洲中部和东部地区犹太社群蓬勃发展，人口数量不断增长，这主要得益于犹太人在经济领域的力量。因此，自中世纪以降，犹太社群的兴衰与其经济基础密切相关，经济上的成功往往带来当地犹太文化的繁荣。

（八）战争

战争是塑造犹太民族的重要手段。在古代，以色列因战争胜利而建立国家，但第一圣殿与第二圣殿被毁皆因战争的失败。在大流散时期，服兵役维持了犹太人在罗马帝国的延续、生存和广泛散居。在其他的时期也能见到犹太人参与战争的影子，穆斯林王国格拉纳达的犹太首相多次率军作战，他的显赫地位也促进了当时的犹太人的繁荣。现代以色列国的政治精英、内部凝聚力、移民的融合与教育、经济技术发展等方面无不深受战争影响。

（九）地缘政治和文明亲和力

在瓦尔德看来，古代的犹大王国和现代以色列国都不是大国，唯有采取合理的地缘政治战略和利用犹太文明的亲和力才能维持国家存续。瓦尔德举出了例子：古以色列时期，亚哈王（Ahab，公元前871—公元前852年在位）迎娶北方腓尼基国王的女儿以获取其支持，曾获得短暂的成功。但在面临巴比伦帝国和罗马帝国时，犹太人没有采取正确的对外战略，而导致国家的两次灭亡。20世纪初犹太人选择与英国人交好，从而获得英国对复国主义的支持。现代以色列国建立后，犹太人与法国人、美国人建立联系，利用自身文明的亲和力，获得大国的支持。

（十）内部分歧

瓦尔德强调，犹太人的内部分歧有三种形式：意识形态分歧、内战和地理分割。犹太教的发展历程中充满了各种意识形态分歧，第二圣殿时期有法利赛派和撒该都派的分歧，中世纪时期有拉比犹太教和卡拉派的分歧，等等。但在分歧双方保持非暴力的辩论中，犹太人的创造力会受益并得到发展。犹太民族的内战主要出现在古以色列时期，这对于双方和整个犹太民族都是有害的。地理分割在大流散之后是犹太人发展的常态，在现代以色列则表现为以色列国和散居犹太人（以美国为主）的分隔，地理分割有助于犹太民族的生存，但又有各方逐渐疏远的风险。

（十一）运气与偶然事件

瓦尔德强调，在犹太历史上出现过很多偶然因素，从正反两面对犹太历史进程发挥影响作用。公元前701年，亚述王辛那赫里布（Sennacherib，公元前704年—公元前681年在位）在入侵犹大王国获得节节胜利之时突然撤军回国，使耶路撒冷免遭战火焚毁，而犹大王国也因此幸存下来；公元70年，罗马军队占领了耶路撒冷，据后世历史学家考据，军队主帅提图斯（Titus，公元79—公元81年在位）并不愿意摧毁犹太圣殿，当犹太圣殿被几个劫掠的士兵点燃时，提图斯仍试图扑灭大火，可惜最终失败。圣殿被毁使犹太人失去了宗教中心，彻底改变了犹太教的面貌和犹太人的命运。

（十二）自然与健康灾害

瓦尔德认为，自然和健康灾害在近几十年逐渐受到人们的关注，这个因素对于近代之前的犹太人影响较小，现代以色列国却不得不面对这一新挑战。全球变暖、灾难性的地质事件、微生物大流行病以及技术事故造成的健康和安全灾难都可能给犹太人的生存带来致命威胁。随着人类对地球的破坏性活动的加剧，一些自然和健康灾害慢慢浮出水面，威胁人类的生存。

瓦尔德强调，驱动力是影响或决定文明兴衰的关键因素，在过去的几千年里，12个驱动力对于犹太历史的延续以及现代以色列国取得的成就都起到了决定性的作用。但是这些驱动力都有各自的优势和劣势，一些驱动力的状况也难以评估，对于现代以色列的领导人来说，如何正确地把握和利用犹太文明的驱动力，是决定本民族未来生存发展的关键。

四 犹太文明的创造力

创造力是改变和创新的先决条件，是一个民族不断适应文明发展的重要基础。古代和中古时期，犹太人发挥创造力，在保持犹太民族特性的同时不断地适应新的生存环境，使其民族绵延存续。到了近现代，在自然和人文科学领域，犹太人对世界的贡献比率远远超过其人口数量所占的比率。瓦尔德认为，创造力源于"创造性怀疑"（Creative Skepticism），即对传统权力结构的质疑与改变，如果一种文明扼杀这种"创造性的怀疑"，就难以长久繁荣。对于犹太民族来说，焦虑、质疑、好奇、教育和多元文化观都是其获得创造力的重要源泉。

瓦尔德期望犹太人能够深刻理解文明发展的驱动力以及由此所激发的创造力。他呼吁犹太民族在文明发展的黄金时代，要未雨绸缪，防患于未然。他结合历史的经验，以避免衰落为目的，为犹太文明的未来发展提出以下建议。

第一，献身于活的历史，即保持历史使命感。瓦尔德认为，在当代世界中，许多人在丢失自身的历史与文化记忆，这些人在未来的全球政治和文化中会丧失长期竞争力。因此他提出，研究犹太历史和经文的传统犹太人更能从未来历史的漩涡中生存下来，他鼓励犹太人了解民族悠久的历史并传递给下一代，这样防止在世界发展的大潮中犹太人迷失了自我，也能让犹太人在未来的竞争中保持长久的优势。

第二，高质量的领导力和长期政策。在犹太历史驱动力中作者就强调了领导力的重要作用。瓦尔德提出，当今以色列的政治选举和治理机制无法产生具有在道德上和治理上无懈可击的高质量领导团体，这暗示着当代以色列政治制度的一些方面亟须改革，以保证高质量的领导力和良好的治理体系以及长期政策。

第三，站在知识革命的顶端。知识与科技是犹太文明千余年得以延续的重要原因，也是目前犹太人获得较高的国际地位的主要原因。在社会科学、经济创新、政治活动等方面，犹太人一直处于前沿地位。瓦尔德认为，犹太统治者应该采取经济、教育和文化措施以确保犹太人继续争取最高水平的教育，并在持续的知识革命中保持创新的领导地位。

第四，长远的地缘政治眼光。虽然以色列国土面积狭小，地缘政治环境恶劣，但犹太人地缘政治视野并不局限于此。瓦尔德认为，犹太人应当保持长远的目光，追求全球利益的最大化，主动去塑造全球的未来。除此之外，作者还认为，随着全球力量平衡的改变，犹太人应当在传统的盟友之外寻找新的朋友。

作为一名专业研究科技政策的学者，瓦尔德在犹太文明兴衰中十分重视科技所带来的影响，在论述影响犹太文明发展要素以及对犹太民族未来发展提出的建议中，他都重点强调了科技对于犹太文明兴衰的重要意义。但这并没有使其成为"科技决定论"者，他也从历史角度重点关注了犹太民族身份认同、政治领导力以及国际关系等因素，认为这些原因是犹太人延续千年并在近代崛起的关键原因。

除此之外，瓦尔德对影响犹太文明兴衰要素的综合考察，更体现其作为智库专家敏锐的观察力和对时代发展的准确预测。如重视自然环境对文明发展的影响，他尤其强调了微生物大流行病对于历史进程的改变，2020年"新冠病毒"对全球格局的重大冲击以及对犹太民族的重要影响则印证了他的猜想。

从历史上各文明兴衰中稽古振今，为当今犹太民族提供可贵的建议，是瓦尔德著书立说的根本目的。文明兴衰是一个非常宏大的主题，该书跨越不同时代，贯穿多种文明体系，引导读者经历一场不同寻常的"思想实验"，在人类历史的宏观视野中感知文明的韧性与力量，在犹太文明的跌宕起伏中，领略思想的智慧与历史的魅力。

征稿启事

《亚洲研究》(*Asian Studies*)是由郑州大学历史学院、亚洲研究院共同主办的学术集刊,由中国社会科学出版社出版。本刊以展示亚洲研究成果、增进中外学术交流为宗旨,致力于探讨亚洲区域(国家)的历史演变、政治制度、社会形态、经济发展、文学艺术等问题,为促进中国智慧与亚洲文明的交流互鉴,为新时代的全球治理提供智力支持,为推动构建人类命运共同体作出贡献。

本刊每年两期,分别于上下半年出版发行。本刊设有特稿、笔谈、专题研究、学生论坛、读书札记、书评、译介、学术动态、学术交流等栏目,现面向海内外学界征稿,期待不同学科领域的国内外学者投稿、交流观点。对来稿有以下要求。

1. 来稿要求观点正确、立论新颖、思路清晰、内容充实、文字简练,符合学术规范。

2. 一般稿件为1.2—1.8万字,书评、札记、综述等为0.5—1万字。

3. 来稿在正文之外,请提供题名、内容摘要(300—500字)、关键词(3—5条)及其英译。同时,请附上作者简介、通信地址及邮编、手机,以便联系。

4. 来稿注释请参照本刊注释体例执行。

5. 来稿请勿一稿多投,如三个月内未得到修改或刊用回复即可自行处理。

6. 本刊版权所有，如需对刊文进行转载、摘编和翻译，或收入文集，务请知会本刊编辑部，并注明出处，否则视为侵权。

7. 来稿文责自负。

8. 为扩大本刊及作者知识信息交流渠道，本刊已被《中国学术期刊网络出版总库》数据库收录，作者文章著作权使用费用与本刊稿酬一次性给付，并随赠样刊两册。如作者不同意文章被收录，请在来稿时向本刊声明。

9. 联系方式及地址

电子邮箱：ZZUIAS@163.com

地址：郑州市科学大道100号，郑州大学历史学院205室

注释体例

一、本刊所引资料及其释出务求真实、准确、规范。

二、本刊采用页下注（脚注）。文后不另开列"参考文献"。

三、一般情况下，外文文献释出仍从原文，无须译为中文。

四、中文文献

（一）著作

《毛泽东选集》第1卷，人民出版社1991年版，第3页。

余东华：《论智慧》，中国社会科学出版社2005年版，第35页。

陈宗德、吴兆契主编：《撒哈拉以南非洲经济发展战略研究》，北京大学出版社1987年版，第9页。

（二）译著

[美] 弗朗西斯·福山：《历史的终结及最后之人》，黄胜强等译，中国社会科学出版社2003年版，第7页。

（三）析出文献

刘民权等：《地区间发展不平衡与农村地区资金外流的关系分析》，载姚洋《转轨中国：审视社会公正平等》，中国人民大学出版社2004年版，第138—139页。

（四）期刊、报纸

袁连生：《我国义务教育财政不公平探讨》，《教育与经济》2001年第4期。

杨侠：《品牌房企两极分化 中小企业"危""机"并存》，《参考消息》2009年4月3日第8版。

（五）转引文献

费孝通：《城乡和边区发展的思考》，转引自魏宏聚《偏失与匡正——义务教育经费投入政策失真现象研究》，中国社会科学出版社2008年版，第44页。

参见江帆《生态民俗学》，黑龙江人民出版社2003年版，第60页。

（六）未刊文献

学位论文、会议论文等

赵可：《市政改革与城市发展》，四川大学，博士学位论文，2000年，第21页。

任东来：《对国际体制和国际制度的理解和翻译》，全球化与亚太区域化国际研讨会论文，天津，2006年6月，第9页。

档案文献

《汉口各街市行道树报告》，1929年，武汉市档案馆藏，资料号：Bb1122/3。

（七）电子文献

扬之水：《两宋茶诗与茶事》，《文学遗产通讯》（网络版试刊）2006年第1期，http：//www.literature.org.cn/Article.asp? ID=199，2007年9月13日。

（八）古籍

刻本

①部类名及篇名用书名号标示，其中不同层次可用中圆点隔开，原序号仍用汉字数字。页码应注明a、b面。

《太平寰宇记》卷36《关西道·夏州》，清金陵书局线装本。

姚际恒：《古今伪书考》卷3，光绪三年苏州文学山房活字本，第9页a。

②点校本、整理本

（汉）班固：《汉书》，中华书局1983年标点本，第××页。

③影印本

为便于读者查找，缩印的古籍，引用页码还可标明上、中、下栏（选项）。

杨钟羲：《雪桥诗话续集》卷5，辽沈书社1991年影印本上册，第461页下栏。

《太平御览》卷690《服章部七》引《魏台访议》，中华书局1985年影印本第3册，第3080页下栏。

④析出文献

管志道：《答屠仪部赤水丈书》，《续问辨牍》卷2，《四库全书存目丛书》，齐鲁书社1997年影印本子部第88册，第73页。

⑤地方志

唐宋时期的地方志多系私人著作，可标注作者；明清以后的地方志一般不标注作者，书名前冠以修纂成书时的年代（年号）；民国地方志，在书名前冠加"民国"二字。新影印（缩印）的地方志可采用新页码。

乾隆《嘉定县志》卷12《风俗》，第7页b。

民国《上海县续志》卷1《疆域》，第10页b。

万历《广东通志》卷15《郡县志二·广州府·城池》，《稀见中国地方志汇刊》，中国书店1992年影印本第42册，第367页。

⑥常用基本典籍，官修大型典籍以及书名中含有作者姓名的文集可不标注作者，如《论语》《二十四史》《资治通鉴》《全唐文》《册府元龟》《清实录》《四库全书总目提要》《陶渊明集》等。

《旧唐书》卷9《玄宗纪下》，中华书局1975年标点本，第233页。

《方苞集》卷6《答程夔州书》，上海古籍出版社1983年标点本上册，第 166 页。

⑦编年体典籍，如需要，可注出文字所属之年月甲子（日）。

《清德宗实录》卷 435，光绪二十四年十二月上，中华书局 1987 年影印本第 6 册，第 727 页。

五、外文文献

（一）专著

Seymou Matin Lipset and Cay Maks, *It Didn't Happen Hee：Why Socialism Failed in the United States*, New York：W. W. Norton & Company, 2000, p. 266.

（二）期刊文献

Christophe Roux – Dufort, "Is Crisis Management（Only）a Management of Exceptions?", *Journal of Contingencies and Crisis Management*, Vol. 15, No. 2, June 2000, p. 32.

（三）编著

David Baldwin ed., *Neorealism and Neoliberalism：The Contemporary Debate*, New York：Columbia University Press, 1993, p. 106.

Klause Knorr and James N. Rosenau, eds., *Contending Approaches to International Politics*, Princeton, NJ：Princeton University Press, 1969, pp. 225 – 227.

（四）译著

Homer, *The Odyssey*, trans. Robert Fagles, New York：Viking, 1996, p. 22.

（五）文集中的文章

Robert Levaold, "Soviet Learning in the 1980s", in George W. Breslauer and Philip E. Tetlock, eds., *Learning in US and Soviet Foreign Policy*, Boulder, CO：Westview Press, 1991, p. 27.

（六）报纸

Clayton Jones, "Japanese Link Increased Acid Rain to Distant Coal Plants in China", *The Christian Science Monitor*, November 6,

1992, p. 4.

Rick Atkinson and Gary Lee, "Soviet Army Coming apart at the Seams", *Washington Post*, November 18, 1990, pp. A1, A28 – 29.

(七) 通讯社消息

"Beijing Media Urge to Keep Taiwan by Force", Xinhua, July 19, 1995.

(八) 政府出版物

Central Intelligence Agency, *Directorate of Intelligence*, *Handbook of Economic Statistics*, 1988, Washington, D. C.: US Government Printing Office, 1988, p. 74.

(九) 国际组织出版物

报告

United Nation Register of Conventional Arms, *Report of the Secretary General*, UN General Assembly Document A/48/344, October 11, 1993.

决议

UN Security Council Resolution 687, April 3, 1991.

(十) 会议论文

Albina Tretyakava, "Fuel and Energy in the CIS", paper delivered to Ecology' 90 conference, sponsored by the America Enterprise Institute for Public Policy Research, Airlie House, Virginia, April 19 – 22, 1990.

(十一) 学位论文

Steven Flank, Reconstructing Rockets: The Politics of Developing Military Technologies in Brazil, Indian and Israel, Ph. D. dissertation, MIT, 1993.

(十二) 互联网资料

对于只在网上发布的资料，如果可能，也要把作者和题目注出来，并注明发布的日期或最后修改的日期，提供的网址要完整，而且在一段时间内能够保持稳定；内容经常变化的网址，比如报纸的网络版，就不必注明。

Astrid Forland,"Norway's Nuclear Odyssey", The Nonproliferation Review, Vol. 4 (Winter 1997), http：//cns. miis. edu/npr/forland. htm.

六、中外文混排

凡注释中中外文混排的，最后标点随最后一个字使用，最后是中文的用中文标点，外文的用外文标点。

扬之水：《两宋茶诗与茶事》，《文学遗产通讯》（网络版试刊）2006年第1期，http：//www. literature. org. cn /Article. asp？ID=199，2007年9月13日。

徐小苗：《美奥尔曼教授在中国谈马克思主义》，http：//www. weiweikl. com/GYZC49. htm。